非美学

——ジル・ドゥルーズの言葉と物

福尾匠

河出書房新社

非美学　ジル・ドゥルーズの言葉と物　目次

凡例

・共著を含むドゥルーズの著作、そしてベルクソンの著作の参照に際しては以下に列挙する略号を用い、参照箇所を（略号 原著頁数／邦訳頁数）といったかたちで示す。

・その他の参考文献の書誌情報は巻末にまとめ、註での表記は「著者、タイトル、参照箇所［邦訳版該当箇所］」という簡便なものとする。

・邦訳版のある外国語文献の引用に関しては、邦訳版を参考にしつつ原書から訳出する。

・外国語文献中のイタリックによる強調は引用に際して太字で示し、語を大文字にした強調は〈山括弧〉で示す。

・日本語文献の引用に際して、原書での傍点による強調は太字による強調に置き換える。

・引用文中に注釈・補足を挿入する場合は〔亀甲括弧〕で示す。

・地の文においても太字による強調を用い、〈山括弧〉は語句を術語として用いていることを示し、またはフレーズのまとまりを際立たせるために用いる。

略号一覧

ジル・ドゥルーズ（Gilles Deleuze）の著作

ES: *Empirisme et subjectivité. Essai sur la nature humaine selon Hume*, PUF, 1953（『経験論と主体性――ヒュームにおける人間的自然についての試論』木田元＋財津理、河出書房新社、二〇〇〇年）

NP: *Nietzsche et la philosophie*, PUF, 1962（『ニーチェと哲学』江川隆男訳、河出文庫、二〇〇八年）

PK: *La Philosophie critique de Kant*, PUF, 2004 [1963]（『カントの批判哲学』國分功一郎訳、ちくま学芸文庫、二〇〇八年）

B: *Le Bergsonisme*, PUF, 2014 [1966]（『ベルクソニズム』檜垣立哉＋小林卓也訳、法政大学出版局、二〇一七年）

DR: *Différence et répétition*, PUF, 1968（『差異と反復』上・下、財津理訳、河出文庫、二〇〇七年）

LS: *Logique du sens*, Minuit, 1969（『意味の論理学』上・下、小泉義之訳、河出文庫、二〇〇七年）

FB: *Francis Bacon. Logique de la sensation*, Seuil, 2002 [1981]（『フランシス・ベーコン――感覚の論理学』宇野邦一訳、河出書房新社、二〇一六年）

SP: *Spinoza. Philosophie pratique*, Paris, Les Éditions de Minuit, 1981（『スピノザ――実践の哲学』鈴木雅大訳、平凡社ライブラリー、二〇〇二年）

IM: *Cinéma 1. L'Image-mouvement*, Minuit, 1983（『シネマ1＊運動イメージ』財津理＋齋藤範訳、法政大学出版局、二〇〇八年）

IT: *Cinéma 2. L'Image-temps*, Minuit, 1985（『シネマ2＊時間イメージ』宇野邦一＋石原陽一郎＋江澤健一郎＋大原理志＋岡村民夫訳、法政大学出版局、二〇〇六年）

F: *Foucault*, Minuit, 2004 [1986]（『フーコー』宇野邦一訳、河出文庫、二〇〇七年）

P: *Le Pli. Leibniz et le baroque*, Minuit, 1988（『襞――ライプニッツとバロック』宇野邦一訳、河出書房新社、一九九八年）

PP: *Pourparlers 1972–1990*, Minuit, 2003 [1990]（『記号と事件――一九七二―一九九〇年の対話』宮林寛訳、河出文庫、二〇〇七年）

ID: *L'île déserte et autres textes. Textes et entretiens 1953–1974*, Minuit, 2002（『無人島――1953–1968』前田英樹監修、宇野邦一＋江川隆男＋加賀野井秀一＋財津理＋鈴木創士＋鈴木雅雄＋前田英樹＋松葉祥一＋三脇康生＋安島真一訳、

河出書房新社、二〇〇三年。『無人島――1969–1974』小泉義之監修、稲村真実＋小泉義之＋笹田恭史＋杉村昌昭＋鈴木創士＋立川健二＋松葉祥一＋三脇康生訳、河出書房新社、二〇〇三年）

RF:　*Deux régimes de fous. Textes et entretiens 1975–1995*, Minuit, 2003（『狂人の二つの体制――1975–1982』宇野邦一監修、宇野邦一＋江川隆男＋岡村民夫＋小沢秋広＋笹田恭史＋菅谷憲興＋杉村昌昭＋鈴木創士＋鈴木秀亘＋水嶋一憲＋宮林寛訳、河出書房新社、二〇〇四年。『狂人の二つの体制――1983–1995』宇野邦一監修、宇野邦一＋江川隆男＋小沢秋広＋笠羽映子＋財津理＋笹田恭史＋杉村昌昭＋鈴木創士＋野崎歓＋廣瀬純＋松本潤一郎＋宮林寛＋守中高明＋毬藻充訳、河出書房新社、二〇〇四年）

ジル・ドゥルーズ＋フェリックス・ガタリ（Gilles Deleuze et Félix Guattari）の著作

AO:　*L'Anti-œdipe*, Minuit, 1972（『アンチ・オイディプス』上・下、宇野邦一訳、河出文庫、二〇〇六年）

K:　*Kafka. Pour une littérature mineure*, Minuit, 1975（『カフカ――マイナー文学のために』宇波彰＋岩田行一訳、法政大学出版局、一九七八年）

MP:　*Mille plateaux*, Minuit, 1980（『千のプラトー』上・中・下、宇野邦一＋小沢秋広＋田中敏彦＋豊崎光一＋宮林寛＋守中高明訳、河出文庫、二〇一〇年）

QP:　*Qu'est ce que la philosophie ?*, Minuit, 2005 [1991]（『哲学とは何か』財津理訳、河出文庫、二〇一二年）

ジル・ドゥルーズ＋クレール・パルネ（Gilles Deleuze et Claire Parnet）の著作

D:　*Dialogues*, Flammarion, 1996 [1977]（『ディアローグ――ドゥルーズの思想』江川隆男＋増田靖彦訳、河出文庫、二〇一一年）

アンリ・ベルクソン（Henri Bergson）の著作

MM:　*Matière et mémoire*, PUF, 2012 [1896]（アンリ・ベルクソン『物質と記憶』熊野純彦訳、岩波文庫、二〇一五年）

EC:　*L'Évolution créatrice*, PUF, 2013 [1907]（『創造的進化』合田正人＋松井久訳、ちくま学芸文庫、二〇一〇年）

ES:　*L'Énergie spirituelle*, PUF, 2009 [1919]（『精神のエネルギー』原章二訳、平凡社ライブラリー、二〇一二年）

PM:　*La pensée et le mouvant*, PUF, 2013 [1938]（『思考と動き』原章二訳、平凡社ライブラリー、二〇一三年）

非美学

ジル・ドゥルーズの言葉と物

挿画　本山ゆかり《Ghost in the Cloth（コスモス）》二〇一九年
装丁　須山悠里

序論

本書はジル・ドゥルーズの哲学を論じる。中心となるのは、哲学は何をするものなのか、つまり哲学はどのような実践なのかという問いだ。この問いはすぐさま二重化される。ドゥルーズは哲学をどのような実践として定義しているのか、そして、ドゥルーズ自身はどのように哲学を実践しているのか。本書を通して私はこのふたつの問いのあいだを機織りの杼《シャトル》のように行き来することになるだろう。

もったいぶることでもないので先に言っておくと、ひとつめの問いについて晩年のドゥルーズは明確な定義を与えている。これを手がかりに本書の方針に当たりをつけよう。彼は哲学を**〈概念〉を創造する**実践だと定義する（QP10/13）。何かを創造することが変化をもたらすことであるなら、哲学はおのれの実践とおのれの変化を結びつけるような、内的な論理を必要とするはずだ。というのも、変化を外的な原因や目的に結びつけたとたんに、変化そのものにポジティブな意味を与えることができなくなるからだ。まず原因や目的を置いてからでしか変化を考えない思考（決定論、目的論）にとって、変化は出力を待っているあいだ眺めさせられる"now loading"の画面以上のものではない。したがって創造が変化をもたらすものであるなら、ひとりの哲学者においてであれ哲学史においてであれ、創造される概念による哲学の変化ないし多様性をポジティブに捉えること、つまり原因や帰結に照らした外側からの意義づけを超えて変化そのものの意義を捉えることが必要になる。

そしてドゥルーズは、実践の複数性が創造に意味を与えるとも言っている。哲学は創造的な実践のひとつであり、哲学が概念を創造する実践であるのに対して芸術は〈感覚〉を創造し、科学は〈関数〉を創造する。各分野は異なるものを創造し、それぞれに異なる機序をもっている。ここからわかるのは、「創造一般」のようなものはなく、**それぞれの分野における創造は互いに異質である**ということだ。だからこそ創造行為は〈普遍〉への抵抗行為でもある。創造は〈普遍〉をブロックする実践であるのなら、「普遍的創造」という観念ほどわれわれを実践から遠ざけるものはないだろう。創造が普遍的であればそれに取り組む意味など最初からないのであり、それは実践から降りる口実にしかならないだろう。神による万物の創造を万物の自己創造に取り替えても何も変わらないし、「誰もがクリエイターだ」という言葉は、メガプラットフォームと広告による二重の搾取を覆い隠す方便であるということを、われわれは嫌というほど思い知らされてきた。したがって**創造こそがカント的な意味での〈批判〉の対象にならなければならない**だろう。つまり、創造行為そのものの領分、そして各分野における創造行為の領分を画定し、その越権がどのような臆見にもとづいているのか暴かなければならないだろう。

しかしその批判的な境界画定をするのが哲学である限りにおいて、他なる創造的実践の他者性を逸することになりはしないだろうか。科学や芸術が、哲学にとってたんにおのれとは異なるものとして差異化されるべきものでしかないのなら、どうして哲学はわざわざそれらについて語るのか。哲学が一種のメタ学問として振る舞い、それらをある統一的なシステムのなかに配備するためだろうか。すると哲学はせいぜい、個別的な「実践」を采配する普遍的な「理論」になることしかできなくなってしまう。

したがって哲学の変化と哲学にとっての他者、つまり〈哲学の実践的な規定〉と〈他の実践の哲学的な規定〉こそが同時につかまえられなければならない。本書がドゥルーズから取り出すことを目指すのはこの両立だ。**自律的であるということを閉鎖的であるということにせず、他者に開かれているということを包摂の方便にしない**ということを、この両立は意味するだろう。

ドゥルーズは「創造行為とは何か」と題された講演で次のように語っている。

もし誰もが誰にでも話しかけることができるとして、もし映画作家が科学者に話しかけることができ、科学者が哲学者に何か言うべきことがあり、逆もまた然りだとして、それはそれぞれ自分の創造的な活動に関する限りのことでしかありません。創造なるもの〔＝創造一般〕について語るということはありえず――創造とはむしろ非常に孤独な何かであって――私の創造するものの名においてこそ私は誰かに言うべきことがあるのです。（RF293/下 180）

哲学が科学や芸術から触発を受けるのはいいことである。哲学は芸術から受けた触発によって〈感覚の概念〉を作り、科学から受けた触発によって〈関数の概念〉を作ってきた。しかし他方で、哲学は往々にしてその触発を、科学を「基礎づける」と称して包摂にすり替えたり、芸術作品に「真理」を託してその司祭に成り代わったり、あるいは異質な分野間のコミュニケーターを演じたりして、実際のところそうした役割を概念の創造というおのれのミッションから逃げる口実に使いがちである。「私の創造するものの名においてこそ私は誰かに言うべきことがある」とは、他者から受けた触発は自身の創造するものによって初めて意味をもつということを示している。創造には何らかの特異な他者関係が含意されているのだ。

とりわけハイデガーのナチス加担という衝撃のあとで、「哲学の死」が叫ばれる戦後の哲学にあって、ドゥルーズはフーコーやデリダの韜晦に比して拍子抜けするほどまっすぐに自分が哲学者であることを肯定した。[1] その理由の一端は、自身の仕事の領分を明示することに

1 「われわれ〔現代の哲学者〕全員に、多様体、差異、反復など、共通の主題を見ることができます。しかし、そうした主題を、他のひとたちがもっと迂遠なやりかたであつかっているのに対し、私はほとんど素材に手を加えない、荒削りの概念を提示しているのです。形而上学の超克や哲学の死に動揺をおぼえたこともないし、〈全体〉や〈一者〉や〈主体〉の放棄を深刻に受け止めたこともない。私は概念の直接的な提示をおこなう経験論を捨ててはいないのです。(…) 哲学には哲学固有の素材があって、それが他の分野に対して、**外在的であるだけになおさら必然性の高い関係**を結ぶことを可能にしてくれる、そう信じているからです。(…) つまり、私は最良の哲学者ではないけれども、もっとも素朴な哲学者である、と」(PP122/180–181 強調引用者)。この外在的かつ必然的な哲学の他者関係こそ、本書全体を通して探究するものである。

よってこそ、他所から受けた触発に報いることができるという、一種の実直な職業倫理であっただろう。したがって〈哲学の実践的な規定〉と〈他の実践の哲学的な規定〉の両立とは、平たく言えば〈仕事の自律性〉と〈触発の自由〉の両立である。

本書はドゥルーズの哲学を、その実践性、そして芸術との関係というふたつの観点から研究する。このふたつがそれぞれ〈哲学の実践的な規定〉と〈他の実践の哲学的な規定〉に対応する。両者の相互前提的な関係がどのように構築されるのか明らかにすることが全体の目的だ。

ドゥルーズにとっての芸術がどのようなものであったか、それがいかに彼の哲学の構築と切り離せないものであったかということについては、すでにアンヌ・ソヴァニャルグの『ドゥルーズと芸術』が主題的に取り組んでいる。芸術の考察を通してドゥルーズの哲学がどのように彫琢されたかを分析するこの本は、われわれにとって大きな道標になるだろう。ソヴァニャルグは、「マゾヒズム」はマゾッホ論、「器官なき身体」はアルトー論、「リゾーム」はカフカ論といったように、ドゥルーズの重要概念が芸術の研究を通して生み出されたことを明らかにしている。彼女は、ドゥルーズにとって芸術はすでに拵えられた理論体系を「適用」する対象などではなく、それに触れることによっておのれを変化に巻き込む「出会い」の対象であったことを精細に跡づけている。

ソヴァニャルグはドゥルーズの芸術論について網羅的な研究を実現するにあたって、相互前提的なふたつの方針を設定している。一方で彼女は、ドゥルーズのキャリアを前期、中期、後期に分割する「時期区分」[2]を読解のフレームにしている。この区分はドゥルーズ研究の共通理解と重なるものであり、これからドゥルーズの著作群に分け入るわれわれにとっても便利なので以下にその概要を整理しておく。

前期（一九五三－六九年）：初期の哲学史的、文学論的なモノグラフ群から六〇年代末に自身の哲学が体系的に展開される『差異と反復』および『意味の論理学』まで。構造主義および精神分析への傾倒。

中期（一九七二－八〇年）：七二年の『アンチ・オイディプス』に始まり『カフカ』を経由して八〇年の『千のプラトー』に至るフェリックス・ガタリとの協働。政治的な論調が顕著になる。構造主義批判、精神分析批判。

後期（一九八一－九五年）：八〇年代になされる絵画論『感覚の論理』と映画論『シネマ』二巻、九一年の『哲学とは何か』[3]での〈感覚〉による芸術の定義。イメージ論の開拓と哲学史への回帰。

そして他方で、彼女はこうした形式的な時期区分を貫く主題として、「記号」およびその

2　Anne Sauvagnargues, *Deleuze et l'art*, p. 10［一〇頁］.

読解としての「徴候学」を設定している。たしかに、いわば物体以上、言語未満であるような記号という概念を中心に据え、先述の時期区分をここに重ね合わせると、ドゥルーズのキャリアは言語的記号をあつかう文学論（＝前期）から、言語的なものの分析に特化した構造主義および精神分析からの離反（＝中期）を挟んで、非言語的記号をあつかうイメージ論（＝後期）への移行としてきわめてすっきりと整理できる。ソヴァニャルグはこれを言語的な意味 sens の論理から身体的な感覚 sensation の論理への、「言説的なものから非言説的なものへ」の「明白な進展[4]」としてまとめている。

しかしこの言語からイメージへの変化は、ほとんど著作の年譜だけ眺めていても浮かび上がるようなドゥルーズの書誌的な変遷に依存した単線的な推移に留まっており、これによって、**芸術との関係そのものに変化が及んでいる**という可能性に場所を与えることができなくなっているのではないだろうか。彼女はこの枠組みはあくまで外在的なものにすぎず、その単線的な「歴史」に収まらない「生成」を捉えることが目的なのだと述べているが、枠組みそのものの変形をともなうものをこそ出会いや生成と呼ぶのではないだろうか[5]。記号概念の多義性に寄りかかった、言語からイメージへの推移がそのような変形にあたるとは思えない。前期から後期に至る変化が、たんに「記号」という語によって想定されるものが言語＝意味からイメージ＝感覚に変化したということではなく、そのような変化を表面上で生み出すより深いレベルでの変化であるとしたらどうか。

ソヴァニャルグも指摘するように、「ドゥルーズと芸術」のこの〈と〉をどう捉えるかということが、ドゥルーズの芸術論に取り組むときのもっとも重要な問題であるだろう。ドゥルーズは〈存在〉Être を〈と〉Et に置き換えることで、「存在の一義性」というテーゼに新たな意味を吹き込むことを試みた。あらゆる異なるものについて「在る être」と言われることの一義性のもとに、あらゆる異なるもののあいだにある差異を消去してしまうのではなく、真に「在る」のはむしろ差異であり、差異の存在、存在者を異ならせるものとしての差異が、あらゆる存在者の多様性としての「……と……と……」を生み出す。[6] これが同一性に依拠してきた存在論を差異によって転覆するドゥルーズの戦略である。

しかし〈と〉の哲学者としてドゥルーズをあつかうことにも危うさはある。『ドゥルーズと倫理 *Deleuze and Ethics*』、『ドゥルーズと子供 *Deleuze and Children*』、『ドゥルーズと都市

3 『哲学とは何か』については、「明らかに彼〔＝ドゥルーズ〕ひとりによって書かれたものである」というフランソワ・ドスによる評伝の記述に依拠し、書誌情報の提示以外の場合ではドゥルーズの単著としてあつかう（フランソワ・ドス『ドゥルーズとガタリ』、四六六頁）。なお、その他のガタリとの共著についても、本書では基本的にドゥルーズの思想としてあつかう。それは彼らの共著における個々の議論を、ドゥルーズ／ガタリ／ドゥルーズ&ガタリのうちいずれのものとするかという選択は完全に等価だと考えているからだ。

4 Sauvagnargues, *Deleuze et l'art*, p.13〔一五頁〕.

5 *Ibid.*, p.11〔一一頁〕.

6 「存在の一義性」については『差異と反復』（DR53–61/上 106–125）および『意味の論理学』第25セリーを、〈と〉と〈在る〉の関係については『ディアローグ』（D70–72/98–101）を参照。

Deleuze and the City』、『ドゥルーズと男性性 *Deleuze and Masculity*』――これらはどれも実在する本のタイトルであり、いまとなってはドゥルーズと〈と〉でつながれていない哲学史的トピックや学術領域を探すのが難しいほどだ（逆に言えば、論文を書くことはほとんどそれを見つけることになり下がっている）。ドゥルーズ研究において〈と〉は彼をピボットにしてその同心円を拡張する口実になってしまっている局面があり、そうするほどにドゥルーズは動かないものになっていく。理論の形骸化とその適用先の拡張はトレードオフの関係にあるのだ。

実際のところそのような〈と〉の用法において機能しているのは、多様なもの〈について〉sur 語るドゥルーズというかたちのもとでの一と多の排他的かつ階層的な割り振りだろう。このとき両者がドゥルーズ哲学という理論と多様な実践として分割され、個別の実践についての抽象的な理論としての哲学というドゥルーズ自身が批判した哲学観に逆戻りしてしまう。アラン・バディウはドゥルーズにおける存在の一義性を、差異と同一性の関係を裏返しただけの下方へと「反転された超越性」ではないか、それは存在論化された差異の「ファシズム」なのではないかと批判したが、この批判はたんにドゥルーズにおける「〈多元論＝一元論〉という魔術的等式」（MP31/上51）への理論的なレベルでの警戒を促すだけでなく、「ドゥルーズ」という名の使われ方という実践的なレベルでいっそう明白にその危うさが露呈しているように思われる。[7]

ドゥルーズと何か、あるいはより広く哲学と何かを並べるときにつねに問われなければならないのはその接面であり、そこで起こっている両者をともに異ならせるような運動が取り出されて、初めて〈と〉は創造的なものとなる。これは〈と〉を〈について〉の隠れ蓑にするのではなく、〈と〉をつねに〈の〉によって裏打ちするというかたちで定義できるだろう。

ドゥルーズが『シネマ』で「映画**について**の概念」ではなく「映画**の**概念」、「映画が喚起する概念」を作ることを目指したということについては本論第二章で詳しく見るが、それはひとことで言えば、ドゥルーズと映画のあいだで起こっているのは〈イメージの実践〉としての映画が、それを「見えるようにする」ことを試みる〈概念の実践〉としての哲学を変形させるということだ。このとき〈の〉において、映画が潜在的に「もっている」概念という所有格の〈の〉を探究することによって、映画「という」概念を作ること、つまり同格の〈の〉において哲学を映画的なものにすることが試みられている。

たとえば「差異の存在」という概念が、差異がもっている存在ではなく差異であるような存在を意味し、「偽なるものの力能」が偽なるものに属する力能ではなく――それだとたんなる「嘘も方便」と見分けがつかない――偽なるものであるような力能、つまり真理という形式を破壊する力能としての偽なるものを意味しているように、ドゥルーズにおける〈の〉の用法は、ある意味でドライな切断をともなう〈と〉より過激な圧着の契機を含んでいるように思われる。

7 Alain Badiou, *Deleuze*, p. 9, 70［七、七二頁］.

とりわけドゥルーズと芸術、ないしドゥルーズにおける哲学と芸術の関係を考えるときに、この圧着は様々な危険をはらむ。誰もがクリエイターだと、あるいは万物はセルフ・クリエイターだと、創造という〈普遍〉をあらかじめ立てることで哲学と芸術をそのなかで溶け合わせてしまうかもしれない。芸術に固有の創造性を重視し、そこに「哲学にはできないこと」を見るあまり、「哲学にしかできないこと」と「芸術にしかできないこと」を共振させることを忘れてしまうかもしれない。[8] 「記号」や「フィギュール」という媒介的な概念をあいだに立て、予定調和的に哲学と芸術の異質性を均してしまうかもしれない。[9] したがって芸術という他者との出会いと哲学の自律性の両立は、〈の〉における圧着と〈と〉における剥離を同時に肯定することとしてあらわれるだろう。〈触発の自由〉と〈仕事の自律性〉の両立は、ドゥルーズと芸術の関係においてこのように言いなおすことができる。[10]

本書のタイトルとなる「非美学 anesthétique」は、「美学＝感性論 esthétique」に否定の接頭辞 an- を付けたものだ（« anesthésie » は麻酔、麻痺を意味する）。美学は芸術や美をあつかう哲学のいち部門であるというのが一般的な定義だが、本書で私は、美学とは何よりまず哲学と芸術のあいだに想定される、特定のタイプの**関係**だという観点に立っている。非美学という観点は美学が歴史的に担ってきたその関係に対してドゥルーズがどのように批判的に介入し、別の関係を形作っているかを検討するのに役立つだろう。

そして「非美学」という語は、直接的には『哲学とは何か』結論部における「非 non」の

議論を参照して考案されたものだ。[11] そこでドゥルーズは、哲学、科学、芸術という三つの分

8　この傾向はピーター・ホルワードに顕著だ。「存在するすべての事物ないし過程は、きわめて多くの異なった創造行為ないしきわめて多くの個体的**創造** *creatings* として、たったひとつのしかたで存在している」（Peter Hallward, *Out of This World*, p.2［一三頁］）。

9　この傾向は小倉拓也『カオスに抗する闘い』（第九章）に見られる。小倉は哲学には「不可能」なことを芸術はなすと述べ、存在者一般の自己創造をそこに重ね合わせるが、それではなぜわざわざ哲学を通して芸術を論じるのかという問いに答える回路を手放しているように思われる。

10　この傾向は上述のようにソヴァニャルグにあるものであり、黒木秀房『ジル・ドゥルーズの哲学と芸術』にも同様の傾向がある。「フィギュールは、芸術の構成要素であるとともに、思考の再開がおこなわれる根源的なトポスでもあるのだ」（二二六頁）。

11　「芸術は芸術家ではないわれわれを育成し、覚醒させ、感覚するしかたを教えなければならないということ——また哲学はわれわれに概念的に理解するしかたを教え、科学は認識するしかたを教えるということ、それだけを言うことが問題なのではない。そのような教育法が可能になるのは、それぞれの分野がそれ自身の側で自分にとっての〈非〉と本質的な関係を結ぶ限りでのことだ。（…）**芸術が非芸術を必要とし科学は非科学を必要とするように、哲学はある非哲学的な理解を必要とする**」（QP218–219/366–367）。
　なお、本書における「非美学 anesthétique」はバディウが提唱している「非美学 inesthétique」とは関係がない（Badiou, *Petit manuel d'inesthétique*, chap. 1）。彼は本書と同様に哲学と芸術の新たな関係を考えるためにこの概念を用いるが、芸術を「真理の手続き」とし、哲学を芸術や科学や政治や愛といった「真理のカテゴリー」を差配するだけで、それ自体はいかなる真理も創造せずたんに「真理との出会いを斡旋する女衒 entremetteuse」、「真理のぽん引き maquerelle」にすぎないとする（*Ibid.*, p.21, 28［二八－二九、三七頁］）。この強烈な、真理を女性（娼婦）に喩え自身の学説を「醜いもの l'inesthétique」とすら呼ぶ自己卑下こそが「反転された超越性」ではないだろうか。なお、邦訳書では« entremetteuse »および« maquerelle »という明白にセクシズム的な語がそれぞれ「仲介者」、「斡旋者」と訳されており、その傾向がブラインドされている。

野はそれぞれの「非」として異なる分野と接触し、そこで「局所化不可能な干渉」が起こると述べている。平たく言えば分野Aが分野Bに与える影響は、分野Bに固有のしかたで把握されるのでそこには相互的な関係はなく、つねに互いにすれ違い続けるということだ。哲学は科学に触発されて〈関数の概念〉を作り、芸術に触発されて〈感覚の概念〉を作るが、作られた概念は科学が作る関数や芸術が作る感覚以上に抽象的なものでなく、その実践性＝創造性において劣るわけでもない。芸術が作る〈関数の感覚〉や科学が作る〈概念の関数〉にしても同じことだ。したがって三つのうちひとつの分野が他のふたつの分野に触発されることで起こる「干渉」は六通りのパターンがあるが――しかし、このような俯瞰に何の意味があるだろうか――非美学はこのうち〈哲学にとっての芸術〉だけをあつかい、芸術にとっての哲学や哲学にとっての科学がどのようなものであるのかといったことについて主題的にあつかうことはない。

この選択をたんなる個別的なトピックの詳述に収まらないものにするためには、ドゥルーズにおける哲学と芸術の関係そのものに変化が起きていることを明らかにし、その変化が哲学の実践性と不可分であることを示す必要があるだろう。この変化を辿るにあたって、本書ではドゥルーズ初期の一九六三年の『カントの批判哲学』における能力論、とりわけ彼がそこで諸能力の本性上の差異をカントの〈批判〉というプロジェクトの根幹に見出していることを出発点とする。そして第一章で見るとおりこの洞察の徹底が『差異と反復』の美学批判、カント批判を書かせたのであり、非美学の試みは別の能力論の構築でもあるだろう。

カントは哲学を「哲学する」[12]という動詞に変換した哲学者であり、近代美学の雛形を創建した哲学者でもある。哲学の実践性とその芸術との関係は、カントにおいてすでに何らかの本源的な結びつきのもとにあっただろう。『カントの批判哲学』の〈諸能力の異質性〉から『哲学とは何か』の〈諸分野の異質性〉へと、ドゥルーズのキャリアのほぼ全体をまたいでつながる何らかの線があるはずだというのが、われわれのドゥルーズ読解が指針とする仮説的な前提だ。

それが能力から分野へのたんなる拡張や敷衍ではない以上、この線の追跡はあつから著作の年代においてもトピックにおいてもジグザグと折れ曲がり、各章は互いに回り込み合うものになる。単線的で「明白な進展」（ソヴァニャルグ）をフレームに据えたうえでそこに折り込まれた様々な概念の創造を割り振るのではなく、本書はそのつどの問題との衝突による変形の切片を連鎖させることで「秘密の一貫性」を明るみに出すことを試みる。第一章から第五章までの各章はそれぞれ、能力、イメージ、体系、言語、人称性といった主題から、ドゥルーズにおける〈実践的なものの哲学的な規定〉と〈哲学の実践的な規定〉がどのような関係にあるかということを論じ、第六章でそれを非美学という概念のもとに編み上げることを試みる。

12 「じっさい哲学はどこにあるのか、誰が哲学を所有しているのか、またなにによって哲学が認識されるというのだろうか。ひとが学びうるのは、ただ哲学することのみである」Kant, *Critique de la raison pure*, A838=B866, p. 561［七九六頁］。

さて、本論に移る前に、哲学の実践性と哲学にとっての芸術の他者性の両立というテーマ、そして非美学という観点の背景にあるもうひとつの論脈について述べておこう。それは東浩紀の『存在論的、郵便的』（一九九八年）、平倉圭の『ゴダール的方法』（二〇一〇年）、そして千葉雅也の『動きすぎてはいけない』（二〇一三年）によって形作られている。これらここ二五年ほどのあいだに日本で刊行された三冊の本は、ある共通のテーマをもっているように思われる。あらかじめ圧縮した言い方をしてみるならそれは〈他者のポジティビティ〉と〈実践における有限性のポジティビティ〉をカップリングさせるというテーマだ。東の「**誤配**」、平倉の「**失**認的**非**理論」、そして千葉の「**非**意味的切断」といったそれぞれの本における中心的概念にあらわれている否定的な接頭辞は、以下に試みるスケッチから浮かび上がるように、なにか共通のものを指し示しているように思われる。

まず本書と同様ドゥルーズを論じた千葉の『動きすぎてはいけない』から始めて、他の二冊に遡ることにしよう。東と平倉についても千葉の議論でも重要な位置づけが与えられており、それもわれわれの手がかりとなるはずだ。

千葉はドゥルーズの擁護者にも（バディウのような）批判者にもつきまとっているイメージとして「非意味的接続」の全面化があるとする。これは「リゾーム」という概念の通俗的な理解にあらわれているような、事物をツリー状に束ねる特権的な中心（国家や父権のような意味をもつ中心）のないネットワークにすべてが飲み込まれるイメージであり、とりわけグローバルな資本主義化の加速やインターネットの普及といった社会情勢との相性の良さも相まって典型的にドゥルーズ的な風景として流通してきた。千葉はこの風景から離脱する非意味的切断の重要性をドゥルーズのテクストから浮かび上がらせる。

その戦略は大まかにふたつのステップに分けられるだろう。ひとつはドゥルーズから「ヒューム主義」を取り出すという操作であり、それは存在論的なレベルでの「解離説」の規定に対応する。これはあらゆる存在はそもそもバラバラであり、いかなるかたちのまとまり(因果律のような自然法則や、生物学的な個体の要件や、社会的な集団のありようなどあらゆるものを含むだろう)であれそこに究極的な理由はなく、偶然的なものだとする立場だ。世界のまとまりを必然化し、そこからの離脱を偶然化する存在論は、特定のまとまりのあり方をマジョリティとして標準化し、それ以外のものをマイノリティとして排除する政治的な暴力に直結するものであり、解離および偶然性の存在論化は、それ自体ですでに政治的な企図を含んでいると言えるだろう。

そしてふたつめのステップとして、解離説を前提とした「個体化」の議論が展開される。こちらはより直接的に倫理的、実践的な議論である。というより、正確には、解離説のあとで実践可能性を調達するための議論として個体化論が展開されているように思われる。裏を返せば解離説は、それだけでは現存するまとまりを相対化するというネガティヴな実践の回路しか与えないのだ。解離説的な相対化から個体化の実践へというステップは『動きすぎてはいけない』では、「〈複数的な差異の哲学〉と〈変態する個体化の哲学〉の兼ね備え」、

「〈イロニーからユーモアへの折り返し〉」等と呼ばれ、この二段構えの構造は本書全体を貫いている。

切断Aは、ツリーからリゾーム**への**切断であり、切断Bは、リゾーム**それ自体の**切断であると言える。切断Aをするなら、切断Bも必須である。逃走は、だから少なくとも二度、加速されなければならない。一度目は、しがらみを笑い飛ばすイロニー的な初速として。二度目は、そこから伸びるリゾームを、**この**加／減でよしと、笑って済ませるユーモア的なトップ・ギアとして。[13]

意味をもつしがらみからの切断と、ツリーから切り離されたリゾームを個体化する切断。もっともスリリングなのは後者の切断をどのように規定するかという問題だ。というのも、切断＝個体化を偶然性に任せてしまうと解離説における原子とそのまとまりであるべき個体の概念的な区別が瓦解してしまうし、その必然性を主張すると意味的切断に逆戻りしてしまうからだ。言ってみれば個体化の議論の個体性自体がイロニー的な解離と意味的な全体性とのあいだで振動しているのであり、そのあいだを縫って、動き**すぎない**ことという**加／減**の問題をドゥルーズのテクストの細部から引き出しては連鎖させる手つきには鬼気迫るものがある。ここでその詳細を辿ることはできないが、個体化における実践的な〈生成変化＝変態〉を、非意味的切断を呼び込む他者との関係から考える千葉の態度は、われわれが非美学の探究においてかたちを変えつつ引き受けるものである。

平倉の『ゴダール的方法』は、ジャン＝リュック・ゴダールの映画におけるイメージの結合のあり方を分析するにあたって、作品を映像編集ソフトによって解体－再構築し、ゴダール的な編集方法を作品に再帰的に適用する。それはたんに映像のスティルを羅列するだけではなく、サウンドトラックの波形を添えたり、映像の明度とコントラストを誇張的に上げたりすることで、通常の視聴によってはおよそ意識化できないようなパターンを浮かび上がらせる。紙面に並ぶそうした稠密な分析を具現化するダイアグラムには有無を言わせぬ圧が感じられるが、その印象とは裏腹に、ゴダール的方法の再帰的な適用において試みられているのは、作品を十全に見ることなどでは**ない**ということにこそ注意しなければならない。

ひとつの映像と別の映像、ある音とある映像、ひとつの音と別の音、映画を駆動するそれらの結合はどのように正当化されるのか。物語的な必然性と言っても、あるいは客観的な妥当性（映像－音とそれが表す客体のあいだの適合）と言っても、その正当性は映像や音に対して外在的であり、ふたつの映像ないし音の組み合わせそのもののうちに見出されるものではない。映画は往々にして結合の根拠をアウトソーシングすることで内在的な無根拠を覆い隠すが、平倉はゴダールの映画において実現される思考を、結合の内在的な根拠としての、

13　千葉雅也『動きすぎてはいけない』、二八－二九頁。

外在的でイデオロギー的な「正義 justice」ならざる「正しさ justesse」の思考として取り出すことを試みている。[14]

「正しさ」は、どこかで外在的な「正義」が張り出してくることによって阻まれるかもしれないし、その内在性の場それ自体も非常に危うい。映画的イメージへの内在は、あらゆるイメージが他のあらゆるイメージと結合されうるという、全的結合の錯乱への回路を開きもするからだ。このアポリアは分析の「解像度 resolution」を上げるほどにイメージが「溶解 dissolution」し結合可能性を爆発させるという逆説としてあらわれる。『ゴダール的方法』の方法は、「この「溶解」の不確定性に**正確に触れうるだけの**解像度」[15]に達するために導入されているのであり、たんに高解像度の分析であると言うだけではこの両義性は見過ごされてしまうだろう。権利上の結合可能性の爆発は「見逃し‐聞き逃し」による結合可能性の事実上の逸失と背中合わせであり、正しさの探究はその両極に避けがたく引き裂かれた場においてなされる。

　われわれは先に見た千葉の議論と同じパターンをここにも見出しつつある。平倉は映画的イメージの結合の脱根拠化を「世界の「ヒューム化」」と呼ぶ（これが千葉のヒューム‐ドゥルーズ論のひとつの重要なリファレンスになっている）。ヒュームはわれわれの想像力があらゆる観念をキメラ的に結合させうるということから出発し、特定の結合の正当性はいかにして導かれるのかと問うた。それは「習慣」ないし「恒常的随伴」以上のものではありえないのではないかというのがヒューム的な懐疑である。私が私であり続けることも、水銀が金より低い温度で溶けることも、ある印象が別の印象と恒常的に随伴してきたという習慣の蓄積でしかなく、その習慣の必然性や永続性を論証することはできない。「われわれは少なくとも、自然の歩みが変わることを思いうかべることができ、このことは、そのような変化が絶対的に不可能ではないことを十分証明する。或ることについて明晰な観念をいだくことは、そのことの可能性を示す否定できない議論であり、それだけで、そのことの可能性を否定する論証と称するものの論駁であるのである」[16]。

映画は感覚的な要素の結合の正当性（正義であれ正しさであれ）を制作の対象とするがゆえに、きわめてヒューム的なメディアである。「映画がおこなう結合に最終的な根拠はない。それゆえ原理的には映画は決して「完成」されえない。予算とスケジュールが尽きることによって「中断」されるほかはない。（…）しかし映画がいつかは終わらなければならない以上、組み合わせがひとつに収束しうる場が見出されなければならないはずだ。ゴダールが「正しさ」という語で問題化しているのは、この収束が疑似でしかありえないにもかかわらず、同時に真であるような可能性である」[17]。原理的にはつねに「他でもありうる」結合の相対化を前提とした「他ならぬ」この結合の正しさの探究。ネガティブな相対化（＝正義の批

14　平倉圭『ゴダール的方法』、三六頁。
15　同書、一八―一九頁。
16　デイヴィッド・ヒューム『人間本性論』第一巻、一一一頁。
17　平倉『ゴダール的方法』、六四頁。

判）からポジティブな実践（＝正しさの発明）へというステップがここでも踏まれている。

　外在的な正当化を棄却することは、「正しさ」の定義によって、分析者と分析対象の関係にも跳ね返ってくる。平倉が「失認的非理論 a-theoria」と呼ぶのは、外在的な「理論 theoria」と十全に「観ること theoria」にもとづいた「証言」を正しさによって阻み、イメージから「**証言なき証拠の内在性**」を取り出す方法である。[18] この内在性の場において、証拠の伝達経路となりうるのは受け止めきることのできない結合可能性に晒される身体のみだ。見逃し－聞き逃して**しまう**という身体の無力を、「私たちは映画を受苦することが**できる**」という、「受苦することの力能」に転換すること。[19] 作品に触れる身体はその認知の内容の手前で認知限界そのものを輪郭としており、その変容においてのみ正しさは顕示されうる。映画内の結合の不純さと分析者の身体の不純さを重ね合わせることで「モワレ」として浮かび上がるパターンが『ゴダール的方法』のダイアグラム群であり、分析の解像度は作品と分析者の身体が同時に溶解しはじめる二重の融点に定位している。

> すべてを容易に見間違え、聴き間違えてしまう証人＝目撃者の無力において、しかし光と音が与える拷問《ケスチヨン》と受苦《パツシヨン》のなかで、死者に「似る」こと。そのとき映画は観客の上に折りたたまれ、見逃すことは見届けることのひとつになり、聴き逃された者たちの沈黙は、受苦する私たちの開かれた口のなかで自らの叫びを持つだろう。私たちの身体はそこで、みずからの輪郭を失いながら、死者たちの方へと完全に溶解することがない。な

ぜなら私たちは、さしあたりいまは受苦を生きているからだ。もはや「私」とは呼びえぬ私の身体のうちで、受苦する基胎が生きているからだ。[20]

死者との関係を生きることが生であり、自らを単離することのできない生は死との距離のなかに放り込まれている。それがたんなるなし崩し的な死ではないのは、まだ終わっていない溶解としての受苦＝生が、身体の変容としてポジティブに捉え返されるからであり、他者との距離を透明化することで外在的な応答の場を確保するのではなく、不純で致死的な結合に巻き込まれるなかで他者＝作品と自己＝分析者のあいだからダイアグラム（＝モワレ）を剝離させることができるからだ。「世界の光を撮影することが緊急なのではない。世界とカメラのあいだから、「ダイアグラム」を剝離させることが緊急の課題なのだ」[21]。この一文で示されているゴダールにおける〈カメラ－撮影対象〉の関係は、平倉における〈分析－作品〉の関係に不可避的に跳ね返る。しかしこの、それぞれへの帰属関係を示す「における」こそが不純なのであり、それでもこの不純さにわれわれが――それなりの解像度で――分け入ることができ、そこから実践の手がかりを引き出すことができるのは、われわれが「さしあた

18　同書、一四、五三頁。
19　同書、三〇六頁。
20　同前。
21　同書、二一〇頁。

りいまは」生きているのと同じ資格で、ダイアグラムが自律しているからだ。「失認的非理論」の〈非〉もまた、他者との距離が可能にする特異な実践性を指し示している。

東浩紀はドゥルーズと同年代の哲学者、ジャック・デリダが次第にアカデミックな文体を捨て、文学的、実験的と形容するしかないような文体実践へと向かった「動機」を分析する。その動機は前期デリダの理論的な戦略のうちにある「躓き」に見出される。『存在論的、郵便的』は、前期デリダの戦略を特徴づける「存在論的脱構築」と、そこにある躓きを超える「郵便的脱構築」のふたつの脱構築をデリダのテクストから取り出すことに向けられている。つまり、「哲学的」スタイルから「文学的」スタイルへの移行を、「理論」とその「実践」として見るのではなく、後期の実践のうちにある、前期の理論を批判的に乗り越えるポテンシャルを**理論的に**明確にすることが目指されている。

ふたつの脱構築がどのようなものであり、第二の脱構築が第一の脱構築に対してどのような関係にあるかということは、それぞれが何を脱構築するのかという観点から割り出すのがいいだろう。用語の内実を括弧に入れて図式的に整理しておくと、「存在論的脱構築」は「形而上学システム」を標的としており、「郵便的脱構築」は第一の脱構築が必然的に引き起こす躓きとしての「否定神学システム」を標的としている。したがってより圧縮するなら、『存在論的、郵便的』は、〈形而上学システム〉→〈存在論的脱構築＝否定神学システム〉→〈郵便的システム〉という三つの形式をまたいで組織されている。

東が本書で鍵概念とする「誤配」は、デリダ自身が概念として用いているものではない。しかしデリダが英語の“mis-”という接頭辞に執着を示し、彼の戦略全体を方向づける「脱構築」と「ミス」[22]の構造を深く結びつけていること、そして、東が『存在論的、郵便的』を通してその文脈を拾い集めるようにデリダにとって郵便的なモチーフが重要であったことを考え合わせるなら、誤配、つまり“misdelivery”を中心概念としてデリダに埋め込みつつ取り出す戦略は、そのまま『存在論的、郵便的』のデリダとの複雑な距離を表していると言えるだろう。そして上述の三つのシステムの差異は、誤配ないしミス一般に対してそれぞれがどのような様相をあてがうかという点から整理できる。

　形而上学システムはつねにミスを偶然的なものとしてあつかい、必然性の領野に理想的＝理念的なものを囲い込む。言い間違い、思考の錯乱、不道徳的なおこないはアクシデント＝偶発事であり、理念の純粋性はあくまで護られる。この理念の保護は、理念的な必然性のレベルと実際的な偶然性のレベルとのあいだにある懸隔が安定的に維持されることによって達成される。理論と実践の分割、ロジックとレトリックの分割、現前的コミュニケーションとしてのパロール（話し言葉）とあくまでその代用品として機能するエクリチュール（書き言葉）の分割。手紙の交換は明証的な意識をもって向かい合う主体どうしのパロールの拡張であって、誤配（配達ミス、書き間違い、読み間違い）はこの拡張が呼び込む偶発的なミスと

22　Jacques Derrida, *Limited Inc*, p. 77〔八四頁〕.

して考えられる。

存在論的脱構築が問うのは、理念的なレベルがどのように発生するのかということだ。つまり、理念的なレベルをあらゆる経験的な対象に先行させるために、それぞれひとりの有限な人間でしかない形而上学者たちは具体的に何をしているのかということが問われる。理念的レベルを想定する実践上の手口が問題になるわけだ。この問いかけは無前提に理念的なものと実際的なものの区別を想定する形而上学システムに対する批判であると同時に、まさにその批判を通して当の区別を延命させる。東が「形式化の限界」と「限界の存在論化」[23]と呼ぶ操作が存在論的脱構築のこのふたつの側面に対応するのだが、実際的には世界の一部である人間が、非世界的な理念を構成する主体であるというこの逆説的な構造は、逆説的であるがゆえに維持される。どういうことか。

世界の中に生きる人間は、その世界を全体的に俯瞰する非世界的な理念を完成させることができない。この不可能性は必然的であり、これが「形式化の限界」に対応する。限界への衝突によってその外部の存在が自覚されると同時に、それに「不可能なもの」という名前を与えることで人間は外部から閉ざされる。これが「限界の存在論化」だ。存在論的脱構築が否定神学 negative theology へと躓くのは、理念的なものの発生を「不可能なもの」というネガティブな名によってしか説明できないからだ。その名は「ポジ」としての実質をもたない、内容を欠いた空虚な手紙であり、「それはオブジェクトレヴェルでは〔=実際的には〕どこにも届かない。しかしメタレヴェルにおいては〔=理念的には〕「どこにも届かない」という場所に届く」[24]。誤配の「誤」は理念化されたうえでネガティブに実体化される。

存在論的脱構築が、いわば〈ミスそのもの〉としての不可能性を必然化するのに対して、郵便的脱構築は具体的で個別的なミスの「可能性の必然性」[25]という様相に立脚している。つまりミスに対して、形而上学システムは偶然性、否定神学システムは不可能性の必然性、郵便的脱構築は可能性の必然性という様相をあてがう。

「手紙は必ずしも**つねに**届くわけでは**ない**［pas toujours］。そしてそれが手紙の構造に属している以上、それが真に宛先に届くことは決してなく、また届くときも、〈届かないことがありえるということ〉［pouvoir-ne-pas-arriver］が手紙をある内的な漂流で悩ませている」[26]。その漂流は何ら形而上学的でも超越論的でもなく、どこまでも唯物論的で世俗的なものだ。手紙は届くこともあれば、届かないこともある。この可能性の必然性によって、われわれが受け取る手紙にはことごとく「届かなかったかもしれない」という不気味さが幽霊のように張り付いている。

23　東浩紀『存在論的、郵便的』、二一四頁。

24　同書、一一七頁。

25　これは東が用いている語ではないが、デリダは「有限責任会社abc…」において「mis」の構造を説明するときに繰り返しこの語を用いている。

26　Derrida, *La carte postal*, p. 517［II－三〇九頁］. ここでは東『存在論的、郵便的』（九六頁）における当該箇所の引用を原語併記の形式含めそのまま転記した。

不気味さが生まれるのは発着のあいだにその手紙の時間的、空間的な位置が不確定になる空隙が埋め込まれているからであり、〈私〉が他者と隔てられているからだ。この分け隔ては自分のために買い物メモを書き留めるときにさえ、〈書く私〉と〈読む私〉のあいだに穿たれている。同時に、そもそもこの隔たりがないのなら〈私〉は〈私〉に対して現前してやまないのであり、メモの必要＝必然性はなく、したがって可能性のための余白もない。隔たりを必然的に開きつつ可能的に埋める、構造としての手紙、構造としてのエクリチュールは、他者の現前を結果として生む**こともある**が、そこには**いつも**可能性という幽霊が宿っている。

　他者との距離は、形而上学者がそうするように理想化され透明化されるのでもなく、否定神学者がそうするように到達不可能なものとして絶対化されるのでもなく、むしろそのフィジカルな距離をそれ以上でもそれ以下でもないものとして捉えることから、郵便的脱構築の哲学的な帰結は引き出される。そのつどの送付に可能性として張り付くものとして、誤配は本質的に複数的なものであり、この複数性をどこまでも真に受けることによって、郵便的脱構築は否定神学システムにおける「不可能なもの」の理念的な単一性を粉砕する。

　しかしそれは理念的なもののたんなる相対化ではないし、理念的なものなど存在しないという居直りでもない。むしろ手紙の構造に埋め込まれた複数性を、「思弁」の条件として位置づけることこそが郵便的脱構築のポジティブな企図であると言えるだろう。「**思弁の可能性そのものが転移＝郵便により開かれる**。転移における mis がなければ、超越論性〔＝理念的なもの〕もまた生まれない[27]」。われわれは明証的で自己同一的な意識をもった主体どうしで現前しあう、誤配なきコミュニケーションにおいて思弁するのではない。そうしたパロールの秩序を下支えしつつ蝕むエクリチュールの秩序のなかで、無意識はすでに多方向に転移しあっている。誰もがかつての誰かとのコミュニケーションの切れ端を他の誰かに差し向けている。このとき誤配は他者と同時に〈私〉を分身化＝二重化 doubler し、他者とのあいだで、そして〈私〉自体に穿たれた不純な距離のなかで、思弁はその不気味さとの出会いにおいて惹起される。思弁がただちにその不気味さをキャンセルすることに向かうのだとしても。

『動きすぎてはいけない』、『ゴダール的方法』、そして『存在論的、郵便的』に共通するのは、第一に、〈反主意主義的な実践〉とでも言えるような逆説的な回路の構築が目指されていることだろう。「個体化」、「ダイアグラム」、「郵便的脱構築」はいずれも、フィジカルな有限性を梃子にすることで意識的、能動的な秩序に対して批判的に働きかける、広い意味で政治的な企図をもっている。

第二に、〈イロニーからユーモアへ〉、〈見逃し－聞き逃しからダイアグラムへ〉、〈否定神学から郵便的脱構築へ〉というステップによって、他者との距離をネガティブなものからポジティブなものへひっくり返すことが試みられている。ここまで何度か「ポジティブ／ネガティブ」という語を用いてきたが、その意味するところをこのあたりでいちど明確にしつつ、

27 東『存在論的、郵便的』、三二八頁。

本論でドゥルーズの議論へと折り返すきっかけを作ろう。

「ポジティブ/ネガティブ」という語において、私はドゥルーズが『差異と反復』で〈否定的=ネガティブな〉差異と〈定立的=ポジティブな〉差異を対立させて論じた議論を前提にしている。ネガティブな差異とは論理的、命題的な秩序にあらわれる差異のことであり、ふたつの項のあいだに矛盾、対立、類比、類似といった関係を成り立たせる、「AはXであり、BはXでない」といったかたちで規定される差異である。これがネガティブであるのは、各項の自己同一性が論理的に先行しており、そのうえで「ネガ」として両者の差異が取り出されるからだ。

翻ってドゥルーズは、差異のポジティビティは命題的なものに還元されえない「問題的なもの」に宿る、そしてそれは存在の肯定でも否定でもなく、「非‐存在 non-être」であると述べている。[28] 彼はこの〈非〉のありかたを範例的に示すものとして、フランス語における「虚辞の ne」の機能を挙げている。「雨が降っている il pleut」の否定文が「雨が降っていない il ne pleut pas」であるように、フランス語の否定文は S ne V pas によって表される。虚辞の ne とは「雨が降らないか心配だ je crains qu'il *ne* pleuve」というように、ne が pas を伴わずに用いられ特殊な機能を担うことを指す。教科書的にはここで雨は降るとも降らないとも言われておらず、雨が降ることへの否定的な心情が ne にあらわれているとされる。虚辞の ne が示すのは命題的な肯定/否定(A or not A)のレベルの手前にある、雨が降るという問題=出来事との不確定かつ抜き差しならない距離だ。メルヴィルの『代書人バートルビー』の主人公が繰り返す「せずに済めばよいのですが I would prefer not to」も同様に、するかしないかという決定そのものを脱臼させ、周囲の人物たちをいわば「バートルビー問題」へと巻き込んでいく。問題的なものとしての〈非-存在〉が指し示しているのは、距離としての差異がもつポジティブな＝定立的な力であり、植物が異質な諸力のあいだを縫って生長するように、差異こそが生きられるものである。

しかしわれわれが本書で問うのは、〈非〉のポジティビティを哲学的に規定することである以上に、それを哲学的な実践に埋め込むにはどうすればよいのかということだ。哲学が

28　DR261–264/下 95–99. 次の一節では問題としての差異の肯定は「美しき魂」による多様性の賛美とも、答え＝結果より問い＝プロセスを重視する温和な可謬主義とも異なると述べられている。「同一的なものから解放され、ネガティブなものから独立した純粋な差異を援用するのには、様々な危険がつきまとう。たとえば血みどろの闘争からほど遠い、円満で和やかな差異でしかないものに陥るということがある。美しき魂は次のように言う。われわれはたしかに異なっているが、対立しているわけではないではないか、と。また、問題という観念についてだが――われわれは後ほど、これが差異という観念と結びつくことを確認する――これもまた一見美しき魂の状態を養っているようにも見える。問題や問いを投げかけることだけが重要なのだ、と。しかし、われわれの信じるところによれば、問題がそれ自身に固有のポジティビティの段階に達するとき、また差異が、その段階に対応した肯定の対象になるとき、問題は攻撃と選別の力能を解き放つのであり、この力能が美しき魂をまさにその同一性から引きずり下ろし、そのやる気＝良き意志を打ち砕くことによって、美しき魂を破壊するのである。問題的なものと差異的なものとは闘争あるいは破壊を規定するのであって、そこではネガティブなものによる闘争や破壊がたんなる見せかけとなり、美しき魂の祈りはその見せかけに囚われた欺瞞にしかならないのだ」(DR2/上 14)。

「差異」なり「他者」なり**について**何を語るかということではなく、哲学**の**他者関係はいかにして創造的になりうるかということを本書は考える。誤配、失認的非理論、非意味的切断が深く実践へと方向づけられているように、非美学はドゥルーズの実践をテストする観点であると同時に、本書を通して試みられるのは、それを哲学的実践の条件を構成する概念として定立することだ。その実践が芸術という他者との関係におけるものである以上、**非美学は批評の条件についての哲学的思考である**。いまだこの定義はミニマルで名目的であり、これを実在的な運動としてドゥルーズのテクストから取り出すことが以下の本論で試みられる。

第1章　能力

美学批判とその挫折

1-0　前期ドゥルーズの能力論

能力論から始めるのは、それがドゥルーズの一貫した主題であったからでもあるが、それ以上に、能力こそが実践を可能にするものだからだ。抽象的な主体が抽象的な対象に関わることを実践とは誰も呼ばないだろう。眼で視覚的な対象を、記憶で過去の対象を、言葉で意味的な対象を、自身の身体で別の物体的対象を、というように、ある個別の能力とそれに固有のしかたで把握される個別の対象のセットが様々に折り重なることで初めて、実践と呼ばれうる具体的な営為はなされる。これはきわめて常識的な考え方だ。われわれは頭を使っているだけの人間を頭でっかちだと言うし、口だけの人間を信用しないが、かといってとにかく体を動かせばいいのでもない。**実践はその本質からして能力の複数性を含意しているの**であり、ひとつの能力への固着が世界を抽象的にし、抽象的になった世界でひとは、実践をそれより上位にある「理論」の適用先として考えるようになる。つまるところドゥルーズにとって能力論とは、そうした理論と実践、抽象と具体のヒエラルキー的な分割に批判的に介入するためのトポスであったのだ。彼の能力論の変遷を辿ることは、彼が実践について、ひいては哲学的実践についてどのように考えていたのかということの指標となるだろう。

このとき最大の標的となるのは、哲学の歴史において知性、悟性、理性、思考などと呼ばれてきた知的能力の地位だ。なぜならこうした能力だけが他の諸能力の地位を理論の名のもとに差配するからであり、だからこそ『純粋理性批判』によって初めてたんに理性を用いるのではなく批判的検討の対象としたカントが、ドゥルーズが自身の能力論を作り上げるための特権的な対話者となる。

本章では『カントの批判哲学』と『差異と反復』をメインに取り上げて前期ドゥルーズの能力論と、それがどのように後者でなされる美学批判に帰結するかを考察するが、その準備として、この二冊に加えて同じく前期に取り組まれたヒューム論とベルクソン論を含めた能力論の展開をごく簡単に見ておこう。

彼の最初の著書であるヒューム論『経験論と主体性』(一九五三年)ではすでに能力の複数性と異なる能力の関係づけが問題になっている。この本の第一章で論じられるのは、ヒュームにおいて情動＝道徳と知性＝認識には「本性上の差異がある」(ES14/22)ということであり、以降の章ではそうしたヒューム的なデュアル・システムの機序が説明される。ドゥルーズが二八歳の年に刊行された本書ですでに彼が諸能力の区別と相互の連携として哲学的システムを構想していることは、彼の哲学の出発点から能力論が大きな関心であったことを示している。

そして一九六三年の『カントの批判哲学』では、カントが三つの〈批判〉において展開した哲学が、諸能力の関係性が様々に組み換わるシステムとして再構成され、以下の節で詳しく見るように、ドゥルーズは認識、実践、趣味判断のそれぞれにおいて異なるフォーメーションを取る理性、悟性、構想力といった能力の動向を過剰なほどに形式化する。各能力を切り分け定義したうえで連携させるというテーマは、このカント論で真正面から取り組まれることになる。

ここに折り重なってくるのが「差異」という問題系だ。一九六六年の『ベルクソニズム』において、ドゥルーズはベルクソン的な哲学の方法としての「直観」を構成する三つの要素のひとつに、「本性の差異」と「程度の差異」の分割を数え上げている（B11-17/14-20）。そしてその特権的な事例として挙げられるのはベルクソンが『物質と記憶』で取り組んだ、知覚と記憶の関係を程度の差異によって説明する議論――たとえば、記憶は弱まった知覚である、というような――を棄却し、両者のあいだに本性上の差異を打ち立てたうえで「純粋知覚」と「純粋記憶」という基礎概念を練り上げる操作である。研究対象となる哲学の基部にある能力間の本性の差異に着目するというドゥルーズのアプローチはここでも維持されているが、『ベルクソニズム』でベルクソンの進化論哲学の検討を通して新たに問われるのは、〈本性の差異はどこからやって来るのか〉という発生論的かつ存在論的な問いだ。

ドゥルーズが初めて「自分で哲学する」ことを試みた書物である一九六八年の『差異と反復』は、大枠としては差異の存在論を体系化したテクストとして位置づけられる。それは間違いではないが、このように早足で前期ドゥルーズの能力論という線を辿ってみてわかるのは、**差異の存在論は能力論の基礎づけのために要請された議論である**ということだ。差異の存在論については一九五六年という早い段階に書かれた「ベルクソンにおける差異の概念」ですでに主題化されており、前期ドゥルーズの歩みを〈能力間の本性上の差異からそれを基礎づける差異の存在論へ〉という単純な推移として整理するのは無理があるが、『差異と反復』は彼のキャリアの出発点から並走してきたふたつのテーマの綜合を試みた書物だと言うことはできるだろう。**差異の存在論だけから実践の新たな回路は出てこないし、能力論は異なる能力の関係性を刷新する差異の理論を必要とする。**カント的なシステムの検討と『差異と反復』におけるその乗り越えの試みは、そうした両立に向けてまっすぐな軌道を描いている。最終的に本章で問うことになるのは、その直線は向かう先で、ある挫折を強いられているのではないかということだ。

1-1 理性、批判、超越論性

『カントの批判哲学』はとても薄い本だ。ドゥルーズはたった一〇〇頁ほどで、『純粋理性批判』、『実践理性批判』、『判断力批判』という三つの〈批判〉のシステムと相互の関係を描き出している。この高度な圧縮を可能にしているのが、「能力 faculté」と「共通感覚 sens commun」の関係を軸に〈批判〉を再構成するという観点である。

共通感覚は、人間誰しもがもつべき常識 sens commun でもあり、複数の能力が共働して実現されるものでもあるというふたつの側面をそなえている。『純粋理性批判』は自然の認識という「論理的共通感覚」を、『実践理性批判』は自由の達成という「実践的共通感覚」を、『判断力批判』は美しい技巧の産出という「美的共通感覚」をあつかう。これら三つの共通感覚という理念的に設定されるタスクに対して、個々の能力は言わば実働部隊として参与する。そしてカントにおいて実働部隊は理性、悟性、構想力、感性という四つの能力によって構成され、これらが三種のタスクの実現に向けて駆り出され、そのつど異なるフォーメーションを取る。たとえば論理的共通感覚の実現に際しては理性が悟性に従い、実践的共通感覚の実現に際してはそれが反転する、というように。

「諸能力の公準は、超越論的方法を構成するひとつの真のネットワークを形成する」(PK17/28)、あるいは「三つの〈批判〉はひとつの真の置換システムをなす」(PK97/138)。ドゥルーズは諸能力の三通りのフォーメーションによって実現される三種の共通感覚という、きわめて簡素かつフォーマリスティックな観点から〈批判〉を再構成する。しかし『カントの批判哲学』は、たんによくまとまったカントの解説書なのではない。むしろこうした形式化のアプローチは〈批判〉の最深部に最速で到達するためにこそ採用されているだろう。そしてドゥルーズがその冥界下りにおいて問うているのは**共通感覚の発生**という問題であり、彼はのちに、この問題を梃子にして『差異と反復』で独自の「諸能力の公準」を立ち上げることになる。

個々の能力が異質であることとそれらが共通の目的に参画することはいかにして両立し、

その参画の形式はいかにして万人に共通のものとなるのか。最終的なドゥルーズの診断は、カントはこれらの問いに答えられていないと決することになるのだが、『差異と反復』でなされるその決別は『カントの批判哲学』における〈批判〉の再構成を前提としてなされている。三つの共通感覚の具体的な内実と相互の関係を見る前に、本節では〈批判〉と〈超越論性〉という、諸能力の公準とともにカント哲学を構成するふたつのプロジェクトについて見ておこう。

さて、〈批判〉とは三つの共通感覚それぞれの「自律的 autonome」かつ「高次の」形式の探究に対応している。自律的であることと高次のものであることが両立しなければならないのは、認識ばかりして行動がともなわなかったり、快・不快の感情に振り回されて認識がおろそかになったりすることが人間の常であるとするなら、それぞれを律する根拠となる、認識、実践そして快・不快の感情それぞれの原理原則が探究されなければならないだろうからだ（PK9/15）。〈批判〉とはこのように、実際的な傾向と高次の理念的な法則という垂直的な分割と、三つの領域の相互不可侵的な自治権 autonomie の画定という水平的な分割を交差させる戦略である（しばしば言われるように、批判 critique は古代ギリシア語で「分ける」を意味する *krinein* に由来する）。そしてそれぞれの自律的な法則——これが三つの共通感覚に対応する——の適用によって、認識の高次の形式として「自然」が、意志の高次の形式として「自由」が、快・不快の感情の高次の形式として「技巧 art」が実現される。[1]

しかしこのような自己完結的なシステムは、〈理性〉に託された両義的な身分によって保たれている。というのも、理性は悟性や構想力といった能力と同列のひとつの能力であると同時に、「理性の関心」として認識や実践というタスクを設定する、言わば選手兼監督のような融通無碍な立ち位置にあるからだ（PK11–12/18–20）。だからこそ〈批判〉とは直接的には「純粋**理性**」や「実践**理性**」の批判なのであり、それは理性の統制の取れた使用こそが上述のシステムの存立条件であることを示している。

そして理性のこのような位置づけは、カントの方法のもうひとつの核心をなす「超越論性」の規定にも深く関わっている。

ドゥルーズによれば、カントにおいて認識や実践が理性の関心であって他のものの関心でないのは、理性こそが人間に固有の目的を措定するからだ。理性のこの定義こそがカントにおける「超越論的と呼ばれる方法の本質的な原理」として機能している（PK8/13）。というのも、経験論と合理論という、カント以前に支配的であったふたつの学説に対するカントの新しさは、理性－人間－目的の内在的連関の構築として評価できるからだ。

一方で経験論にとって理性は目的を遂行する婉曲的な手段にすぎず、このとき人間的目的と動物的目的を区別するのは、たとえば労力と物質的豊かさの比率などのたんなる程度の差異になってしまう。他方で合理論にとって理性の目的は人間的理性にとって外在的なもの、つまり超越的な〈存在〉や〈善〉や〈価値〉へと差し向けられるが、このとき目的が超越的なものであろうと動物的なものであろうと、それが理性に対して外在的である以上、その達成は快の感情によってしか測ることができない。**超越論的** *transcendantal* であることが**超越的** *transcendant* なものを締め出すのは、能力論の観点から言えば、前者が理性の自律性に根差し、後者は理性に対して外在的であるものの非理性的な把握（快の感情による把握）に根差して理性を位置づけているからだ。

経験論と合理論はいずれも理性と目的を外在的な関係に置くことで動物的あるいは神的な目的に理性を従属させてしまう。それに対してカントにおいて「理性はまさに自分自身を目的とみなしている」（PK7/13）のであり、経験的なものにも超越的なものにも依存しない超越論性は、人間的目的の固有性を取り出すために編み出された方法だと言えるだろう。

理性の諸目的ないし諸関心は、経験の管轄下にあるわけでもないし、理性にとって外在的な、あるいは理性を超越する他の審級の管轄下にあるわけでもない。カントは経験的な決定と神学的な法廷をあらかじめ排している。（PK7/13）

しかし理性はみずからの実現を目的とし自分に固有の関心をもつといっても、**それを自分で実現できるかどうか**は別の問題だ。「理性が自分自身の関心を実現するという責務を負う

1 Kant, *Critique de la faculté de juger*, XX246, p.136［一〇六頁］.『判断力批判』の参照にあたっては仏訳版・邦訳版の両者に記入されているアカデミー版カント全集の頁数を併せて記す。たとえば先のXX246は全集第二〇巻の二四六頁を指す。

ことを保証してくれるものは何もない」(PK16/26)。そして、次節で詳しく見るとおり、とりわけ認識の実現において理性は悟性へと自身の権限を譲り渡すように、実現という局面においては理性の特権こそが批判的検討の対象となる。〈批判〉という営みの困難は理性が〈批判〉の原理であると同時にその対象でもあるという両義性において極まるが、ドゥルーズはそれをかいくぐるように共通感覚のシステムを描き出すカントの身振りを辿り、辿ることで描き出す。それはその反復において彼自身の哲学を準備するだろう。

1-2 共通感覚とその発生

認識、実践、快・不快の感情に向けて諸能力が協働すること、これが「共通感覚 Gemeinsinn, sens commun」[2]と呼ばれる。したがって、認識における「論理的共通感覚」、欲求における「実践的共通感覚」、そして快・不快の感情における「美的共通感覚」という三つの共通感覚があり、構想力-悟性-理性はこの三種のフォーメーションを行き来するのだが、それぞれの内実を見る前に図式的な説明を続けよう。この三つの共通感覚は〈規定的な共通感覚〉と〈無規定的な共通感覚〉に大別することができる。ここで「規定的」とは、共通感覚、つまり諸能力の一致において、ひとつの能力が主導的な役割を果たすことを意味する。論理的共通感覚においては悟性が他の能力を従え、実践的共通感覚においては理性が他の能力を従える、というように。それに対して美的共通感覚は唯一の無規定的な共通感覚である。つまりひとつの能力が舵取りをすることなく、能力どうしが対等な立場にありながら協働がなされるのだ。[3]

このとき重要なのはそれぞれの内部構造である以上に、ドゥルーズが論理的共通感覚から実践的共通感覚へ、そして美的共通感覚へと論述のフレームを移していくその推移において、彼が何を問おうとしているかということだ。先にも述べたとおりそれは共通感覚の「発生」の問題であり、そこには論理的共通感覚における理性の悟性への権力移譲、実践的共通感覚における理性の専制のあとで民主的な美的共通感覚が登場し、そしてその発生に隠されたどんでん返しがあり、というある種のドラマ的な展開がある。[4]

さて、論理的共通感覚において規定的ないし立法的な役割を担うのは悟性である。つまり認識による自然の把握という理性自身の目的の達成において、理性は主導権を悟性へと譲り渡すのだ。これには哲学史においてカントの代名詞となっている「コペルニクス的転回」が深く関わっている。というのも、コペルニクス的転回とは、認識の対象に認識が従うのでは

2　これらは日常的には、ドイツ語においてもフランス語においても英語の“common sense”と同様に「常識」を意味する語である。この含意は後述する『差異と反復』における共通感覚批判に関わっている。そこでドゥルーズが批判するのは哲学の暗黙の前提として機能する共通感覚＝常識であるからだ。

3　規定的共通感覚と無規定的共通感覚の差異は、『判断力批判』における「規定的判断力」と「反省的判断力」の差異に対応する。

なく、認識の原理に対象が従属するという、認識の基礎を主観へと反転させる戦略であるが、この反転と理性の権力移譲は同じことを指し示しているからだ。

カント以前において認識は対象との一致によって基礎づけられていた。しかしカントは、対象との一致ではなく認識において作動する諸能力の統制の取れた作動原理によって認識を基礎づける。そのとき認識主体は「自然の立法者」として対象に対して原理を適用するが、**対象に対する**立法は**認識における**ひとつの能力の他の能力に対する立法によって裏打ちされている。しかしこのとき認識に従属するのはあくまで「物自体」ではなく「現象」でなければならない。というのも、たとえば空間と時間は感性的な対象が現れるための条件として、あらゆる可能な経験に先立つ超越論的な形式であるが、この形式に物自体が従属することを保証するものは何もない。つまり、われわれに可能な経験における空間と時間の異種性が物自体にも適用されうることを保証するものは何もない。裏を返せば物自体を現象（フェノメノン）からネガティブに仮想される「ヌーメノン」としての「限界概念」[5]とすることで、認識の内的な統制を確保し、**その限りでの**認識への対象（＝現象）の従属を必然的なものとすることができるのだ。

以上がコペルニクス的転回における認識と対象の関係、そして現象とヌーメノンの関係であるが、カントが理性に対して権力移譲を迫るのは、理性の本性がこうした関係を危機に陥れかねないものであるからだ。ドゥルーズはそれを理性の「**内的な錯覚** *illusions internes*」（PK37/55）と呼ぶ[6]。理性はたとえば動物的欲求のようなものによって外的に阻害されるのでなく、それ自身の習性によって誤謬へと躓くのだ。これは前節で見た理性の自律性の逆説的な帰結である。

理性は絶対的な実体としての分割不可能な〈魂〉、因果の完全な系列としての〈世界〉、実在性の全体としての〈神〉に結実する超越論的理念において、認識に全体的および無条件的な統一性という「課題」[7]を与える。しかしこの統一は悟性概念への適用に限られなければな

4　ポール・ド・マンは、『判断力批判』における崇高なものの分析において、諸能力は擬人化されており、能力によって演じられるドラマが〈批判〉が抱える理論的な亀裂を埋めるレトリックとして機能していると指摘している。「それはひとつの議論というよりストーリー、精神が活躍する演劇の一場面のようなものであり、ここでは理性と構想力が人格化ないし擬人化されている。(…) あたかも意識をもっており、それ自体人間性をそなえているかのような諸能力が**行為する**とか、ましてや自由に行為すると言われるのは、いったいどうしてなのか。われわれがここであつかっているのは明らかに心的カテゴリーではなく、比喩 trope であり、カントが語るストーリーは寓意的なお話 tale である。(…) このように人格化された意識の場面は容易に名指すことができる。それは心的機能の描写ではなく、比喩論的な変換 toropological transformations である、と。この議論を支配しているのは心的な法則ではなく、形象的な言語 figural language である」Paul de Man, *Aesthetic Ideology*, pp. 86–87〔二〇六–二〇八頁〕. アプローチはまったく異なるが、ドゥルーズも同様に諸能力のドラマとして〈批判〉のシステムを描き出し、以下に見るように崇高にその臨界点を見出している。

5　Kant, *Critique de la raison pure*, A255=B310, p. 229〔三一一頁〕.

6　「この錯覚は不可避であると、さらには理性の本性に由来するものであると言われる。〈批判〉になしうるのは認識そのものについての錯覚の効果を払いのけることだけであり、認識能力において錯覚が形成されるのを防ぐことではない」(PK38/56)。

7　Kant, *Critique de la raison pure*, A323=B380, p. 268〔三六五頁〕.

らず（＝理性の内在的ないし統制的使用）、これが対象へと適用されるときに、物自体が認識に従属するという、理性に内的な錯覚が引き起こされる（＝理性の超越的ないし構成的使用）。カントにおいて「真理の王国」がそのまま「純粋悟性の王国」であるのはそのためであり、同時にこの王国は「錯覚の棲み家」としての「広大で荒々しい大海」に囲まれた心許ない「島」でもある。[8]

したがって認識においては現象を実体や因果性といった、純粋に思考に属する形式において綜合する悟性に立法的な権限が割り当てられ、理性は――ドゥルーズの表現を借りるならそれを「不愉快」に思いつつも――自分の関心の実現を悟性の主導に任せる。しかし理性が認識において自分で自分の関心を実現することを断念するのは、欲求の関心、つまり実践的共通感覚における諸能力の協働において立法的なものとなるのは自分だからだ。そして理性のこの妥協は思弁的関心に対する実践的関心の優位を証し立てているとともに、認識にとっての理性の過剰は、結局のところこの優位に由来するということを示してもいる。「〔理性に内的な〕錯覚ですらわれわれを欺くのをやめるや否やポジティブでまっとうな意味をもつ。錯覚は諸目的の体系における思弁的関心の〔実践的関心への〕従属を表現している。何よりまず物自体が本当に理性の他の関心の対象でなかったなら、思弁的理性は物自体に関心を寄せることなどなかったろう」（PK41/59）。

実践において、理性は現象における感性的な自然の因果性を超え出て、あらゆる原因に先行する「自由」において立法的となる。このとき自然を超え出ているのは理性の関心の対象としての物自体だけでなく、超感性的で叡知的な存在としての理性自身でもある。ドゥルーズが実践的関心における理性のありかたを「立法者と臣民の同一性」（PK47/69）として示すのは、理性は超感性的な道徳法則に従うことによってこそ感性的な因果性を超える自由を獲得するからだ。

　したがって一方には思弁的関心に対する実践的関心の優位があり、他方に理性のそれぞれの関心においてひとつの立法的な能力があり、「置換体系」はこの二層構造（理性の関心／関心を実現する諸能力）とそれぞれの内部の序列を前提にして成り立っている。しかしこうしたふたつのレイヤーのあいだの、そしてそれぞれにおける統制のとれた共働はまさに前提されているのであり、この前提自体が演繹によって導き出されたわけではない。しかし諸能力の本性上の差異を措定し、それぞれの管轄を批判的に分割した以上、それらの協調がいかにして可能になるのかという発生的な機序が説明されなければならないのではないか。

カントは恐るべき困難に突き当たっているように思われる。われわれはカントが主体と対象のあいだの予定調和という考えを拒否していたことを見た。彼はその代わりに対象の主体自身への必然的従属という考えを置いた。しかしそれ〔＝予定調和的な一致〕はたんに主体がもつ本性上たがいに異なる諸能力の水準に移されたというだけのことで、

8　*Ibid.*, A235=B294, p. 216〔二九三頁〕.

カントは調和という考えを取り戻してしまっているのではないだろうか。なるほどこの移行はたしかに独創的だ。しかし諸能力の調和的な一致やこの一致の成果としての共通感覚を引き合いに出すだけでは十分でない。〈批判〉一般は一致の原則を共通感覚の発生として要求している。(PK34-35/51)[9]

思弁的関心において悟性が、実践的関心において理性が規定的な役割を担う以上、共通感覚はあらかじめ任命されたこれらの能力のもとで達成される。共通感覚の発生が問われるための条件は、あらゆる能力から規定的な役割を取り去ることであり、「一致の基礎の問題、あるいは共通感覚の発生の問題が提起されうるようになるのは、ただこの自由で無規定的な一致(美的共通感覚)の水準においてでしかない」(PK36/53)。共通感覚の発生は第三批判において初めてたんに前提されるのでなく問題として問われるようになり、これによって前のふたつの〈批判〉における諸能力の一致は十全に基礎づけられることになる。

ふたつの規定的な共通感覚と無規定的な共通感覚としての美的共通感覚。ここで規定的/無規定的の対立は、関心/無関心の対立に重なり合っている。というのも思弁と実践がまさに理性の「関心」であったのに対して、美的な趣味判断は対象に対する徹底した無関心によってなされるからだ。[10]

「これは美しい」という趣味判断において、「これ」が何であるかという認識の関心、「これ」は善いものなのかという道徳的な関心から諸能力は解放される。悟性は手持ちの概念の適用から離れて自由になり、直観が与える雑多な内容を合成することで構想力が呈示する特異な「これ」に対して悟性は無規定的なものになる。美においてあらわれるのは主観的で自発的な能力である悟性と構想力の「戯れ jeu」であり、たんなる好ましさ（ゴーヤは嫌いだ、コーラは好きだ）と趣味判断が異なるのは、その判断が表象に由来するのではなく、「表象の様式」、つまり**表象を構成する諸能力の関係**に関わるからだ。[11] 美は好ましさの手前で、そして対象の手前で作動する。これが快の感情の高次の形式としての趣味判断が、**主観的でありかつ普遍的である**という逆説的な定義を与えられる理由であり、またこのことが趣味判断に留まらず認識一般の「普遍的な伝達可能性 communicabilité」を基礎づけている。[12] カントにおいて認識の普遍性とは普遍的な伝達可能性のことであり、それはつまるところ認識の内容ではなく、各人がもっているひと揃いの能力とその一致の形式的な同一性だ。

構想力と悟性の自由で無規定的な一致という美的共通感覚によって、規定的な論理的共通

9　ドゥルーズがカントに向けるこの「一致」ないし「調和」の問いは、われわれが本書全体を通して見るように、ドゥルーズ自身につきまとい続けることになる。

10　「**趣味**とは、ある対象あるいは表象の様式を判定する能力であり、その判定は適意もしくは不適意によって行われ、そこでは**一切の関心が欠けている**。このような適意の対象が**美しい**と称される」（Kant, *Critique de la faculté de juger*, V211, p.189［一一八頁］）。

11　Kant, *Critique de la faculté de juger*, V217, p.196［一三九頁］.

感覚および実践的共通感覚を基礎づけることができる。ある能力の立法のもとでの一致を十全に考えることができるのは、そもそも異なる能力のあいだに適合の関係がありうることが示された後でのことだからだ。しかしドゥルーズは、美によってもいまだ共通感覚の**発生**を基礎づけることはできないと述べる（PK72–73/103）。それは、美における構想力と悟性の一致はたしかに無規定的ではあるが、ここで無規定的であることと一致することはたんに両立しているだけであり、両者のあいだに必然的な関係が見出されているわけではないからだ。この必然的な関係つまり共通感覚の発生は、構想力と悟性の関係において見出される〈美しいもの〉の判断ではなく、構想力と理性の関係において見出される〈崇高なもの〉の判断によって基礎づけられる。

「崇高 sublime」という感情は量ないし力の観点から見て比較を絶して大きいものによって引き起こされるとカントは述べるが、ここで比較とは悟性による対象の大きさの認識を意味している。険峻なアルプス山脈も荒れ狂う大波も悟性が概念的に処理してしまえばその大きさが崇高の感情を与えることはない。比較を絶するのはその大きさが構想力の「努力」を強いるときであり、構想力のひとつの役割としての、部分から部分へと漸進的になされる「把握 appréhension」に対して、もうひとつの役割としての全体の同時的な「総括」、より正確には「感性的総括 *comprehensio aesthetica*」[13]が追いつかなくなるときにこの努力が強いられる。崇高の感情において構想力は自らの「無力」に直面する。この挫折は相対的な大きさにおける「論理的総括 *comprehensio logica*」をこととする悟性には癒すことのできないものだ。崇高が不快の感情であるのはこの意味においてであり、しかし構想力の挫折は、理性が呈示する理念との関係において捉えられるとき快に反転する。

われわれにとっての法則である理念に到達しようとしながら、その理念へのわれわれの能力の不適合において生じる感情は**尊敬**だ。ところであらゆる現象をそれがわれわれに与えられる限りでひとつの全体の直観へと総括するという理念は、理性の法則によってわれわれに課せられる理念にほかならない（…）。他方でわれわれの構想力は、与えられた対象を直観の全体へと総括することを達成するために（またそうして理性の理念を呈示するために）最大の努力をしてもなお構想力には限界があり、それには不適合だということを示す。しかしまた同時に、法則としての理念への一致を実現するということがその使命であることも示される。したがって自然における崇高なものの感情はおのれ

12 「（…）普遍的に伝達されるのは認識と認識に属する限りでの表象だけだ。なぜなら表象は認識に属する限りで客観的なものとなるのであり、それによってのみあらゆるひとの表象に関わる諸能力が一致するよう強いられる普遍性という次元を手にするからだ。ところでこの表象の普遍的な伝達可能性をめぐる判断を規定する原則は、たんに主観的に、つまり対象という概念を欠いたままで考えられなければならないとしよう。するとこの原則は表象に関わる諸々の能力が与えられた表象を認識一般に関係づける限りで、諸能力の相互関係において出会われる精神の状態以外のものではない」（*Ibid.*, V217, p. 195–196［一三八頁］）。

13 *Ibid.*, V251, p. 233［一九一頁］.

の使命に対する尊敬であり、この尊敬をわれわれは何らかの対象について、ある種のすり替えを通じて（おのれの主観のなかにある人間性の理念への尊敬を対象への尊敬と取り違えることで）証言する。[14]

構想力が自身の限界に直面すること、それは「自然の無限性としての理念[15]」への自身の不適合に直面することであり、美がそうであったように崇高も表象の主観的な様式に関わっている。「すり替え」によってその主観的・反省的判断が対象に帰せられるのだ。われわれは実際のところ自然を尊敬するのでなく理念が呈示する「超感性的な使命[16]」を尊敬するのであり、理性への不一致によって構想力はそれがおのれの使命でもあることを感得する。「すると、構想力と理性の一致はたんに想定されているわけではないことがわかる。それはまさに生み出される。不一致のなかで生み出される」（PK75/106）。

ドゥルーズは共通感覚の発生の問題への応答を『判断力批判』の崇高論のなかに見出す。そこで**能力の限界は越権による錯覚を防ぐためのものでなく踏み越えられるべきものになり、**不一致のただなかから一致が生み出される。美の「落ち着いた観照」における一致とは対照的に、崇高における「動揺に満ちた」一致は平静な美、そして認識と実践を統轄する堅牢な原理が成立する手前にある擾乱を指し示している。[17] ここでは〈批判〉そのもののリミットが解除されたかのようだ。それは諸能力の境界画定による和平をこととしていたはずなのに、その基礎づけのために当の境界が侵犯される。

共通感覚をその発生という観点から探ることであらわれた、「不一致的一致 accord discordant」（DR190/上 388-389）という逆説が、次節で見るように『差異と反復』の能力論の基底に据えられている。『カントの批判哲学』が冥界下りの果てに見出したカント的システムのネガとしての不一致的一致は、『差異と反復』においてはポジティブな出発点に反転するのだ。

1-3 共通感覚批判

とはいえ、『カントの批判哲学』におけるドゥルーズのカントに対する慎重な態度を見たあとで『差異と反復』を読んで面食らうのは、きわめてあっさりとカントに見切りをつけているように見えることだ。まず大枠として、この本でドゥルーズが自身の哲学的立場として打ち出す「超越論的経験論 empirisme transcendantal」が直接的な批判の対象としているのがカントの超越論哲学である。カントはすでに経験的に成立しているものを超越論的な領野へと密輸することで、「可能な経験の条件」を描き出しているにすぎず、「実在的な経験の条

14 *Ibid.*, V257, p. 239〔一九九頁〕.
15 *Ibid.*, V255, p. 237〔一九六頁〕.
16 *Ibid.*, V258, p. 240〔二〇〇頁〕.
17 *Ibid.*

件」に触れることはできないと断じられる。ドゥルーズによれば、条件づけられたもの（＝経験的領野）が条件（＝超越論的領野）に似ているなどということはありえないのであり、前者の似像を後者に密輸すること、すでに成り立っている経験に寄りかかって超越論的なものを描くことはできない。超越論的経験論は「経験的なものの形象を引き写すことによって超越論的なものを描くなどということをしない唯一の方途」であり、そこで経験的なものは一般化のとっかかりではなくあくまでその発生が問われるべきものとして考えられる（DR187/上383）。

これを能力論の用語に言い換える。超越論的領野へと引き写される経験的なものの典型が共通感覚である。諸能力の調和的な連携は、たしかにわれわれの生において経験的に見られるが、その条件の探究を迂回して、共通感覚そのものを条件にすり替えてしまうのは本末転倒ではないか、というのがドゥルーズがカントに向ける批判だ。『差異と反復』の共通感覚批判はより一般的には、「再認 récognition」という認識のモデルにおいて想定される、主体と対象それぞれの同一性への批判として展開されている。「再認は同じであると想定されるひとつの対象についてのあらゆる能力の一致した行使によって定義される。見られ、触れられ、想像され、理解されるのは同じ対象だ」（DR174/上356）。異なる諸能力の帰属する主体の同一性とそれと表裏一体になった対象の同一性、それによって生み出される表象といった要素が再認というモデルを形作っている。

ドゥルーズが批判するのはこうしたモデルが哲学に暗黙の前提として持ち込まれていること

と、そしてこのこと自体は哲学全体が再認の正当化へと方向づけられていることによって問われないままになってきたことだ。見る私と思い出す私が同じ私であり、見られたものと思い出されたものが同じものである保証はどこにもないのにもかかわらず。

共通感覚と同一的な主体・対象とは骨絡みになっており、この複合が超越論的なものへとすり替えられる経験の似像であるなら、超越論的経験論とはそのまま能力の差異に立脚し、それを主体や対象の同一性によって――キャンディの包み紙のように――両端から撚り合わせることのない能力論だ。

ドゥルーズは、**カントは共通感覚の種類を増やしただけ**であり、いまだ共通感覚の圏域から抜け出すことはできていないと批判する（DR179/上366）。しかしドゥルーズ自身がカントに見出した共通感覚の発生、崇高論における不一致からの一致の発生についての議論はどこに行ったのだろうか。それはまさに共通感覚「以前」の位相の探求ではなかったのか。カントの崇高論についてはわずかに触れられてはいるが、そこでなされているとってつけたような肯定的な評価は『差異と反復』における一貫したカントへの批判的態度に鑑みれば浮いているようにも見える（DR187, n. 1, 190/上465, n. 8, 388–389）。

しかしドゥルーズは崇高の感情において構想力が被る暴力をあらゆる能力へと一般化することによって、**たんに共通感覚の発生を問うだけでなく個々の能力それ自体の発生を問うている**のであり、崇高という特権的な事例によってかえって感性、悟性、理性といった他の能力の経験的なありかたが前提されたままになっていることを問題にしているのだと考えれば、この態度は整合的なものと言える。逆に言えば『差異と反復』のドゥルーズは崇高における構想力の「限界」侵犯を、たんにすでに成立している能力を襲う偶発的な事態として考えているのではなく、そのなかで構想力そのものが生み出される原初的な運動として考えているということになるだろう。

能力の発生的な契機は、他の能力でも把握できるものに向かい、能力間の公約数としての表象を生み出す再認においてではなく、おのれに固有な対象との「出会い rencontre」において現れる。「眼は光を拘束するが、眼それ自体が拘束された光なのだ」(DR128/上 264)。眼が可視性を生むのではなく反対に可視性としての光が眼を生み出すのであり、身体表面と光との出会いにおける差異が局所的に再生産され増幅されることで器官化され、それにともなって光は視覚の対象として現れるようになる。光は眼の発生において「感覚されるべきもの *sentiendum*」であると同時に、眼に固有な対象として「感覚されることしかできないもの」であり、しかし経験的な可視性に現れるものとしての、あれこれの事物に対応した光 - 対象とは異なっておりその意味で「感覚不可能なもの」だ(DR182/上 372-374)。

ドゥルーズはこうした三重の様態において感性を発生させるものを「強度 intensité」と呼ぶ。これはまた視覚で言えば、光とそれが当たる身体表面のあいだにある産出的な差異を指している。『差異と反復』の用語系において、感覚されるべきものとしての「強度」と即自的な「差異」が等置されるのは、「強度」概念が**差異の存在論と条件なき能力論との交差点**であるからだ。だからこそ、カントの感性論においてあらかじめ形式化され感性にそなわった時間・空間のもとに与えられる「雑多なもの le diverse」に対して、ドゥルーズは「強度」を対置する。[18] 強度とは感性そのものを発生させる、線的な時間も広がりとしての空間も知らない差異であり、カントがあくまで構想力－悟性－理性という自発的諸能力に雑多な素材を提供するという消極的な役割しか与えていなかった感性に、ドゥルーズは「実在的な経験」のポジティブな条件を見ている。

この感性の特権については次節で詳しく論じるが、ここではその前に、『差異と反復』の能力論の全体的な方向性についてもう少し見ておこう。『差異と反復』のおもに第三章で展開される能力論においては、〈共通感覚から逆感覚へ〉そして〈再認－知から出会い－習得へ〉というふたつのフレームが敷かれている。

感覚されるべきものであり、感覚することしかできないものであり、感覚不可能なものである強度との出会いにおいて感性が発生するのと同様に、記憶は「時間全体の過去」との出会いにおいて発生し、思考は思考せよと強制する超越論的な「愚かさ bêtise」との出会いに

18　ここで「雑多なもの」とした«le diverse»は、カントの超越論的感性論において「現象の形式」である空間・時間に対する「現象の質料」としての直観の「多様 das Mannigfaltige」の仏訳で使用されている語であるが、カントの邦訳における慣例に即して「多様」としても意味が通りにくいのでこの訳語は避けた（Kant, *Critique de la raison pure*, A20=B34, p.53［七〇頁］）。ドゥルーズが『差異と反復』第五章冒頭において雑多なものと強度的な差異とを比較している箇所は、明白にカントの感性論を相手取った議論である。

よって発生する（DR183/上 375–376）。ここでは詳述しないが、『差異と反復』において感性、記憶、思考という能力が主要なものとして位置づけられているのはこれらが本書第二章で議論される時間の第一（現在）、第二（過去）、第三（未来）の受動的綜合に対応しているからだ。三つを等質的な線の上に配分する時系列的な時間は、カントにおけるように感性のアプリオリな形式として前提されるのでなく、三つの本性上異なるアスペクトから発生した結果であり、過去、現在、未来は本来それぞれ別の能力の管轄にあるものとして説明される。

カントは受容的な能力としての感性と自発的な能力としての構想力、悟性、理性を想定していた。しかしドゥルーズの能力論においてあらゆる能力はその発生的契機において絶対的な「受動 passion」としての「暴力」に晒され、おのれの「限界」に直面する（DR186/上 382）。これが能力の「経験的行使」と本性において異なる「超越的行使」であり、いささかも共通感覚を前提せずに諸能力は発散する。[19] そしてこの発散が共通感覚に対して「逆感覚 para-sens」[20]と呼ばれる（DR190/上 388–389）。超越的行使における能力の発散とそれぞれの受動化は不可分な関係にある、というか、カント的な共通感覚を予定調和として斥ける以上、発散と受動化を突き詰めることはある意味で自動的に要請されることである。しかしそこには、ドゥルーズがカントに詰め寄ったこと、つまり主体と対象の予定調和的な一致に代えて諸能力の予定調和でよいのかという問いが、さらに位相を変えて問われることになるだろう。予定調和を排したと称する「逆感覚」における諸能力の「不一致的一致」などという逆説が、本当にたんなる逆説ではないことを保証するものはあるのか、と。

この問いに対する直接的な応答の前に、逆感覚を想定することにどのような利点があるかを見ておこう。ドゥルーズは再認による「知 savoir」の漸進的な拡張に収まらない、主体のドラスティックな変容をともなうものとしての「習得 apprentissage」の概念化を試みており、そこでは逆感覚が不可欠な想定となっている。

知と習得の差異、それをドゥルーズは水泳の例を挙げて、地上で動きのフォームを指導されることと実際に水の中で動きを獲得することの差異に重ね合わせている。

泳ぐ者の運動は、波の運動に似ていない。実際のところ、われわれが砂の上で再生産する水泳教師の体の動きは、波の動きを記号として実践的に把握して初めてやり過ごすことを習得できるような、当の波の動きに対しては無力である。(…) われわれは「私と同じようにやりなさい」と言う者からは何も学ぶことはない。われわれにとって唯一の

19 「超越的ということで意味されるのは〔カントにおけるように〕能力が世界の外の対象に向かうということでは決してなく、反対に能力が世界のなかでもっぱら自身にだけ関わるとともに自身を世界のなかに生み出すものを把握することを意味する」(DR186/上381)。

20 ここで用いられている《para-》という接頭辞も《sens》という語も多様な意味をもつが、これが「共通感覚 sens commun」に対置される概念であること、そして「臆見 doxa」に対する「逆説 paradoxe」と親近性のある概念とされていることから邦訳版で採用されている「逆感覚」という訳語をそのまま使用する。

教師は「私とともにやりなさい」と言う者である（…）。（DR35/上74）

ここで「記号」とは再認されるものではなく出会われるものであり、地上の記号系と水中の記号系のあいだには大きな隔たりがある。地上の教師は「知」としての再認可能なフォームを示し、これを水中で再生産せよと命じる。知－再認は同じものあるいは似ているものの反復に依拠するが、われわれが実際に波に身を投げ出すときには自身のフォームを再認するより先に地上とはあまりに異質な波の運動に出会うだろう。水中の教師（それは波である）は、おのれとともにあることがどのようなことであるのかという問題に私を直面させ、それを通して私は私に似ていない波とともにあることを習得する。「波から動作への、動作から波への差異をともなう反復」、ドゥルーズはそれを「同じものの再生産」に対立させて「差異の運搬」と呼んでいる（Ibid.）。

習得の過程で差異を巻き込みながら反復がなされ、そのなかで当の差異がそれ自体変容をこうむりながら運搬される。だからこそ逆感覚、つまり不一致的一致における諸能力の逆説的な連絡は、条件づけられた共通感覚の反復や等質的な拡張ではなく、つねにそれぞれの能力の、そして能力間の関係性の変容をともなっている。「習得する者は、それぞれの能力を超越的行使にまで高める者である。彼は感覚されることしかできないものを捉えるあの累乗的な力〔＝強度的差異〕を、感性において生じさせようとする。それが感官の教育である。そうしてこんどは暴力がひとつの能力からもうひとつの能力へと連絡されるのだが、そのとき暴力はつねに、それぞれの能力がもつ別の能力と比較不可能な部分に、〈他なるもの〉を含ませる。思考はいったい、感性のどのような記号に始まり、記憶のどのような財宝を経由して、様々にねじれながら引き起こされるのだろうか（…）」（DR214/上437）。

しかし先にも述べたように、習得というトピックは、逆感覚を想定することによって説明可能になるものであり、不一致的一致という逆説を説明するものではない。問われるべきは、右の引用文にもあらわれている感性から思考へという垂直的な階梯であるだろう。

カント的なシステムと対比してみると、理性の異なる関心とその実現に関わる諸能力という二層構造が『差異と反復』では消失していることがわかる。崇高において構想力が限界を踏み越えるのもあくまで**理性への**「尊敬」によってであった。これに対してドゥルーズは「〔思考の〕起源としての感性の特権」を措定しており、感覚されるべきものとしての「強度的なものから思考へ向かう途上にあっては、つねにひとつの強度によってこそ思考がわれわれに到来する」と述べる（DR188/上386）。カントにおいては構想力によって把握されるべき雑多な素材を提供するだけで、表象の構成において積極的な役割をもたなかった感性は、『差異と反復』の能力論では特権的な位置を与えられる。しかしそれは感性と思考の垂直的な関係を保持したまま、力点を置く場所を入れ替えただけではないのか、それこそまさにバディウの言う「反転された超越性」ではないか。**感性から出発しようと思考から出発しようと、逆説的であろうと常識的であろうと、一致は一致であり、それが理想化されている限り予定調和を抜け出すことなどできないのではないか。**美学＝感性論 esthétique に対するドゥルーズの態度はこうした問いにダイレクトに関わっている。

1-4 美学＝感性論《エステティック》の統合とイメージなき思考

ここまで見てきた『差異と反復』の能力論とそのなかでのカント批判は、この本で何度か触れられる美学＝感性論 esthétique の統合という課題と連関している。カントにおいては第一批判における感性のアプリオリな形式の探究である「超越論的感性論」と、第三批判における快・不快の感情の高次の形式の分析である「美学」[21]は截然と区別されており、前者は時間と空間という形式のもとで可能な経験の条件づけを、後者は主観的諸能力によって反省される限りでの対象に見出される美的なものをあつかう（DR94/上194）。あらかじめ形式化された感覚可能なもの、それに触発された主観的諸能力の自由な一致、そしてその一致をさらに客体化し表象するものとしての芸術というステップがそこでは想定されている。しかし先にも述べたように、ドゥルーズはそこで感性そのものの発生は問われておらず、反省的で可能な経験の条件の探究が、発生的で実在的な経験の条件に達することはないと断ずる。

> われわれが経験の実在的な条件を規定するとき事態は一変する。エステティックのふたつの意味は混ざり合い、ついには感覚可能なものの存在が芸術作品のなかで開示され、同時に芸術作品が実験として現れるようになる。（Ibid.）

思考の起源としての感性の特権を措定することとエステティックの統合を目指すことは直結しており、芸術はすでに成立した諸能力の一致を表象するものではなくなる。芸術は感性の発生的契機そのものを実験の対象とし、「感覚可能な存在ではなく感覚可能なものの存在 être *du* sensible」（DR182/上 373）、つまり感性の可能なありようを前提とした存在ではなく感性にとっての出会いの対象を立ち上げる。[22]

感性はもはやあらかじめ再認へと方向づけられたものではなくなり、それによって惹起さ

21 実のところカントが美や芸術をあつかう分野としての「美学」という意味で « Ästhetik, esthétique » という語を用いることはなく、つねに形容詞形（「美的な、感性的な」）を用いている。おそらくこれはカントが美しいものの「学問」はありえず「批判」だけがありうるとしていること――学問にすると悟性の規定的な役割が回帰してしまう――に起因しているだろう（Kant, *Critique de la faculté de juger*, V304, p. 290〔二七五頁〕）。制度化されたものとしての「美学」は、カントによるこの警戒の忘却のうえに成り立っているだろう。

22 『差異と反復』では芸術における反復の機能が折に触れて論じられるが、冒頭の「はじめに」ですでにドゥルーズをインスパイアした「時代の空気」のうちに芸術における反復の実験が挙げられている。そこではモナリザのプリントされた絵葉書に口髭を描き加えたマルセル・デュシャンの《L.H.O.O.Q》と、ピエール・メナールという架空の人物による、セルバンテスのオリジナルと一言一句違わない『ドン・キホーテ』の書評として書かれたホルヘ・ルイス・ボルヘスの小説「『ドン・キホーテ』の著者、ピエール・メナール」が言及されている。これらはいずれも、差異を巻き込む反復によってオリジナルの同一性を骨抜きにする「分身」の実験であり、感性は同一的なものの再認によってではなく分身のあいだで振動する強度的な差異によって発生する。

れる思考は経験的なものの転写に依存しない「イメージなき思考」となる。ドゥルーズは哲学に暗黙の前提として持ち込まれる、思考を循環的に基礎づけるもの、つまり思考の条件へと転写される経験的な思考内容を「思考のイメージ」と呼んで批判する。それは思考の要件を生得的なものとする前提（アリストテレスにおける「理性的動物」としての人間の定義、デカルトにおけるもっともよく分配されたものとしての「良識」に代表される）であったり、思考のありかたを再認というモデルに縛り付ける前提であったりする。「イメージなき思考」とは、思考の可能性を経験的な思考のありかたのモデル化によって循環的に調達するのでなく、むしろ思考に固有の不可能性としての「愚かさ」への直面を思考の発生条件とするような思考である。

思考にとって第一のもの、それは不法侵入であり、暴力であり、それはまた敵であって、何ものも知への愛＝哲学 philosophie を仮定することなく、一切は知への嫌悪 misosophie から始まる。思考されるものの相対的な必然性に居座るために、思考をあてにするなどということはやめよう。反対に、思考するという行為の、また思考するという受苦＝受動の絶対的な必然性を引き起こし、しっかりと立たせるために、思考するという行為を強制するものとの出会いの偶然性をあてにしよう。真の批判の条件と真の創造の条件とは同じものだ。おのれ自身を前提とするような思考のイメージの破壊と、思考自体における思考するという行為の発生とは同じものなのだ。（DR181-182/上 372）

思考を惹起するのは文字通り「未知との遭遇」であり、「ファーストコンタクト」ものとして様式化されているようなSF作品において出会われるのは、われわれの再認可能性をはみ出すものであると同時に、われわれがふだん「思考」と呼んでいるものが、なんということのない、せせこましい再認の繰り返しだという事実である。しかし他方で、思考が不法侵入をこうむるのは日常的なことでもある。親しい人の見知らぬ表情が私に思考せよと強制し、いくら文を連ねてもはたしてこれで「ものを考えている」などと言えるのだろうかという猜疑に付き纏われ、自分が書いたものにさかしらにちりばめられた「知」への嫌悪がふと湧き起こってこない書き手などいないだろう。

美学＝感性論の統合とイメージなき思考、このふたつはそれぞれ、『差異と反復』における芸術と哲学の定義に対応するだろう。つまり、感性と思考の関係を問うことは芸術と哲学の関係を問うことと重なるのであり、前節の最後に提起した問いは二重化される。次節ではあらためて能力論にフレームを移し、感性と思考とがどのように関係づけられているか、それはどこまで共通感覚への「真の批判」であり、逆感覚の「真の創造」であるのかということを考える。

発散した諸能力の（再）連携は「習得」を説明するが、しかしそもそもいかにして連携の可能性は導き出されるのか。この点に関してドゥルーズはひとつの逡巡に囚われているように思われる。というのも、一方で彼はあらゆる能力の超越的な対象を産出するものとしての〈理念〉Idée を潜在的な背景として感性→記憶→思考へと超越的行使がリレーされると述べており、この連携の単線性と等質性は「導火線」というフィギュールにも現れている（DR184, 250/上 377, 下 74）。感性においてなされる着火が導火線を伝って思考を爆破するのだ。しかし異質な諸能力の連絡を等質的な継起によって基礎づけることなどできるだろうか。〈理念〉が潜在的な「多様体」とされている以上この単線性はそれが現働化された結果においてのことにすぎないと言うこともできるかもしれないが、そこにそれを「言う」こと以上の意味があるようには思えないし、現働性＝アクチュアリティをこそ問題にしないのならそもそも能力論をあつから意味が消失してしまうだろう。あらゆる能力の背景にある〈理念〉が諸能力の発散も連携も可能にするというのは議論として成り立たないし、仮に〈理念〉をそのようなマジカルな概念として認めるとしても、そうして出来上がるのは相変わらず序列的な階梯なのだとしたら、共通感覚批判はもとの木阿弥に堕すだろう。

そして他方で、彼が本性上異なる感性と思考のあいだを取り持つものを「想像力＝構想力

imagination」に見出そうとしている痕跡がある。これはそれぞれにゆるやかなつながりのある三つのかたちであらわれている。ひとつずつ確認してみよう。

まず、先に述べたように『差異と反復』の能力論のシステムはその時間論との接続という観点から感性（現在）、記憶（過去）、そして思考（未来）を主軸としているが、感性→**想像力**→記憶→思考といったかたちで想像力がここに挿入されているところがある（DR188/上384）[23]。この箇所だけからは想像力の位置づけは明確でないが、しかしもし想像力が諸能力の連絡において感性から思考への移行を――たんにその途上に他の能力と同列に挿入されたものではなく――積極的に媒介するものであるとすれば、カントにおいて感性的直観と悟性的概念を媒介するものだった「構想力」の機能を回帰させることになりはしないだろうか。

そして第二に、想像力は「われわれの身体を導き、われわれの心に霊感を与え、自然と精神の統一を了解する」ものとして考えられている（DR284/下140）。この統一の事例としてドゥルーズが挙げるのは生殖だ。男女間の性愛をめぐる行動全般、生殖行為における生殖器の運動、そして生殖細胞の運動における「心的なドラマ化、有機体のドラマ化、化学的なドラマ化」という異なる水準を貫いて反復される運動の同形性によって、想像力の機能が説明されている。ドゥルーズはアリストテレスにおける「理性的人間」やデカルトのこの世でもっ

23　ここでの想像力は時間の受動的総合における現在の「縮約 contraction」や「観照 contemplation」とほぼ同義で用いられていた『差異と反復』第二章でのヒューム由来の用法とは異なり、想像されるべきものとしての「幻想 fantasme」を構成する能力とされている。

とも公平に分配されたものとしての「良識」という規定を典型とする思考の「生得性」に対して、思考の「**生殖性** *génitalité*」（DR192/上393）を対置しているが、あたかもここで感性が精子と卵子、男性器と女性器、男と女における差異のカップリングであり、想像力がこれら異なる水準をまたぐ同形性を反響させるものであり、思考がそれによって産出される子供であるかのようだ。千葉雅也は『ニーチェと哲学』におけるディオニュソスとアリアドネのカップリングに「結婚存在論」を見出しその脱構築を図っているが、『差異と反復』のこの想像力の位置づけにもそうした結婚的で生殖的な規範性が忍び込んでいると言えるだろう。[24]

そして感性と思考のあいだにあるものとしての想像力の第三の役割は、まさにカントが構想力によって産出され、異質である感性と悟性を媒介させるものとした「図式 schème」との関係において語られている。[25] カントにおいて現象の雑多な質料を提示する感性と普遍的な概念を操作する悟性は、その異種性によって直接関係を結ぶことはできない。しかし**図式は時間と空間に関わるという点で直観と等質的であり、普遍的であるという点で概念と等質的であるとされる**。たとえば「三角形」という概念はそのままでは個別の現象に適用されえないが、直観において与えられる無数の点の時間的・空間的な集合から構想力が「形象」を作り、その形象を綜合する「規則」が悟性に適合的な図式として提供されることで現象への概念の適用が初めて成り立つ。

ドゥルーズはこの図式論について「論理的可能性を超越論的可能性に変換しているだけだ」（DR281/下135）と述べるが、他方でザロモン・マイモンの微分論を参照しつつ、もはや概念のための図式ではない「理念的図式」（DR226/下27）の可能性をポジティブに語っている。[26] たとえばカントにおいて「最短」は「直線」という概念を現象に適用するための媒介的な図式として機能する。しかしマイモン的な発生の観点に立つならば、「最短」はひとつの差異的＝微分的 différentiel なものとしての〈理念〉ないし理念的図式であり、それ自体のうちに直線と曲線の差異を内化しており――感性と悟性のあいだにあるような一方的な規定ではない――直線と曲線の「相互規定」によってある具体的な線が産出（つまり異化＝分化 différencier）される。

『差異と反復』結論部のあるパラグラフでは、この理念的図式に悟性的カテゴリーにもとづいた「定住的配分」を打ち砕く「遊牧的配分」を構築する可能性が見出されている（DR364-

24 「『差異と反復』の予兆として『ニーチェと哲学』を重視するならば、存在の一義性と（理想化された）異性愛の結婚、そして生殖という制度、すなわち、異性愛－生殖－規範性は互いに補いあっていることにならないだろうか」（千葉『動きすぎてはいけない』、二六六頁）。

25 「さて、一方でカテゴリーと、他方で現象と等質的な第三項が必要であることは明らかだ。これは第一のものを第二のものに適用することを可能にする。この媒介的な表象は純粋な（経験的な要素をまったく含まない）ものでなければならず、しかも**一面では知性的で他面では感性的である**必要がある。そのようなものが超越論的図式だ」（Kant, *Critique de la raison pure*, A138=B177, p. 151〔二〇三頁〕強調引用者）。ハイデガーはこの図式論の重要性について「純粋理性批判のこの一一頁〔＝「純粋悟性概念の図式的機能について」〕が浩瀚な著作全体の核心部分をなす」と述べている（ハイデガー『カントと形而上学の問題』、九五頁）。

26 カント－マイモン－ドゥルーズの関係については Daniele Voss, "Maimon and Deleuze" を参照。

365/下 301–304）。カントの図式は「あらゆる時間、あらゆる空間に、しかし不連続な仕方で実在的な場所と瞬間の複合を運搬するような空間と時間のアプリオリな規定」であり、悟性のカテゴリーへの従属から解き放たれさえすれば「想像力の幻想的な観念」となり、存在者の遊牧的配分を可能にするだろうと述べられている。そのとき図式は〈今ここ now here〉を無際限に産出する起源的な〈どこでもない no where〉としての「エレホン erewhon」となる。[27]

いったん整理する。まず『差異と反復』第三章以降の議論において、想像力はたんに諸能力を貫く階梯のうちのひとつのステップであるのか、そうではなく、むしろ感性から思考への移行を媒介する積極的な機能をもつものなのか明示的に述べられてはいない。想像力は諸々の水準におけるドラマ化を反響させ「自然と精神の統一」を成り立たせるものとして位置づけられており、この限りでは後者の解釈のほうが妥当に思われ、われわれはこちらの解釈を採ることにする。これを具体的に展開する議論であるカントの図式論へのドゥルーズの両義的な態度はこの逡巡に対応しているように見えてくるが、ここには構想力を媒介的能力として温存してしまうことへの警戒もあらわれているだろう。

しかし先に参照した『差異と反復』結論部のカテゴリー批判のパラグラフでは、美学の統合から図式論へ、そして〈理念〉へという推移が論じられており、感性から思考へいたる道程における想像力の媒介性が避け難く回帰しているように思われる。[28] 四角四面な悟性のカテゴリーにも特定の時空に縛り付けられた直観の個別性にも還元されないエレホンとしての図式、存在者への存在の遊牧的配分を可能にする図式というアイデアは、たしかにドゥルーズに魅力的に映っただろう。しかし〈可能的経験を規定する形式化された感性から超越論的図式を介して悟性的概念による思考へ〉というステップを〈実在的経験の発生をあつかう統合された美学における感性から理念的図式を介してイメージなき思考へ〉というステップに取り替えることは、はたして真にカント的なシステムの乗り越えとして評価できるものなのだろうか。

感性から思考へ向かう階梯という「思考のイメージ」を温存することに存する難点は、相関するふたつのしかたであらわれているように思われる。第一に諸能力がいかにそれぞれ「受動」にいたりおのれに固有の臨界的な対象に出会うとしても、それらの連絡が感性と思考の階層とその想像力による媒介によってしか考えられないのであれば、逆感覚において思考と感性的なものとの直接的な出会いを考えることはできないだろう。そして第二にこれにともなって、芸術に出会うことによる哲学の変形の契機を哲学そのもののうちに埋め込むことができなくなっているだろう。もちろん事実としてドゥルーズは『差異と反復』以前から

27　サミュエル・バトラーの小説から引かれた概念である「エレホン」については（DR3/上16）も参照。

28　ジョルジュ・ディディ゠ユベルマンは、パノフスキーによる近代的な学問としての美術史の理論化を批判的に検討するうえで、その根底に概念へのイメージの包摂という図式論的な枠組みがあることをあぶり出している（Didi-Hubermen, *Devant l'image*, pp. 160–168［二三三－二三六頁］）。見ることと知ることの〈裂け目〉を思考の足場とする彼の戦略はわれわれの探究と共振するところがあるだろう。

多くの文学論を書いておりそのなかで様々な概念を作っているが、そのことと哲学的体系それ自体に芸術からの触発の契機が組み込まれているかどうかは別の話だ。

われわれが真にカント的な諸能力の階梯から脱するために考えなければならないのは、(i)感性を超越論的な発生において捉えること、(ii)感性的なものと概念的思考の異質性を前提にしつつその無媒介的な出会いを考えること、そして(iii)それを芸術に対する哲学の関係に跳ね返らせ、その出会いによる変容を哲学の条件のなかに組み込むことだ。この三つの点はそのまま本論文が探究する非美学の企図に対応する。感性に対する概念の他者性をいかにしてポジティブに捉えるのか。非美学とは芸術との出会いにおける過感覚 hyperesthésie から剝離する概念の麻痺 anesthésie を肯定する試みだ。

『差異と反復』のドゥルーズは、感性の発生という第一の企図に思考を従属させており、「イメージなき思考」や思考の「生殖性」という概念はそれを証左しているように思われる(これは言わば能力論における「反転した超越性」だ)が、われわれが次章で見るのはこうしたこととはまったく異なる事態だ。次章では『シネマ』における映画との正面衝突がどのようにドゥルーズの哲学を変形させ、つまり彼の哲学自体のうちで諸能力を組み換え、さらにその変形がどのように概念化されるのかということを考える。

第2章　イメージ

『シネマ』の批評的受容論

2−0　イマジネーションからイメージへ

前章の最後にわれわれが問うたのは、『差異と反復』の能力論はその乗り越えを目指していたはずのカント的な能力間の予定調和的な一致にからめ捕られているのではないか、そのアキレス腱となっているのは想像力の地位ではないか、ということだ。カントにあっても時間的・空間的な対象に関わる感性と、概念的な対象に関わる悟性とはどこまでも異質で交わるはずのないものであり、そのあいだで両者を仲立ちする能力として構想力（＝想像力）、あるいはそれによって産出される図式が要請されていた。ドゥルーズは想像力を「自然と精神の統一を了解する」ものとして位置づけ、感性を発生させる強度的な差異を思考へと運搬する機能を「理念的図式」に割り当てている。しかしそれは理性の特権から感性の特権に入れ替えただけではないか。だとすれば批判的に検討されるべきは能力の異質性を均してしまう想像力、図式論であるだろう。

本章は『差異と反復』から一五年ほど後、ドゥルーズが六〇歳にさしかかる頃に書かれた『シネマ1――運動イメージ』（一九八三年）および『シネマ2――時間イメージ』（一九八五年）という二巻の映画論をあつかう。作業仮説としてそのもくろみを整理しておこう。

まず、『シネマ』においてドゥルーズは、映画的イメージを「想像的なもの l'imaginaire」とすること、つまり作家なり登場人物なり観客なり、あるいは社会の集合的無意識なりの心理的な投影として捉える精神分析的な映画論を批判している。[1] とりわけラカンの精神分析理論において、想像的なもの（＝想像界）は剝き出しのリアル＝現実界の暴力性を馴化しつつ知的な象徴界の成立を導くものであり、ここに感性的能力と知的能力を媒介するものとしての想像力の執拗な回帰を見ることはあながち的外れではないだろう。ドゥルーズにとって映画は想像的な投影ではなく実在的なイメージであり、『シネマ』における映画的イメージの存在論を検討することで、そこでどのように図式論的なものからの離脱がなされているかを辿ることができるだろう。言わば**イマジネーションからイメージへ**という移行がそこではなされているはずだ。われわれはカントとも、そして『差異と反復』とも異なる「諸能力の公準」として『シネマ』を読むことになる。

次に、これに相関することとして、『シネマ』の実践的ないし方法論的な側面の考察がもうひとつの目的となる。これは『シネマ』において映画と哲学がどのような関係にあるか、つまりドゥルーズが哲学者として映画にどのようにアプローチしているかを問うことを意味する。彼は『シネマ』結論部の「映画にとっての理論の効用」というセクションにおいて、

1　『記号と事件』所収の「想像界への疑義」を参照。

「映画**について**の理論」ではなく、「映画**の**概念」あるいは「映画が喚起する概念」を創造することこそが目指されなければならないと述べている（IT365/385）。映画は出来合いの哲学体系を適用して理解するための対象でもなく、難解な哲学的概念を図解するための視聴覚教材でもない。いずれにおいても想定されているのは抽象的な哲学と具体的な映画という分割であり、内実を欠いた理論と形式化を待つ実践という分割である。『シネマ』においてはむしろ映画に沿って哲学的な体系を裁ちなおすこと、映画が生み出す思考の運動によって哲学的な思考に新たな運動を吹き込むことこそが求められている。映画はそれ自体で視聴覚的な理論であり、哲学はそれ自体で概念的な実践である。

　しかしこのような「方法序説」が――デカルトがそれを諸学の検討の前に置いたのとちょうど反対に――『シネマ』の出発点ではなく結論部において初めて示されるのはどうしてだろうか。私はもちろんそれが、意地悪なタネ明かしだとは思わないし、ドゥルーズにとって『シネマ』を執筆するにあたりあらかじめ準備された方法論的な指針ではなく、彼が本書で〈イメージ〉という概念を練り上げるなかで到達した、文字通りの結論であると考えている。これがふたつめの仮説だ。**イマジネーションからイメージへ、そしてそれにともなう概念の布置の変形から帰結する、映画〈の〉哲学の実践的な規定へ。**本章はこのふたつの仮説とその不可分性を明らかにすることを目指す。

　そもそもなぜドゥルーズは、映画についての大部の二巻本を書いたのか。私の関心に引き寄せて言えば、それは彼が映画を**能力の組み換え装置**として考えたからだ。

前章で見たように、能力論はヒューム論に始まり『カントの批判哲学』を経由し『差異と反復』で体系化される、前期ドゥルーズを貫く探究の太い線である。しかしそこで能力の帰属先として考えられるのはあくまで人間であり、七〇年代以降の『アンチ・オイディプス』や『千のプラトー』で非人間主義的な自然哲学に傾いたからか、能力論という主題は後景に退いたように見える。つまり人間学としての能力論から自然学としての非人間主義への重心の移動が、ガタリとの出会いを契機になされたように見える。

しかし『シネマ』――とりわけ第二巻――では『差異と反復』で用いられた能力論のボキャブラリーがあからさまに回帰している。共通感覚批判、能力の経験的行使と超越的行使の対立といった、当時練り上げられた枠組みもまた取り上げなおされるが、これは、ガタリとの協働から離れたことにより、ドゥルーズの「地金」としての人間学的な関心がまたあらわれたということなのだろうか。

『シネマ』におけるこの能力論への回帰は、実のところ、能力論の非人間主義化を徹底することを目指してなされたものであるだろう。というのも『シネマ』の能力論は映画を見る人間、作る人間、映画の中の人間の能力ではなく、文字通り映画〈の〉能力論であるからだ。

映画が見る、映画が聴く、映画が考える。ショットによって分節された映画は、それを見ている私やそれを作った者の意図、登場人物の主体性を括弧に入れたとたんに、時空を踏破することで構築し、構築することで踏破するような、特殊な運動体として現れてくる。その意味で、映画を見るということは、眼と耳がてんでんバラバラに飛び回り、瞬間移動しさえするような生命体の経験を追体験するようなものだ。映画作品がひとつの生命体だとして、その経験から構築される能力論はどのようなものであるか。これが『シネマ』における能力論の問いだと言えるだろう。

しかしこれは比喩的な説明である。カメラが見ることはないし、マイクが聴くことはないし、映画は生物ではない。こうしたSF的な想定に**哲学的な**リアリティを与えるにはふたつのことが必要だろう。ひとつは映画に能力を帰属させることを正当化することであり、もうひとつは映画を見ることでわれわれの能力の連携のありかたが再編されるような回路を構築することだ（非人間主義といっても、それが人間に跳ね返ってこないならば何の意味もないだろう）。前者が狭義の能力論だとすれば後者は受容論ないし観客論だが、本章で検討する『シネマ』のイメージ概念が示しているのは、ふたつは別のことではないということだ。

2−1　ベルクソンのイメージ概念——物質＝イメージ＝知覚

さて、『シネマ』は映画論であると同時にベルクソン論でもある。本書第一巻の冒頭で論じられるのはベルクソンにおける運動についての議論であり、「動くイメージ」の芸術である映画に取り組むにあたって、ドゥルーズはベルクソンをその理論的な添え木として採用している。

しかしそれはやはり、たんに映画という実践にベルクソン哲学という理論を適用して、前者を知的に理解したり後者を感性的に図解したりするというのではない。**適用とは方法論的な質料形相図式である。**そこでは芸術によって哲学が変形を強いられるという回路がふさがれてしまう。『シネマ』においてはむしろ映画とベルクソン哲学をぶつけることで、両者の相互的な変容がテストされているのだと考えるべきだろう。先に述べた方法論としての映画〈の〉哲学は、ひとつにはこのような映画とベルクソン哲学との出会いにおいて実践されている。そしてこの実践に強く関わっているのが、ベルクソンが『物質と記憶』第一章で練り上げる「イメージ」という概念だ。

ベルクソンの「イメージ」概念について、つねに念頭に置かなければならないのは、それが従来の「物質」概念に取って代わるものとして考案されたということだ。このことについて彼が『物質と記憶』初版から一四年後に刊行された第七版の序文の全体を使って——すでに流通した誤解を訂正するかのように——説明していることからもわかるように、これは看過されやすいことであると同時に、『物質と記憶』の企図の根幹に関わることだ。「イメージ」というと通常われわれは頭のなかにある心象や写真などの人工的な像を指す言葉として用いるが、ベルクソンはそれとはまったく異なる意味をそこに吹き込もうとしている。

しかしイメージは物質であり物質はイメージであるのなら、なぜわざわざそれを物質と呼ばずにイメージと呼ぶのか。この問いの答えはそのまま『物質と記憶』のイメージ概念の意味に直結している。本書は全体として、実在論と観念論の対立を解体し、そのうえで物質と精神の関係について、とりわけ記憶というトピックを通して新たな心身二元論を構築するという、二段構えの構造になっている。イメージはこの第一段階の中心的な役割を担う概念であり、それは「観念論者が表象と呼ぶものより多いものであり、実在論者が事物と呼ぶものより少ないある存在——つまり「事物」と「表象」の中間に位置する存在」（MM1/16–17）だと言われる。

ここで「より多い／より少ない」という言葉が使われていることに注目しよう。これがベルクソンのイメージ概念を理解するうえで、もっとも初歩的であると同時にもっともラディカルなポイントだ。イメージは客観的で物質的なものと主観的で観念的なものとの対立を解体するための、中間概念として導入される。しかしそれは異質な両者を媒介するものとしてではなく、むしろ両者の等質性を導き出し、本性の差異ではなく程度の差異において両者を捉えなおすためのものだ。カントが対象を「物自体」として認識の埒外に置きつつ、異質な感性と悟性を想像力によって媒介したことと比べるなら、ベルクソンはイメージという概念によって、実在と認識を壁によって分断するのではなく、スカスカの網戸のようなもので仕切っているのだと言えるだろう。

少しずつ説明の粒度を上げよう。一方の実在論者は、客観的な物質世界をまず前提し、そこから主観的な知覚を導出することを試みる。ここでマジカルなものとしてあらわれるのが「脳」であり、脳において物質的な刺激が非物質的な表象へとまさに手品のように翻訳される。他方で観念論者は、主観的な知覚の世界を基盤に据えたうえで客観的な物理法則の妥当性を説明することを試みるが、そのためには精神と自然の予定調和、つまり認識の構造と自然法則の形式的一致というまた別の神秘に頼らざるをえなくなる。いずれの議論も、「そう見える」ことと「そう在る」こと、表象と事物をつなぐために、神秘的な回転扉を呼び寄せてしまうのだ（カントは物自体がどんなものであるかはわからないとしている点で周到だが、ドゥルーズが言ったように予定調和は主体内部の能力の関係性に移動させられただけだとも言える）（MM23/55）。

ベルクソンによれば、正反対に見えるふたつの立場は実のところ同一の障害に突き当たっている。それは自然法則に支配され、原因と結果が正確に対応する中心なきシステムと、知覚とそれにもとづいてなされる行動の連鎖によって「私」のもとへと中心化されたシステムというふたつのシステムを異質なものとして想定しながら、いずれか一方を選んだうえで他方をそれに包含させるという、解決不可能な問題を立てているということだ。

イメージ概念はこの偽りの問いを告発すると同時に、正しく問題を立てなおすものとして導入される。実在論も観念論もふたつのシステムの構成要素をそれぞれ物質的な事物と精神的な表象とし、そこに本性の差異を持ち込んでいるが、ベルクソンは、**イメージはいずれのシステムにも帰属する同一の構成要素である**と想定する。システムは異質だが、ふたつのシステムを満たす構成要素は等質的である。事物の世界と観念の世界はいずれもイメージによって満たされているが、そのシステム、つまりイメージのつながり方の規則が異なるのだ。

しかしそうであるならこんどは、ひとつのイメージがときに「私」に関連づけられ、つまり

「私にとっての」もの、私にはそう見えるものとなり、ときにそれ自身にしか関連づけられない、つまり「それ自体における」もの、端的にそう在るものとなるのはいかにしてなのかということが問題になるだろう。

　この問いに対してベルクソンは、「知覚と実在のあいだに部分と全体の関係を打ち立てる」（MM258/447）ことによって、知覚表象と実在の差異をたんなる程度の差異として捉えなおすことによって答える。中心をもたない物質の宇宙が私という視点のもとに中心化されるのは、質的なジャンプではなく量的な「減少」によってであり、私の見る対象は、そうで在るところのものから途方もない要素が差し引かれたものである、と。「現前 présentation」と「表象 représentation」のあいだにはより多い／より少ないの関係だけがあるのだ。

　実在論者と観念論者は物質的世界という外部と私という内部とを対立させるが、両者は水とそこに浮かぶ氷のように等質的なものであり、同じH_2Oというイメージからなる全体の部分として氷＝私はある。[2]

　中心なきイメージの宇宙のなかに私という中心を生み出す引き算は、「関心」にもとづいてなされる。眼が可視光線を枠づけるように知覚は限定によって生まれ、世界は私の行動に資するようなかたちで間引かれていく。これはつまるところ生物の進化における神経系の発達をモデルとした考えであり、そこでは世界が狭くなることと行動が複雑になることが相関している。ゾウリムシも私も同じイメージ＝物理的刺激に晒されるが、前者が全的に知覚するあまりそこから引き出される行動が単純であり、物理的な原因‐結果の連鎖にほとんど何も付け加えないのに対して、私の知覚は極めて部分的であるがゆえに豊かであり、行動には意識的な選択がともなう。選択の座として私が「内部」然としてあるのもこの進化の帰結であり、この自然史的な帰結を論理的な前提にすり替えることに実在論・観念論の誤りがある。つまり主観性は前提とされるのではなく、その発生が問題となる。知覚表象と知覚対象は同じイメージであるにもかかわらず、引き算によってそこに内部／外部の分割が生まれる。そして、主観性を程度問題として捉えることで、いわゆるナマの物質は主観性のゼロ度として想定されることになる。ベルクソンが「純粋知覚」と呼ぶのは、このような物質と知覚が一致するような境位であり、彼はこれをイメージという概念をこれまで述べてきたようなかたちで措定するうえで必然的に要請される「権利上」の知覚だと説明する。[3] 純粋知覚においては知覚主体のいる「ここ」と知覚対象のある「そこ」という区別すら失

2　「内部と外部の区別は、このようにして部分と全体の区別へと帰着するだろう。まずイメージの総体〔としての物質的宇宙〕があり、その総体のなかに「行動の中心」が存在して、関心を引くイメージはその中心に対して自分の姿を反射させる。こうして〔意識的な〕知覚は生まれ、行動の準備は整えられる。私の身体とはこれらの中心に浮かび上がってくるものであり、私の人格はこれらの行動が帰される存在のことである。このように表象の周縁から中心へと進むなら、事態は明快になる。（…）反対に理論家たちのように中心から周縁へ進もうとすれば、すべては不明瞭になり、問題は増えるばかりだ」（MM46/93-94）。

3　「むしろ知覚とはここでは**純粋**知覚、すなわち事実においてではなく権利において存在する、ある知覚である。その知覚は、私の存在する場所に置かれ、私が生きているように生きていて、現在のうちに没入しており、あらゆる形態の記憶の消去によって、物質についての無媒介的で瞬間的なヴィジョンを得る」（MM31/67）。

効する。文字通り知覚は対象そのものであり、あらゆる事物は潜在的には知覚である。〈知覚対象が私の外にあって、知覚表象が私の内にある〉のではなく、〈知覚があるところに私がある〉のだ。窓の外の交差点を眺める私が部屋のなかにいることは、私がこの椅子に座るまでの記憶や触覚や体性感覚の協調としての共通感覚を前提として初めて理解されることであり、そうした前提を取っ払うなら、椅子と尻の接面や舌と口蓋の接面に私を感じることと、ウィンカーの不揃いな明滅に私が吸い込まれていくように感じることのあいだには前後も優劣も中心も周縁もない。それはドラッギーな知覚の狂乱でもあり、植物的な放心でもあるが、ベルクソンはこうした状態をたんなる異常としてではなく、「健全な」身体機構によって通常は抑圧されている知覚の基部として捉えている。

健全な身体が可能にする知覚と行動のハリのある連関は、知覚の氾濫を抑圧することで成り立っている。このことが示すのは、**知覚は身体に先立つ**ということだ。眼が光を知覚可能にするのではなく光＝知覚が眼を作る。『物質と記憶』における知覚／記憶の二元論は、両者の綱引きの場として身体を位置づけることを目指している。ここでは記憶論について触れないが、身体の機能は記憶と知覚の適切な配合の**結果**として生まれるのであり、共通感覚の座としての「身体性」なるものから出発して知覚や記憶を説明する現象学風の立場にベルクソンは真っ向から対立している。

したがって能力という語を、対象を特定のしかたで把握する回路として定義するなら、純粋知覚は能力の極限だと言えるだろう。そこでは把握の主体と対象の区別すら失効しており、その意味で純粋知覚は能力ではないが、通常の意味での身体化・主体化された能力は純粋知覚（と純粋記憶）を前提として初めて導き出されるからだ。

ここまでの議論をまとめると、ベルクソンのイメージ概念は知覚という能力をめぐってそれぞれ密接につながり合った、三つの論証的な機能をもっていると言えるだろう。ひとつは物質的宇宙と知覚表象を程度の差異のもとに一元化することによって認識の主体と対象の対立を解体することだ。第二に、知覚は私の中にあるのではなく知覚対象があるところにあるということ、つまり知覚の外在性が論証されている。そして第三に、この知覚の外在性はまた、知覚に対する身体の後発性を指し示している。

物質と知覚表象の一元化、知覚の外在性、知覚に対する身体の後発性。この三つが〈イメージ〉という概念を事物と表象の中間に置くことで導き出される。そしてこれらは、たんにドゥルーズの『シネマ』のイメージ概念の用法に引き継がれているというだけでなく、この本全体の概念的枠組みと方法論を方向づけている。

2-2　運動と思考——映画的能力論（1）

映画は「動くイメージ」の芸術だが、このとき「イメージ」という語によって意味されているのは通常、カメラで撮影された人工的な像ということであり、ここまで見てきたベルクソン的な「イメージ」とのあいだには大きな開きがある。しかし『シネマ』は映画的イメージをベルクソン的なイメージとして捉えることから出発しており、ベルクソンが主観的イメージ／客観的物質のあいだのスラッシュを取り払ったように、『シネマ』では人工的イメージ／自然な世界の分割こそが問われている。

だからこそドゥルーズにとっても、イメージは知覚のありかたの刷新と強く結びついている。そしてこのとき知覚は「映画的知覚」、つまり映画の知覚であり、それは以下の引用で示されるように、人間的な知覚より直接的に、知覚の外在性を示している。

> 映画はおそらく、以下のようなひとつの大きな利点を提示している。すなわち、映画には〔主体の〕投錨の中心や地平の中心がないというまさにその理由で、自然的知覚なら下ってゆく道を映画には自由に遡らせるだろう、という利点だ。映画は中心なき事物の状態から、中心ある知覚へ向かうのではなく、反対に、中心なき事物の状態へと遡り、それに接近することができるだろう。（IM85/104）

ここでは「自然的知覚」と「映画的知覚」が中心化＝下り／脱中心化＝遡りの軸で対比されており、前者は神経系の発達に従って主体のもとに世界が整序され、主体と世界が分割されることを示している。ベルクソンはこうした進化の帰結を論理的な前提にすり替えることを批判したのだが、ドゥルーズにとって映画はそうした遡行のプロセスを論証によってではなく、**それ自体で実現する**ものなのだ。

われわれの自然的知覚は逃れようもなく「中心」である身体にすでに拘束されており、その身体という尺度によって世界のほうも私に向けて中心化されてしまっている。しかし映画にはそうした中心は存在しない。作家や主人公の意図、あるいは説話の視点など中心化の焦点をあてがうことは不可能ではないにせよ、それはつねに映画のイメージに対して二次的なものであるだろう。カメラの視点を中心として考えるにしても、その運動やモンタージュの中心は反省的に導き出されるよりほかない。

比喩的な言い方をするならば、映画に対してわれわれがもつ想像的な「イメージ」より映画そのもののイメージのほうがずっと世界に「近い」のであり、中心なき事物への接近の果てには事物と知覚が一致する純粋知覚がある。「映画によって世界がみずからのイメージへと生成するのであって、イメージが世界へと生成するのではない」(IM84/103)。人為的な「イメージ」が想像的な世界を作り上げるのではなく、映画によってこそ実在的な世界はベルクソン的な意味でイメージに生成する、つまり、そのうちにある「中心」が相対化され、世界は私＝内部に対する外部として立ちはだかるのではなく、中心化／脱中心化の運動に満たされたものとして捉えなおされるのだ。

ここには重大な逆転がある。つまり、常識的な発想からすれば映画は自然な世界を撮影し編集することによってそれを人為的に再構築するものだが、ドゥルーズはむしろ映画によってこそ世界はイメージとしてのもとのありかたに還ると考えている。世界のほうが初めから「メタシネマ」なのであり、それが「映画それ自体へと折り込まれる」(IM88/107)のだ。

ベルクソンが物質と知覚をいずれも同じイメージとし、そこに全体と部分の関係を設定したように、「即自的映画」としての世界あるいは宇宙と映画もまた全体と部分の関係にある。それと同時に、ベルクソンのイメージ概念が物質というモデルと表象というコピーの分割を失効させたように、映画は世界のコピーではなく、固有の実在性を備えたものとして捉えられるようになる。ドゥルーズが精神分析的な映画論における「想像界＝想像的なもの」を一貫して批判するのは、それがイメージに心的な投影という身分しか与えないからだ。[4]

ここまでは「動くイメージ」である映画の「イメージ」のほうを見てきたが、「動く」のほうはどうなのだろうか。とうぜんふたつは密接に結びついており、以下に見るように全体としての宇宙と部分としての映画の関係は、そのまま「運動」という概念のふたつの側面に対応している。

ドゥルーズは芸術の歴史において映画が初めて運動をそれ自体として直接的に提示し、そこで主体にも客体にも依存しない「自己運動 auto-mouvement」が実現されたと述べている。最初に映画について考えた人々は、シンプルなアイデアから出発した。そのアイデアとはつまり、インダストリアルな芸術としての映画は、自己運動、つまり自動的運動に到達し、運動をイメージの直接的な与件としたということだ。このような運動はもはや運動を実現するひとつの動体にも、ひとつの運動を再構成する精神にも依存しない。それ

はそれ自体において動くイメージである。(IT203/218)

映画が直接的に与えるのは動くイメージであり、その運動はそれを外から再構成する観客の精神にも、映画内の人物やカメラなどの「動く」という述語が付されるような主体にも、それを動かす対象の機構——撮影・映写装置の機構であれ映画内の身体や機械の機構であれ——にも還元されない。ドゥルーズはこうした即自的に運動する映画のイメージを「動く断面」(IM11/6)と呼ぶ。運動をフィルムのコマや機械あるいは認知の機構などの「動かない断面」の集積として捉えることで得られるのは「偽の運動」にすぎない。運動を静止点のあいだでなされるジャンプとして考えている限り、それをどれだけ近づけてもアキレスは亀を追い抜くことができない。[5] イメージに内部も外部もなく、中心化の拠点があくまで後から生まれるものであったように、運動を単離し特定の基体に割り当てた途端に運動はその手をすり抜けてしまう。

ドゥルーズが全体を「全体化不可能なもの」として逆説的に定義するのは、こうした困難

4　こうした態度は映画を夢とのアナロジーで考えることへの批判において顕著である。「出来の悪い映画(ときには良い映画でさえ)は観客に注入された夢の状態、もしくはしばしば取り上げたように、想像的な参与によって満足してしまう」。「(…)ただひとつ映画の状態と等価なものがあるとすれば、それは想像的な参与などではなく、映画館から出たときに降っている雨であり、夢などではなく闇であり不眠である」(IT219/235)。

5　「アキレスと亀」のパラドックスについてはベルクソンの『創造的進化』(EC310–311/394–395)を参照。

を回避するためだ。全体化不可能であるということは、部分の総和としての「総体 ensemble」によっては全体を定義することができないということであり、その「余り」が全体を全体化されるがままにさせず、同時に、それによって部分に動きが生まれる。つまり、〈動かない断面－閉じた総体－偽の運動〉という連関に対して〈動く断面－開かれた全体化－真の運動〉があるのであり、ドゥルーズは後者の系列を組み上げることで、心理的現実にせよ客観的現実にせよ、映画の運動を他から隔絶されたものに閉じ込める前者の枠組みを解体する。

しかし、「直接的な与件」である動く断面と、全体化不可能でつねに「与えられない」(IM17/14) ものである全体との関係は、具体的にはどのようなものなのだろうか。ドゥルーズは両者の関係をベルクソンが『創造的進化』で定式化した生物個体と宇宙全体の関係と類比的なものとして考えている。

ベルクソンが生物をひとつの全体と、あるいは宇宙の全体と比較するとき、彼は「ミクロコスモスとマクロコスモスの比較という」もっとも古風な比較を復活させているように思われる。しかし彼は、ふたつの比較項の意味を完全にひっくり返しているのだ。すなわち、生物がひとつの全体であり、したがって宇宙の全体と同一視されるとすればそれは、生物は「宇宙の」全体が閉じていると想定されるのと同程度に閉じているミクロコスモスであるからということではなく、反対に、生物はひとつの世界に開かれているから、しかも、世界というもの、宇宙というものは、それ自体〈開かれたもの〉である

から、ということだ。(IM20/19)

生物個体がいかに閉じたものに見えても、それはどこかでそれ自体〈開かれたもの〉である全体へと開かれている。ベルクソンは個体の全体へのこの開かれを「糸」(EC10/29)というメタファーで説明しているが、ドゥルーズはそれを受けて「全体は閉じられた総体ではなく、反対に、それによって総体が決して完全には閉じられないように、完全には保護されないようにするものであり、総体を宇宙の残りの部分に結びつける細い糸によって、どこかしら開いたままにしておく」(IM21/20)と述べている。

しかしこんどは、全体自体の大文字の〈開かれ〉と諸部分の全体への開かれという二層構造を維持するために、諸部分はいかにして「どこかしら閉じた」状態を維持するのかということが問題になる。「糸」にハリが生まれるのは、個体が全体へと開かれているだけでなく、そのシステムが言わば「準‐閉じられたもの」として半ば独立しているからだろう。このある程度閉じた準安定的なシステムは「感覚‐運動図式」と呼ばれ、『シネマ1』を通してこのシステムを構成するイメージを分類することが試みられている。

カメラに向かって車が突進してくる。主人公の驚いた顔が大写しになる。すんでのところで身をかわす主人公の横を車が走り抜ける。三つのショットからなるこの場面は、知覚イメージ→情動イメージ→行動イメージという感覚‐運動図式によるイメージの連関のもっとも単純化された例だ。ここで**さしあたり**イメージは主人公の知覚(見たもの=車)‐情動(感じたこと＝驚き）－行動（行ったこと＝逃避）へと中心化されているが、彼は投錨の特権的な拠点ではないし、感覚－運動図式は必ずしも人物という依り代を必要とするわけではない。サイレント映画の時代から映画には誰の視点とも言えないイメージが溢れ、時計やコップが独特の表情をもち、倒れかかる大道具や運動するカメラ自体が「アクター」になっていたからだ。

『シネマ1』の主題となる「運動イメージ」は、異質なイメージが連鎖する感覚－運動図式と、その連鎖を駆動すると同時に当の連鎖によって変動する全体との相互作用として描き出される。両者のあいだに張られる「糸」は「人間と世界の紐帯」（IT220/237）とも言い換えられるが、運動イメージはまさに主体と世界とのあいだのハリのある「二重の引力」（IT234/250）を存立条件としている。

本章の冒頭ではあくまで比喩として映画を擬似的な生命体として捉え、そこで能力はどのように組み換えられるかと問うたが、ドゥルーズはベルクソンのイメージ概念を導入することでそうしたSF的な想定に哲学的なリアリティを与えている。ベルクソンにおいてイメージは物質的宇宙と知覚表象の一元化、知覚の外在性、身体の後発性を論証する機能を担っていたが、これらは『シネマ』において宇宙と映画の全体／部分関係、映画的知覚の脱中心性、そして映画的身体としての感覚－運動図式の後発性として変奏されている。それはまさに映画的な「諸能力の公準」であり、『シネマ』は『差異と反復』以来あらためてドゥルーズが能力論の体系化に取り組んだ著作である。

しかし、『差異と反復』にわれわれが見出した挫折は、『シネマ』においてもまた反復されているようにも思われる。以下ではその帰趨を、運動イメージにおける思考の位置づけから辿ってみよう。ここでもまた問題となるのは、『差異と反復』同様に思考という知的能力の地位、そして図式論的媒介の問題である。

ドゥルーズは運動イメージにおける思考の発生を、三つの契機からなるものとして構想している。第一の契機として、感覚的な「衝撃」を伝達する運動の連鎖によって、映画は「イメージから思考に、知覚から概念へと至る」(IT205/220)。衝撃とは映画の直接的な与件である運動の謂であり、それが与えられない全体に引き込まれることが運動イメージ的な思考の第一の側面である。

第二の契機は反対に、「概念から情動に移り、思考からイメージに戻る」。ドゥルーズは第一、第二の契機のいずれが先にあるのか決めることはできないと述べるが、それは「全体は部分によって生み出されるが、その逆もありうる」からだ。衝撃の連鎖が全体を表現するのとは反対に、第二の契機においては「前提」された未分化な全体が部分的な隠喩や換喩の連鎖によって「フィギュール」に置き換えられる。「われわれは先に衝撃イメージから形式的かつ意識的な概念に至ったが、こんどは無意識的な概念から、それを具体化し、それ自体衝撃をもたらす物質イメージ、フィギュールイメージに至るのである」(IT206-207/222-223)。

第一の契機において映画は思考の感覚的な起源を実験するものとして考えられ、衝撃が

「映画的な〈我思う〉」を惹起する（IT206/221）。これは素朴な意味で「弁証法」的な思考であり、イメージ間の対立がより高次の知的全体性へと乗り越えられるプロセスそのものがここでは映画的思考と呼ばれる。それに対して第二の契機において、映画は「原始的言語あるいは思考」（IT207/223）を実験するものとして考えられ、運動のフィジカルな連鎖や衝突ではなく、運動の形態的な類似や隣接としてのフィギュールによって映画は思考する。

そして、こうしたイメージ＝衝撃から意識的思考へ、無意識的思考からイメージ＝フィギュールへという循環的な関係そのものを可能にするものとして第三の契機が要請される。つまり言ってみればここには「メタ弁証法的」な構想があり、第一の契機に埋め込まれた弁証法それ自体が、第二の契機との対立においては止揚の対象となっている。イメージと思考の連関を可能にするのは「自然と人間の感覚－運動的な統一性」であり、映画においてそれは思考そのものに生成した行動、「思考－行動」によって指し示される（IT210/226）。

以上の三つの契機を、また「主人公」を導入して整理してみよう。第一の契機において主人公は動揺を引き起こす状況に放り込まれる。出会われるイメージは彼に、それまで考えていなかったようなことを考えよと強制する衝撃を与える。第二の契機において彼は状況のうちから様々な「しるし」としてのフィギュールを拾い集め、思考はそれらのあいだを縫う無意識的な彷徨としてなされる（典型的なのはいわゆる「夢のお告げ」や師からの謎めいた助言だ）。第三の契機において彼は状況を解決する特権的なアクションを起こし、それによって行動それ自体が状況を構成し、思考は行動そのものとしてなされる。

われわれにとって興味深いのは、こうした運動イメージの思考が「崇高」によって特徴づけられていることだ。「崇高のうちには、自然と人間の感覚−運動的な統一がある」(IT210/226)。この「統一」は「人間と世界の紐帯」、つまり与えられる感覚−運動的なイメージと与えられない全体とのあいだに働く引力に対応するだろう。そしてこの統一はまた、われわれが第一章で見た『差異と反復』における想像力による「自然と精神の統一」と直結しているだろう。運動イメージのシステムは『差異と反復』における統合された美学＝感性論の圏域に留まるのだろうか。

「映画の**崇高な**発想において何かが賭けられていた。実際、崇高を構成するのは、想像力が自らを限界に押しやる衝撃を受け取り、想像力を上回る知的全体性として全体を考えるように思考を強いるということなのだ」(IT205/220)。『差異と反復』においては「図式」が担っていた役割、つまり感覚が捕獲した差異を思考へと運搬する役割を担うのは、運動イメージにおいてはフィギュールである。感性→想像力→思考の階梯は、『シネマ』において「批判的思考、催眠的思考、思考−行動」というそれぞれがすでに思考としての一定のステータスをもつものに組み換えられているが、このそれぞれが機能するためにこそ第三の契機においてて実現される自然と人間の統一が要請されているのであり、やはり感性的な衝撃を思考−行動へと媒介するものとしての図式論的な枠組みは温存されていると言えるだろう。

2-3　運動イメージと時間イメージ——観客の視点から

運動イメージにおいて、思考が崇高なものであることと、イメージの思考がイマジネーション（図式論的媒介）に依存していることは骨絡みになっている。われわれはそこに『差異と反復』以来のドゥルーズの躓きを見て取る。思考の発生源として感性的なもの（「強度」であれ「衝撃」であれ）を置くことは、いやおうなく両者の媒介として想像力を要請する。『シネマ』が運動イメージから時間イメージへと移行するのは、この「美学化」の避けがたさにドゥルーズ自身が自覚的であったからでもあるだろう。

したがって運動イメージから時間イメージへの移行は、たんなる映画史的な推移でもなければベルクソンからの離反でもなく、むしろベルクソン的なイメージがイマジネーションの体制から抜け出すことをしるしづけている。というのも、以下で見るように、運動イメージと時間イメージは言わば「観客性 spectatorship」において区別されており、後者におけるまさにわれわれがイメージの論証として見た——知覚の外在性や身体の後発性の徹底こそが、運動イメージの閉塞を破るものとされているからだ。[6]『シネマ』の能力論には、受容論という新たな論点が組み込まれている。つまり映画的思考はフィルムに単離されてあるのではなく、観客を巻き込んで作動するものであるということだ。これは前の節で見た、閉じるがままにならないものとしての知覚-運動の定義から導き出される。
以下の引用で述べられるように、運動イメージの思考は、今風に言えば映画と観客の「インタラクティビティ」によって作動する。これは運動イメージ自体が感覚－運動的な、作用－反作用のラリーとして組み上げられることに対応しており、受容論的な側面の導入は映画の政治性の問いを惹起することが示される。

自動的運動は、われわれのうちに**精神的自動機械**を立ち上げ、それがこんどは自動的運動に向けて反作用する。(…)すべてはあたかも映画がこう主張しているかのように進行する。私、つまり運動イメージとともに、あなたはあなたのなかに思考するものを目覚めさせる衝撃を逃れることはできない。自動的運動のための主体的かつ集団的な自動機械、つまり「大衆」の芸術。(IT203/219)

機械－大衆の連関に深く巻き込まれたインダストリアルな芸術としての映画は、自動的運動としての「衝撃」によってわれわれに思考を吹き込み、集団的な主体化を促す。精神的自動機械はスピノザにおいてそうであったように、論理的な可能性を走査するものではなく、

6　拙著『眼がスクリーンになるとき』(第三章、第三節)ではこのことを、『シネマ』における「純粋知覚」の位置づけから考察した。以下では同じ論点を「観客性」というトピックから辿ることで、『シネマ』における方法論的な側面を浮き彫りにする足がかりとする。

「思考を強いるものと、衝撃のもとで思考するものとの**共通の力能**」（Ibid. 強調引用者）を指し示している。運動イメージは思考を感覚–運動的な**共同性**として定義することを要請するのだ。

しかしこの共同性は、歴史的であると同時に構造的な危機を迎える。一方で映画は、その「量的な凡庸さ」、つまり産業構造が要請する陳腐さによって、「〔衝撃をもたらす〕暴力はもはやイメージとその振動に属する暴力ではなく、表象されたものの暴力にすぎない」ものとなってしまう。量的な陳腐化によってセンセーショナルなイメージがセンセーショナルな**ものの**イメージに取って代わってしまうのだ。

他方で、より重要なことに、もっとも卓越した運動イメージさえもが「プロパガンダと国家による操作に陥り、ヒトラーをハリウッドに、ハリウッドをヒトラーに結びつける一種のファシズムに陥った。精神的自動機械はファシスト的人間となってしまった」。ドゥルーズはナチスドイツのプロパガンダ映画を制作したレニ・リーフェンシュタールを「運動イメージの到達点」（IT345/363）として位置づけるが、それは彼女が感覚–運動的な映画と大衆の共同性を文字通りの全体性（国家全体主義）へと導いた作家だからだ。

だからこそ運動イメージの観客は、たんなる観客＝見る者 spectator ではいられない。観客はスペクテイターであると同時にアクターであり、むしろ、アクターに同一化する限りにおいてしかスペクテイターでいられない。感覚–運動的な紐帯は、スクリーンと観客席のあいだにも張り巡らされている。

〔運動イメージにおいて〕人物の誰かが無力に陥ったとしても、それは行動におけるアクシデントのせいであって、彼は束縛され沈黙させられていたにすぎない。したがって観客が知覚していたのは感覚‐運動的なイメージであって、観客は人物に同一化することによってそれに多かれ少なかれ参加していた。(IT9/4)

ここではふたつのことが述べられている。ひとつは運動イメージの体制において、人物が行動不能になるのは偶発的な事態であり、この体制はあくまで知覚と行動のハリのある連関を基調として成り立つものだということだ。もうひとつはそうした感覚‐運動的なイメージを前にする観客の知覚の様態であり、それは行動する人物への同一化による参加だと説明される。ここでは、前節で見た衝撃‐フィギュール‐思考という運動イメージ的な思考の形態が、たんに映画内のイメージの連鎖に関わるだけでなく映画と観客との関係においても働くことが示されている。

興味深いのは、こうしたイメージの体制と観客の態勢との反映関係という論点があらわれるのが、『シネマ2』の冒頭、つまり第一巻の主題であった運動イメージから時間イメージへと議論のフレームを移すジョイントの部分であるということだ。つまりドゥルーズは、ふたつのイメージの体制の差異を際立たせるために受容論的な観点を導入している、というよりむしろ、観客的なもの spectatorship の全面化として時間イメージは説明される。言ってみればそこで初めて観客は観客になるのだ。

しかしいまや、同一化はまさに裏返る。人物が一種の観客になったのだ。彼は動き、走り、動き回るが、彼がそのなかにいる状況は、あらゆる面で彼の運動能力を上回り、もはや権利上は反応にも行動にも見合わないものを彼に見させ、聞かせる。(Ibid.)

運動イメージにおいてスペクテイターがアクターに同一化していたのに対して、時間イメージにおいてアクターがスペクテイターに同一化する。人物は相変わらず行動するが、それは状況とハリのある関係を結ばず、状況はつねに行動をはみ出している。状況はもはや「感覚−運動的な状況」ではなく「純粋に光学的−音声的な状況」であり、観客は人物の行動に自らの身体を引っ掛けるのではなく、光と音に撃たれる観客の無防備な知覚が映画へと陥入するのだ。

したがって運動イメージと時間イメージは、受容論を観客の社会的・心理的な様態と作品の関係という常識的な範疇に留めて考えるなら両者はたんに逆方向の同一化を指し示しているにすぎないが、より重要なのは、後者においては受容論が受容論をはみ出すこと、つまり作品**についての**知覚のありかたと作品**における**知覚のありかたの区別そのものが失効するということだ。前者の同一化がフィギュールにもとづく想像的な同一化であるとするなら、後者の同一化はベルクソン的な知覚の外在性と身体の後発性にもとづく同一化であり、行動の座としての身体を骨抜きにされたものとして、時間イメージの人物は現れる。

ドゥルーズは時間イメージの思考を「感覚‐運動的な紐帯の断絶」および「フィギュールの放棄」（IT225–226/242）によって特徴づけているが、これは映画‐観客の関係にも跳ね返っている。観客は自身の運動能力を行使してイメージの運動に想像的に乗り入れるとっかかりとしてのフィギュールを失う。これは**映画内の、そして対映画的な、図式論的なものの廃絶**を意味するだろう。それはどのような思考であり、映画は「衝撃」とは別のしかたでどのように思考し、われわれの思考を惹起するのだろうか。

しかしこの、時間イメージ的な思考、時間イメージ的な能力論の問いについては、章をまたいでまた戻ってくることにする。以下に続く本章の後半では、とりわけベルクソン的なイメージの追究という文脈において、『シネマ』がそこからどのような実践の回路を拓いているのかということを考える。これをさしあたり〈批評的受容論〉の問いと呼ぶことにしよう。衝撃を思考へと媒介するフィギュールが消失したあとで、**われわれは**いかにして映画とともに思考するのか。『シネマ2』結論部における「映画**の**概念」の発明とはこの問いに応答したものであり、〈の〉における干渉と剥離——〈触発の自由〉と〈仕事の自律性〉——の両立はベルクソン的なイメージの帰結として導き出される。

2-4　デューリングの映像論

とはいえここでは、『シネマ』やベルクソンのテクストを直接に読み込んでいくというより、ある種の対照実験として、ドゥルーズと同じくベルクソニアンであり映画（映像）の哲学を展開しているエリー・デューリングをドゥルーズと照らし合わせ、その差異から見えてくるものをたよりに考察を進めていく。そのいちばんの理由は、デューリングによるドゥルーズへの批判は、まさに両者の〈批評的受容論〉におけるスタンスの違いに起因していると思われるからだ。したがってここで試みるのは、ドゥルーズとデューリングの「対決」というより、両者がいかに「すれ違っている」かということを明らかにすることだ。

さて、ドゥルーズとデューリングはよく似ている。ふたりとも現代フランスの哲学者で、ベルクソン研究の延長線上で映画論を書いている。最初に見えてくる表面的な違いはそれぞれが身を置く、映像をめぐる時代状況だ。ドゥルーズは映画の時代（の終わり？）に映画について書いたが、一九七二年生まれのデューリングは、インターネットが普及し、コンピュータとくっついたスクリーンがモバイル機器からビルの壁面までを覆い、現代美術の領域では複数の映像を空間的に展開するインスタレーション・アートが主要な表現形態のひとつとなった、いわば「ポスト映画的」な時代に映画について書いている。

デューリングの映像論の最大の特徴は、通常「時間芸術」という側面が強調される映画に取り組むにあたって、彼が「映画は本質的にトポロジカルなものであり二次的に時間的であるにすぎない」[7]という観点を基底に据えていることだ。これは先述の現代的な映像環境を受けてのことであり、彼はとりわけ美術の領域におけるマルチスクリーンの使用の増加をその理由として挙げている。[8]映画におけるショットの持続とその継起の時間性が括弧に入れられ、隣接するショットの共存の様態を空間的に規定する契機としてこうした状況は捉えられる。このような「空間化された」イメージの共存という問題から出発して、彼はマルチスクリーンや分割スクリーンの映像を取り上げるとともに、そのような技法を用いていないいわゆる普通の、ショットが継起するだけの映画もそうした視座のもとで考察する。

映画におけるイメージの共存について、デューリングは次のように書いている。

7　During, *Faux raccords*, p. 14. デューリングはバディウの『非美学の手引き』に収録された映画論からこのテーゼを引き出している。バディウはそこで「カットの単位は結局のところ、ショットやシークエンスと同様に、時間という尺度においてではなく近傍、呼び戻し、反復あるいは断絶の原理から構成され、それらについての真の思考は運動であるよりむしろひとつのトポロジーになる」（Badiou, *Petit manuel d'inesthétique*, p. 126［一五五頁］）と述べ、換喩的な空間性、つまり隣接性による空間の構築を映画的時空の本質としている。序論の註で触れた箇所と同様にここでも彼は哲学を非構築的なもの、「真理を生産するというより探し当てる」（*Ibid.*, p. 136［一六七頁］）ものとしているが、こうした態度（それと裏表になった受容論的側面の欠如）は本章後半で論じるようにデューリングにも引き継がれているだろう。

8　During, *Faux raccords*, p. 13.

映画的で芸術的な取り組みという視点からイメージの共存の問題に焦点を定めるなら、このテーゼ〔＝時間に対するトポロジカルなものの優位〕を真剣に受け取らないのは困難である。共存の問いは、つまるところ、根本的には接続の問題として提示されるのであり、接続は一方で時間と空間の局所的な所与に関わり、他方では大域的な要求に沿った表象にかかわる（…）。というのも、接続あるいは局所的／大域的は典型的にトポロジカルなカテゴリーだからだ。[9]

デューリングはイメージの共存ないし「接続 connexion」には、諸々の「局所的な local」所与に関わる側面と、それらの「大域的な global」な綜合に関わる側面というふたつの側面があると述べている。これらは「トポロジカルなカテゴリー」、つまり空間の様態に関わるものであり、局所的なものと大域的なものとの関係を実験するものとして彼は、とりわけ『つなぎ間違い』*Faux raccords* という論文集で様々なジャンルの作品（映画、テレビドラマ、現代美術等）の分析に取り組んでいる。

局所的な所与とそれを大域的に綜合する表象について、もっとも簡便なイメージを与えてくれるのは世界地図だろう。地球は球体 globe であるので、そのままではどこまで離れて見てもその半面しか見ることができない。様々な種類の世界地図はそれぞれのしかたでこの一望不可能性を解決するが、それには個々の図法が必然的に引き起こす歪みがともなっている。グローバルな綜合が要請する無理と、その無理の多様性とが世界地図にはあらわれている。

そこでは原理的な一望不可能性と経験的な一望可能性がブリッジされる。

たとえばわれわれがもっとも頻繁に目にするメルカトル図法による世界地図は、まず赤道上のどの位置を四角い地図の中心に置くかは恣意的であるし、北極・南極に近づくほど縮尺は東西に延び、もとの形態からかけ離れた帯状の南極大陸が地図の下辺にしがみついている。この図法は地球を縦の円筒にすぽっと入れて、地軸から円筒の側壁に向けて対応する地点を投射することで得られるが、これに対して「宇宙船地球号」の提唱者として知られるバックミンスター・フラーが発明したダイマクション地図では、地球は正二十面体に投影される。これによって大陸の形態の歪みを抑えることができるが、出来上がるのはギザギザした展開図である。トポロジカルなカテゴリーとしての図法のバリエーションは、優先するパラメーター（形態、方位、距離、面積比等）のバリエーションであり、それによって局所的な二地点が関係づけられ、大域的な表象が生み出される。デューリングにとって様々なショットをつなぎ合わせる映画とは、ひとまずそのような空間的な構築の実践であるだろう。

しかし、世界地図には地球というあらかじめ全体化されたモデルがあるのに対して、映画にはそうしたモデルは存在しない。したがっていくつものショットからなる映画作品をひとつの大域的な表象とするとしても、モデルとの適合という観点からそうした表象を評価することはできない。そして言うまでもなく映画は時間的な対象でもあり、局所－大域という空

9　*Ibid.*, pp. 14–15.

間的なカテゴリーは映画から時間を捨象するためのものではなく、あくまで新たなしかたで映画の時間を捉えることに寄与する枠組みとしてもくろまれているだろう。

こうした発想を端的に示すものとして、デューリングがカントの超越論的感性論を参照して「形式」としての時間を論じている論文がある。[10] そこで彼は「持続」と「時間」を対照して、〈異質な諸々の持続を共存させる形式〉として時間を位置づけている。形式としての時間とは時間の「図法」のようなものであり、たとえばツイッターの「タイムライン」においても諸々の持続がひとつの形式のもとで綜合されている。しかしカントと異なり、デューリングが時間を形式として捉えるのは、その**相対性**（彼の博士論文はベルクソンとアインシュタインの関係がテーマであり、彼の哲学全体が相対性理論以降の超越論的感性論の試みであると言えるだろう）を探求するためであり、その特権的なフィールドとして彼は映像に取り組んでいる。絶対的なモデルなき局所‐大域の時間的・空間的な構築、その「図法」の複数性というテーマは、彼の哲学史的な論文から芸術作品の分析までを貫いている。

2‐5　イメージか装置か

さて、先にドゥルーズとデューリングはともにベルクソン研究の延長線上で映画に取り組んでいると述べたが、それぞれがベルクソンから何を引き出し、何を発展させているかということには、ほとんど対照的と言えるような違いがある。以下の二節ではそれぞれ「映画的錯覚」と「結晶イメージ」というトピックをめぐるドゥルーズとデューリングの対立を跡づけ、本章で問い残している、『シネマ』における批評的受容論の問題に取り組む。

「映画的錯覚 illusion cinématographique」[11]はベルクソンの『創造的進化』第四章で論じられるトピックだ。そこで問題となっているのは、人間の知性、そしてその発展の帰結としての科学がどうして生命的なものを取り逃がしてしまうのかということだ。連続的に進展する持続に対して、知性は状態、形態、目的といった、動かないものの表象（これをドゥルーズは「動かない断面」と言い換えた）を用いてそれを捉えようとする（EC299/380）。科学はそのような知性の傾向の果てにあるものであり、そこで時間は不動の瞬間の集積（T1, T2, T3…）として考えられる（EC337/427）。それはあたかも映画装置が時間をバラバラのコマに分割するかのようであり、つまり、ベルクソンにとって映画装置はカントが理性に見出したのとはまた別の、人間的な知性に埋め込まれた「内的錯覚」のアナロジーであるのだ。

10　デューリング「共存と時間の流れ」。

11　ドゥルーズもデューリングも「映画的錯覚」という語を用いているが、これはベルクソンの著作、少なくとも『創造的進化』には存在しないものであることを断っておく。しかし『創造的進化』で「内的映画装置」そして認識の「映画的メカニズム」と呼ばれるものがある種の錯覚であるのは確かであり、私も映画的錯覚という語でそれらを代表させることにする。加えて、« cinéma »と« cinématographe »をどう訳し分けるかというのは厄介な問題だが、ここでは前者を「映画」、後者を「映画装置」と訳したうえで、« cinématographique »は「映画的」と訳すことにする。

事物の内的な生成〔=持続〕に張りつくかわりに、われわれは事物の外に身を置いて、それらの生成を人為的に再構成する。（…）知覚、知性による理解、言語は、一般にこのように進行する。生成を考えるにせよ、表現するにせよ、もしくはそれを知覚する場合でさえ、われわれはある種の内的映画装置を作動させる以外のことはほとんど何もしていない。（EC305/387-388）

ここでは持続に対する外在性とその人為的な再構成が映画装置というフィギュールに託されている。映画装置が連続的な持続から不動の眺めを切り出しもとの運動を再構成するように、知性は持続を、それ自体人為的に見出される可能的な停止の集積として表象することしかできない。

しかしわれわれが先に見たように、ドゥルーズはベルクソンの運動=持続の概念から「動く断面」として映画というアイデアを引き出しているのであり、一見したところ両者は映画について正反対の態度を取っているように思われる。しかし実のところドゥルーズがおこなっているのは単純な転覆ではなく、むしろ「映画装置」から「映画」への論点の移行である。

手段〔=映画装置〕が人為的だからといって、結果〔=映画〕も人為的であると結論づけてよいのだろうか。（IM10/5）

ドゥルーズは、たしかに映画装置を止めてフィルムを取り出せばそこには静止した写真が並んでいるだけかもしれないが、われわれが見る映画は動いているではないかとあっけなく言ってみせる。[12]したがってこの『シネマ1』冒頭の議論にすでに受容論的な側面の萌芽が見られる。観客にとって映画は動いており、その動きは少なくとも「ほとんど何もしていない」の「ほとんど」の外に確かに存在している。そしてその確かさは、ベルクソン自身の単離されざるものとしての運動という概念にあらかじめ組み込まれている。

ドゥルーズが「素朴な観客[13]」として振る舞い、受容論的なレベルを導入することによって映画＝イメージをベルクソン的な運動のもとに置きなおすのに対して、デューリングはあくまで、なぜ映画＝装置がベルクソンにとって、認識と時間の関係を考えるための特権的なフィギュールであったのかという問いにフォーカスする。デューリングは、ベルクソンにおいて映画装置がたんなる現実の技術的オブジェクトではなく、ある種の「概念的オブジェクト」であったと述べる。なぜならベルクソンが『創造的進化』で描写するような映画装置は当時実際に流通していたものとはある点において明らかに異なっており、したがって、「今

12　しかしここでドゥルーズが「結果」と呼んでいるものは、たんに映写されたイメージであるというより、カメラと映写機の分離や移動カメラの発明などの技術的発展が前提とされている（IM12/7）。

13　「私は素朴な観客です。とりわけ、見たままの画面と、その背後の意味といったうがった見方は信じていないのです。背後を考えていいのならそのままの画面でもいいはずだし、そのままでだめなものはいくら背後を考えてもだめなのです」（RF198–199/下 25）。

日われわれが見知っているような映画装置を発明したのはベルクソンだとさえ言える」[14]からだ。

デューリングによれば、ベルクソンの描写する映画装置はあたかもモーターで駆動され自動化されているかのようであるが、当時の撮影・映写は手動でクランクを回しておこなわれていたのであり、ベルクソンがそこに加えた改変あるいは「発明」によって彼は、抽象的な持続の**画一性** *uniformité* というアイデアを概念的オブジェクトとしての映画装置に組み込むことができた。「そのなかで何が起こっているかに頓着しない時間の等質性として速度の恒常性あるいは不変性を指し示す[15]」画一性というアイデアは、ベルクソン的な映画装置なしには表現されなかったものだ。

というのも、デューリングによれば、映画装置における運動の抽象的な画一性はそれによって把握される具体的な持続の多数性を含意している、というより、抽象的な画一性と具体的な多数性をカップリングする回路自体が、ベルクソン的な映画装置によって初めて可能になるからだ。

映画装置の〔認識のメカニズムとの〕アナロジーにおいて重要なのは、ぎくしゃくした動きではなく画一的な進展であり、コマの断片性や不連続性ではなく、あらゆる具体的な運動の普遍的な等価物として提示される機械的な運動における作りものの factice 連続性だ。したがってこれによって意味されるのは、一般的な次元－時間でも、〈超越論的感性論〉における線－時間でもなく、同時性という観念と不可分な経験の第三のアナロジーであるフレーム－時間である。[16]

デューリングにとってベルクソンの映画的錯覚の議論は、真の連続的な運動と偽りの不連続な運動の対立に収まるものではない。むしろそれは**偽りの連続性を生み出す画一性という新たな概念**が生み出される場であり、それぞれのコマに刻まれる同時性はその定義からして持続の多数性を含意している。映画を局所的なものの接続とその大域的な綜合というふたつの側面から考えるというアプローチは、このようなベルクソン読解から引き出されている。

ベルクソンは自身の議論に映画装置を導入する際に、撮影される対象の例として「連隊」の行進を選んでいる（EC304/386）。なぜひとりの人間や一頭の馬の歩行ではいけなかったのだろうか。映画装置という概念的オブジェクトの固有性は、「すべての人物に固有なすべての運動から、非人称的、抽象的で単純な運動、いわば**運動一般**を抽出」する（EC304/387）ことにあるのであり、不動の写真の不連続性よりもむしろ再構成される「運動一般」の作りものの factice 連続性に映画的錯覚の議論の核がある。したがってドゥルーズが受容論的なレベルの導入によって連続的な〈イメージ〉に実在的な持続を見ることによって映画装置から

14 During, « Notes on the Bergsonian Cinematograph », p. 2.
15 Ibid., p. 5.
16 During, « Vie et mort du cinématographe », p. 151.

映画へと即座に飛び移った地点で、デューリングはむしろその連続性の人為性、そしてさらに特定のフレーム＝コマにおける同時性が人為的に刻まれる映画装置の次元にとどまっていることになる。

　諸々の具体的な持続を一元化して抽象的な尺度を与える「フレーム‐時間」という概念によって、局所的／大域的というトポロジカルなカテゴリーによる思考が要請される。「フレーム」がつねに限界をもっているように、大域的な表象内部の同時性はあくまで相対的なもの、そのフレームに依存するものであり、つねに分離の可能性にさらされている。[17] つまり「原理的に、「宇宙的な映画装置」などというものは存在しないと言わねばならない」[18]のであり、ここでわれわれが参照している「映画装置の生と死」という論文の表題にある「死」が意味するのは、映画には世界地図にとっての地球にあたるモデルが存在しないように、フレーム‐時間はどこまで行っても相対的なものであるということだ。

　デューリングが映画装置から映画へと飛び移るのはこの地点においてであり、しかしそれはベルクソン‐ドゥルーズ的な〈イメージ〉へと向かうのではない。デューリングは大域的な同時性が相対的なものであることを認めたうえで、それを作りもの――ドゥルーズが切り捨てた映画装置の人為性 artificialité も「作りもの」という意味だ――として打ち遣るのではなく、まさに大域的な**構築**の探究、つまり異質な諸持続の共存の形式それ自体の**複数性**の探求の場として装置から映画へと切り返す。

　ドゥルーズは映画のイメージの連続性を、ベルクソンのイメージ概念に依拠することで実在的なものと捉えたが、デューリングはその連続性を映画的錯覚の議論に依拠することであくまで人為的なもの、相対的なものとして考えている。このような差異は具体的な映像を考えることにどのように跳ね返るのだろうか。次節では、これもベルクソンの概念である「現在の記憶」を両者がどのようにあつかっているか見ることで、ドゥルーズとデューリングのあいだにあるたんにベルクソン読解だけに関わるのではない哲学的な構えの差異を取り出すことを試みる。

2-6　観客かエンジニアか

映画的錯覚というトピックを挟んで、ドゥルーズとデューリングの装置／イメージをめぐる対立を浮き彫りにすることができた。ドゥルーズは装置からイメージにジャンプするため

17　こうした点は、分割スクリーンを多用し語りの基盤としているテレビドラマ『24』の分析において顕著に示されている。「[分割スクリーンにおける]リアルタイムは、したがって、複数の知覚の中心の、物理的なあるいはバーチャルな共現前[=大域的な表象における同時性]と結合している。しかし同時に、分割スクリーンはまったく逆のことを示してもいる。つまり、同時性のもうひとつの側面を構成する、離節や分離を示してもいるのだ。遠隔地をつなぐ即時的な通信技術と、切り裂かれた画面の視覚的なモザイクのカップリングは、接続と分離、集結と離散を繰り返すことによって、断片によって全体化する世界を描くのにもっとも確かな方法である」(During, *Faux raccords*, p. 174)。

18　During, « Vie et mort du cinématographe », p. 161.

に観客という項を導入するが、デューリングはむしろ装置の人為性＝構築性に立脚した作品の人為性＝構築性を肯定する、言ってみればポイエーシス（創作論）的な立場に立っている。ドゥルーズが自身の「運動神経」を上回る運動に引きずり回され憔悴した観客であるなら、デューリングは装置を解体して設計図に差し戻してみせるエンジニアであるかのようだ。本節では「結晶イメージ」をめぐるふたりの態度からこの批評的受容論の問いにアプローチする。まずドゥルーズがこの概念を編み出すうえで前提となっている、ベルクソンの「現在の記憶」というパラドクシカルな概念の大枠を大急ぎで辿ろう。

さて、記憶の形成について、われわれはふつう、知覚したものを記憶すると考えている。そしてそうである以上われわれはぼんやりと、知覚と記憶のあいだに時間的な前後関係を想定し、記憶とは過去に知覚したものについてのイメージであると考えていることになるだろう。しかしベルクソンは「**記憶の形成は知覚の形成の後に続くのではなく、それと同時である**」（ES130/187）という奇妙な主張をしている。仮に記憶が知覚の後に形成される、つまりそこに時間的なギャップがあるのであれば、知覚してから記憶するまでのあいだ知覚内容を保存する何かが要請されるが、その「何か」を記憶と呼ばずして何と呼ぶのか。「現在の記憶」はこのような論理的な困難を解決するための思弁的な想定である。つまり、ベルクソンによれば、現在の知覚の裏面にはそれをミラーリングする現在の記憶がつねに張り付いており、両者は厳密に同時であり、**まったく異質でありながら同一の内容を保持**している。

本章の初めに客観的物質と主観的表象の差異について、ベルクソンがそれを同一の構成要素をもつ異質なシステムとして構想していることを見たが、それと類比するならば、彼は知覚と記憶の関係について、一方が物質的で他方が非物質的である異質な構成要素（文字通り「物質と記憶」）が現在という一点を取り出すなら厳密に同じように形式化されると考えていると言える。

このきわめて突飛な思弁の証言者として召喚されるのが、デジャヴュというそれ自体奇妙な現象だ。デジャヴュにおける、私は今のこの状況と厳密に同じものを経験したことがあるという奇妙な確信は、ベルクソンによればある意味で正しいということになる。というのも、そこで私は**今まさに見ているものを思い出している**のであり、記憶は過去の出来事についてのものであるという前提を外すならばそこに不整合はないからだ。経験的に記憶がつねに現在から隔たった過去と結びつくのは、たんに現在の記憶を想起しても何の役にも立たないからであり、デジャヴュは「無意識の底にとどまっているはずの「現在の記憶」が突然出現したならば生じるような現象」（ES144/204）である。感覚－運動的なハリのある身体からの剝離が現在の記憶を呼び込むのだ。

この「現在の記憶」というアイデア、そして通常押し留められているそれが知覚と区別できなくなるデジャヴュという現象の時間性は、ドゥルーズによって「結晶イメージ」という名のもとに映画の哲学へと導入された。

純粋な潜在性は現働化されることはない。なぜならそれはほかのすべての回路に対して基礎あるいは先端として機能する最小回路を形成し、現働的なイメージの厳密な相関項となるからだ。それは現働化されることなく、つまり**別の**現働的イメージのうちに現働化する必要はなく、それ自身の現働的イメージに対応している。その場における sur place 現働的‐潜在的回路であって、推移する en déplacement 現働的なものに応じた潜在的なものの現働化ではない。それは結晶イメージであって、有機的イメージではないのだ。（IT107/110）[19]

新しい用語がいくつか出てきたので整理しておこう。まず「現働的なイメージの厳密な相関項」としての「潜在的イメージ」とは、現在の記憶と現在の知覚の完全な同形性に対応している。「現働的イメージ」とは意識化されたイメージ、あるいは感覚‐運動図式に組み込まれたイメージである。それに対して「潜在的イメージ」とは無意識的な記憶であり、「現働化」は想起によって記憶を意識的行動に役立てることを意味する。したがって「推移する現働的なものに応じた潜在的なものの現働化」とは、変化する状況に応じて適切な記憶を呼び出すことを意味する。「有機的イメージ」は感覚‐運動図式に想起という能力の働きを組み込んだものであり、ドゥルーズはここで運動イメージの体制を記憶の観点から捉えなおしている。記憶の有機的な用法は映画において、いわゆる「回想シーン」や夢として現れる。それが現在の行動に役立てられ、あるいは行動を意味づける。記憶への沈潜はあくまで「お告げ」としてのフィギュールの探索のためになされ、それが現有機的イメージのポイントは現働的イメージと潜在的イメージの時間的な距離であり、この距離が増すほど行動は象徴的な価値を帯び、記憶は夢幻的なものとなる（ドゥルーズはこの回路の拡張を記憶イメージ→夢イメージ→世界イメージというステップに分けている）。それに対して結晶イメージは「その場における現働的‐潜在的回路」であり、回路の拡張の果てにあるのではなく、知覚と記憶の往還関係そのものを条件づける最小回路において見出される。「結晶が示すもの、あるいは見せるものは、時間の隠された基礎、つまり移行する現在と保存される過去というふたつの噴射への時間の分化である」（IT129/135）。現在は知覚と記憶に分身化し、デジャヴュに囚われた身体は行動を剝奪される。見ているのか、思い出しているのか、見ているものを思い出しているのか、思い出しているものを見ているのか。

しかし、どのようにして潜在的な過去のイメージが映画作品において具体的に与えられるというのか。いかなるかたちであれ潜在的なものが現働化なしに現れるというのは語義矛盾ではないのか。デューリングは次のように指摘する。「現在の記憶が、時間の縁において引き止められ、実際に経験されるのは、つねに記憶イメージという形式においてであり、しかしイメージとして展開される記憶はすでに現働的なものになっている」[20]。つまり、映画に現れるのはつねに現働化されたイメージでしかなく、ドゥルーズはそうした具体性のレベルを

19 ここではベルクソン『物質と記憶』第三章における知覚‐記憶の回路の図、および記憶の逆円錐の図の議論が前提されている。

20 During, *Faux raccords*, p.77.

「相関項」や「対応する」という曖昧な言葉で回避しているのではないか、ということだ。

他方でデューリングは「これらの批判は結晶イメージという概念がもつ利点を問いに付すものではない」[21]とも述べているが、それでは彼はこの概念を映像作品に対してどのように用いているのだろうか。実のところこの、作品と概念の接面においてこそドゥルーズとデューリングの差異がもっとも明白にあらわれている。ひいてはこの差異は、批評的受容論、つまり芸術に対する両者の哲学的なスタンスそれ自体の対立へとつながっているだろう。

デューリングは、ドゥルーズの提出する概念が、つまるところあらゆるイメージに適用可能であることを批判する。[22] 彼が言うようにたしかにドゥルーズ自身が「直接的な時間イメージは、つねに映画〔運動イメージ的なものにさえも〕に取り憑いてきた亡霊 fantôme である」（IT59/57）と述べている。つまりあらゆるイメージが運動イメージ的でもあり時間イメージ的でもあるのであって、なぜこれこれの作品でしかじかの概念について語り、別の作品では別の概念について語るのか、という問いから究極的には逃れられない構造になっている。それに対してデューリングは、ヒッチコックの『めまい』を分析するなかで必然的に浮かび上がってくる問題を名指すものとして結晶イメージという概念を導入する。

デューリングは、『めまい』という奇妙な物語を駆動する「空間のタイプ type d'*espace*」として「メビウスの輪」がそれに相当すると述べる。[23] つまり、この作品における反復や旋回のモチーフは、たんなる渦巻きや螺旋によって形象化できるものではなく、トポロジカルなねじれ、「それ自身へと折り重なる」[24]ようなねじれこそが、この作品を統御しているのだとされる。結晶イメージが示す二重性（知覚と記憶の同時的な重ね合わせ）は、単一のショットやシーンにあらわれるのでなく、作品における個々のモチーフから物語の構造に至るまでを貫くこの「空間のタイプ」と結合している限りで、作品へと適用されうる。

デューリングはたしかにベルクソンから「現在の記憶」という概念を引き継ぎ、それを「結晶イメージ」というかたちでドゥルーズと同じように映像の領域へと移植している。しかし、デューリングはあくまで対象に思考を沿わせることで、概念の適用範囲に必然性を付与することができているように思われる。そしてここで重要なのは、それを可能にしているのが映画についてのトポロジカルな思考、諸々の個別的な持続を束ねる時空の形式そのものの発明として作品を思考することであるということだ。『めまい』においてメビウスの輪は地図の図法のように、局所的なものを貼り合わせ大域的な表象を構築する特異なフォーマットとして機能している。しかし彼が「空間のタイプ」と

21 *Ibid.*

22 *Ibid.*, p.78.

23 During, *Faux raccords*, p.68. これは主に、『めまい』において特異な存在を示すのはマデリンではなくジュディであるという観点から帰結される。ジュディは、幻影である「マデリンでしかない存在」として、つまり自身は何者でもないという特異な存在をまとっている。そしてジュディがジュディとして認められると同時に、彼女は自身が演じたマデリンの見せかけの死と同じしかたで実際に死ぬ。この現実と見せかけ、本質と非本質を交差させる反復・反転を形象化するものとしてメビウスの輪が考えられている。

24 *Ibid.*, p.76.

呼ぶこのフォーマットは、カントの〈図式〉にあまりに似ていないだろうか。つまり、局所的なイメージは感性的な直観に対応し、それを一定のしかたで大域的に綜合するフォーマットが図式であり、この綜合が悟性的な概念（ここでは結晶イメージ）の適用を可能にしているのではないか。だとすればデューリングにはドゥルーズのカント批判、つまり共通感覚と知的能力の優位にもとづく諸能力の階梯への批判がヒットするのではないか。

デューリングにはいまだまとまった著作がなく、彼の思考を体系的に把握するのは困難だが、〈新たな図式論〉の構築という観点から見ると、彼の哲学史的、美学的、科学哲学的な仕事を貫く一本の背骨が見えてくる。時間をカント的な意味で「形式」として考えていることからもわかるように、デューリングにはアインシュタイン以降の（もはや「線－時間」に依拠しない）カント主義者という側面があるだろう。

たとえば日本で彼の名が知られるきっかけとなった「プロトタイプ」論は芸術作品の身分をあるプロセスの「切断」として位置づけているが、ここにはポアンカレ－デュシャン的な四次元の理解が含意されている。[25] 彼らは三次元の立体を切断すると二次元の面になり、二次元の面を切断すると一次元の線になるように、三次元空間は四次元空間を何らかのしかたで切断することによって現れると考えた。つまり、ある三次元の大域的な表象を可能にする切断のフォーマットの多様性の場として四次元は想定されるのであり、このフォーマット自体は、現働的な三次元と潜在的・仮想的 virtuel な四次元をつなぐ蝶番として機能する。理論的な秩序から言えば四次元は三次元に先行するが、実践的な順序としては三次元を新たなしかたで切断することで初めてその「縁」に四次元の影が宿る。日蝕という「切断」によって太陽の周りにある時空の歪みが初めて観察されうるように。

現働性／潜在性とそれを媒介する切断のフォーマット。このフォーマットはあらかじめ整備された悟性的カテゴリーに収まるものではなく、その意味で前章で見た『差異と反復』の「理念的図式」に近いが、カントと同様そこで感性的なイメージ、つまり局所的な所与はフォーマットの適用先に留まり、積極的な機能をもつことはない。

したがって「観客」としてのドゥルーズと「エンジニア」としてのデューリングを対照し、両者をぶつけることとは、現代的なカント主義——東浩紀の言葉を借りればこれは「複数的な超越論性」によって特徴づけられるだろう[26]——との関係においてドゥルーズを評価することを意味する。デューリングは図式（メビウスの輪）の発見によって作品（『めまい』）への概念（結晶イメージ）の適用を正当化するが、ドゥルーズにはそのような正当化のロジックが欠けているように見える。ドゥルーズにおいて作品と概念の関係はどのように考えられ、どのように実践されているのか。

25　デューリングのデュシャン論については « Prototypes » および *Faux Raccords* に収録された « Mondes virtuels et quatrième dimension : Marcel Duchamp » を参照。

26　東浩紀『存在論的、郵便的』、二〇三頁。

　さて、デューリングによるドゥルーズ批判は(i)潜在的なイメージを映画が実現することなど可能なのか、(ii)『シネマ』の諸概念はあらゆる作品に適用可能であり、あるイメージにある概念を対応させる根拠が欠けているのではないかという二点にまとめられる。ドゥルーズはかなり分が悪いようにも見えるが、応答を試みる。

　時間イメージにおける観客の位置づけに立ち戻ってみよう。これがふたつの批判に応答する鍵になるはずだ。そこで観客（そして、観客的なものとなった映画内人物）は自身の運動能力を上回るイメージの運動に晒され、行動可能性を剝奪される。こうした運動への参加から弾き飛ばされた観客は「見者 voyant」とも呼ばれるが、状況はもはや感覚－運動的なものではなく純粋に光学的で音声的なものになる。こうした時間イメージ的な観客の身分はベルクソンのイメージ概念に折り込まれた〈知覚の外在性〉、〈身体の後発性〉、そして〈物質的世界の一元化〉と不可分であることに注意しよう。

　感覚－運動図式の断絶によって観客は想像的同一化を脱し、行動する身体の剝奪という側面において捉えられるようになり、映画の中の身体も観客の身体も反応可能性を奪われた受動的なものになる。これはドゥルーズが、身体の後発性についての議論から、その根源的な受動性という側面をある意味で誇張的に受け取っていることを意味するだろう。ベルクソンにとっては身体とは行動するものであり、行動するとは身体をもつことだ。そして彼はこの中心化された身体から出発して、内部／外部の分割を解体するイメージ、あるいは純粋知覚という概念に遡行したのであった。しかしわれわれが先に見たように、ドゥルーズは映画をそうした脱中心化がデフォルトになったイメージとして捉えている。これと類比的なこととして、運動イメージはそれを感覚‐運動的な紐帯、あるいは人間と世界の紐帯に寄りかかることで整序していたが、時間イメージはそうしたハリのある身体の欠如から出発する。だからこそ『シネマ2』の終盤では映画によって感覚‐運動的な身体を再構成するのではなく、「身体を与える」ということが問題になる。[27]

ベルクソンにとっては「権利上」のものとして、経験的な身体の説明原理として想定されていた純粋知覚は、『シネマ』においてある種の映画的事実としての身分を認められる。このことと、潜在的な記憶が現働化なしに映画に現れることは、同じひとつのことの裏表である。ふたつは、身体に――『差異と反復』で諸能力に見出したものと類比的な――根源的な受動性を見出すことから導かれる。身体をあくまで能動的なものとすることは記憶をあくまで過去から想起されたものに留めることであり、知覚をあくまで行動に向けて方向づけられたものとすることだ。結晶イメージが示す知覚と記憶の識別不可能性は、行動可能性を奪わ

27　「映画は知覚と行動における身体の現前を再構成することを目的とするのではなく、（…）身体の本源的な発生を操作することを目的とする」（IT262/280）。運動イメージ的な「行動の映画」と時間イメージ的な「身体の映画」の対比については拙著『眼がスクリーンになるとき』（第五章第一節）であつかった。

れた身体を襲う知覚と記憶の奔流であり、潜在的なものの現働化から切り離された受動性とはこの奔流に対する受動性である。[28]

したがってデューリングが現働的な表象の構築にともなう「切断」のエッジに潜在的なものを見出すのに対して、ドゥルーズは行動から切り離されたイメージの暴力が必然的にともなうものとして潜在的なものと現働的なものの識別不可能性を見出している。前者から見れば潜在的なものの実体化は矛盾でしかないが、実のところ「識別不可能」であるとは、文字通り何が知覚で何が記憶であるか識別できないことを意味するのであり、逆から言えば識別の基準を与えるのは行動のみである。デューリング＝エンジニアがイメージの構成プロセスを展開すること自体が「参加」であり、ドゥルーズ＝観客はまずもってそうした能動性を剥奪されたものとしてある。したがって結晶イメージをめぐる両者の対立は、ベルクソン読解としての妥当性や、知覚や記憶の定義の問題であるより以前に批評的受容論の問題であり、この対立には理論的な主張の内容以前にある、作品と向き合う実践的な態度の問題が避け難く食い込んでいる。**ドゥルーズがベルクソンのイメージ概念と映画的イメージを衝突させることで引き出すのはこの避け難さそのもの**であり、仮に彼がデューリングより「一枚上手」であるとすればその点であるとも言えるし、両者は最初からすれ違っているだけだとも言える。

『シネマ』は映画とは何かと問う本であると同時に、それと同じくらい、観客であるとはどういうことかという問いについての本である。ドゥルーズが直接観客について論じている箇所はごく一部だが、イメージという概念の運動イメージから時間イメージにかけての変動は、観客の問いを虚焦点にしてなされている。そしてそれは「そう在る」ことと「そう見える」ことを短絡したベルクソンの議論のひとつの特異な帰結であり、ここまで来てやっと、本章の出発点となった問い、つまり『シネマ』結論部の方法論にまつわる宣言が二巻にわたるこの本全体でなされた探究の文字通りの結論であることが把握できる。

> 映画の理論は、映画「について」ではなく、**映画が喚起する諸概念**についての理論であり、これらの概念はそれ自体別の実践に対応する別の概念と関わり、概念の実践〔＝哲学〕がほかの実践に対して何の特権ももたないのは、ひとつの〔実践の〕対象がほかの対象に対して特権をもたないのと同じだ。（…）映画の理論は映画を対象とするのでなく、映画**の**概念を対象とするのであって、これらの概念は映画そのものに劣らず、実践的、実効的、あるいは実在的である。（IT365–366/385 強調引用者）

映画は「イメージに内在的な思考」（IT226/243）の実践であり、映画に触発されそこに固有の思考を見出すことが、『シネマ』を映画〈について〉の概念を適用する書物ではなく、

28　とりわけ記憶については、ベルクソン自身が「脳は記憶を想起することに役立つが、しかしそれ以上にそれ以外の記憶をさしあたり遠ざけておくことに寄与する」（MM198/348–349）と述べている以上、彼にとってもこの奔流はつねに伏在しているだろう。

映画〈の〉概念を発明する書物にしている。映画は分解を待つ装置ではなく、観客に襲いかかる凶器である。ドゥルーズが概念を適用することを批判してやまないのは、たんなる思いつきを並べる「自由」を哲学に付与したいからではなく、観客の受動性をポジティブなものとして取り出すためであり、概念の創造はあくまでその帰結としてある。

したがってデューリングの第二の批判も同様に実践的態度の差異に帰着する。それは観客とエンジニアの差異であり、ホットかクールかという差異である。ホットであるとはイメージと概念の関係のなかに自身を投げ込むということであり、クールであるとは映画装置が持続に対して「外に身を置く」ように、イメージと概念の適合関係を外から操作することだ。ドゥルーズの適用批判は、イメージ〈について〉の概念を可能にする〈図式＝図法〉のフォーマットという第三項の排除を意味するからだ。「喚起」と「適用」の差異はたんなるイメージと概念のあいだにある矢印の向きの差異ではなく、それを実践する者のスタンスの差異である。

さて、これでデューリングの批判には応えた——というか、躱《かわ》した——ことにしよう。しかしわれわれはまだ問題の半分しか解決できていない。本章を通して映画〈の〉概念におけるイメージに対する観客＝哲学者の受動性の実践的な意義について、ある程度のところまではっきりさせることができた。しかし映画と哲学があくまで異質な実践であることについては、前者がイメージの思考であり後者が概念の思考であるという名目的な定義に頼ることとしかできていない。

先の引用では「映画の理論は映画を対象とするのではなく、映画の概念を対象とする」と言われていた。映画はイメージの実践であり、哲学者としての観客はそれを自身の実践の直接的な対象とすることは定義上できない（映画作家になるなら話は別だが）。哲学はあくまでイメージが喚起する概念を対象とする実践であり、「したがって、真昼であれ真夜中であれ、もはや映画とは何かではなく、哲学とは何かと問わなければならないときが、いつもやってくる」（Ibid.）。二巻の『シネマ』を締めくくるこの発言には、ふたつの重要なアイデアが折り込まれているように思われる。ひとつは、実践はあつかう対象の種類によって区別され、カントの〈批判〉がそうであったように、その越権が引き起こす特権的な「メタ学問」としての哲学という臆見をブロックするためにそうした区別が要請されるということだ。もうひとつは、「映画とは何か」という問いの**後に**「哲学とは何かと問わなければならない」ときが「やってくる」ということ、つまり、映画という他者による〈触発〉は哲学の〈自律〉をともなわなければならないということだ。

本章を通して考えてきたのが、映画がそれを論じる哲学に食い込むこと、跳ね返ることの受動性だとすれば、ここで新たに問われているのはイメージから概念が剥がれること、その剥離の内実である。『シネマ2』の六年後に刊行された『哲学とは何か』の冒頭には、「ただ、哲学とは何かと問うべきときがやってきただけである」（QP8/8）という言葉が、これら二冊の「のりしろ」のように置かれている。私はそれは老哲学者の枯淡の境地としての純粋哲学への回帰などではないと考えている。そこでなされているのはむしろ**不純であるための自律性の探求**であり、次章ではイメージと概念の剝離それ自体が映画の思考から引き出されたものであること、そして哲学の自律性と不純さの両立について考察する。

第3章　体系

地層概念の地質学

3-0 「地層」と後期ドゥルーズ

前章は『シネマ』が映画に見出す諸能力の公準（映画内的なレベル）と映画と哲学の関係（対映画的なレベル）を、イメージという概念によって撚り合わせることを試みたが、本章も同様に二兎を追うものとなる。

本書はその出発点から、ドゥルーズが哲学をどのような実践として定義したか／ドゥルーズ自身は哲学をどのように実践したかというふたつの問いに引き裂かれていた。前章では芸術の哲学的な把握（映画的能力論）が哲学の実践的な規定（批評的受容論）に跳ね返る過程を見た。映画のイメージに対する観客の受動性（知覚の外在性と身体の後発性）が哲学的実践の条件となっており、一方ではそこには両者を図式論的に媒介するのではない非美学的な実践が垣間見えているが、他方でわれわれはいまだふたつの実践について、映画がイメージによる思考であり哲学が概念による思考だという名目的な定義に留まっており、哲学に固有の実践性についてはほとんど何も語っていない。本章で取り組むのは哲学的実践について、〈体系＝システム〉という観点から実質的な規定を与えることだ。

本章では一九八〇年以降のドゥルーズのテクストに頻出する「地層」概念の変遷を辿る。とりわけその終端に位置する『哲学とは何か』（一九九一年）において地層は、哲学の体系としてのありかたとその歴史的な多様性というふたつの位相にまたがる概念であり、本章の問いにダイレクトに関わるものである。「カント哲学」とか「スピノザ哲学」と言うときにわれわれが想定している体系性とはどのようなものなのか、哲学史の各段階が「完成」に向かう途上にあるものとして相対化されるのでなく、それぞれなりに自律的な価値があるとするなら、それは体系という観点から見てどのようなものなのか、ある体系から別の体系への変形はどのようにして起こるのか。ドゥルーズはこうした問いに対して「地層」や「大地」といった地質学的な概念によって応答しており、こうした概念を起点に哲学にとっての体系の身分を考察することが、本章が追う一羽目の兎である。

しかし本章では『哲学とは何か』だけではなく『千のプラトー』（一九八〇年）と『シネマ2』（一九八五年）における地層概念の用法の分析にも取り組む。それはこの三つの著作にまたがる変遷において、〈体系の哲学的な規定〉が〈哲学における体系の規定〉に跳ね返る運動が記録されているように思われるからだ。地層概念はまず『千のプラトー』における物理学的、生物学的、人間学的なものを貫く壮大なシステム論を支える概念として登場する。それが『哲学とは何か』においては哲学的実践の体系性を説明する概念として用いられている。この間に何があったのか、という問いが本章にとってのもう一羽の兎であり、つまり全体としては、**(i)哲学の体系性およびその歴史的多様性のポジティブな規定**を担うことになる**(ii)**

「地層」という概念それ自体が辿った変形を調査することを目指す。言ってみればこれは地層概念の地質学 géologie であり、『哲学とは何か』が哲学を「地理哲学 géophilosophie」として規定するに至った地殻変動の記録である。

3－1　なぜ地層を概念にするのか

「地層 strate」という普通名詞が哲学的概念となるのは考えてみれば妙だが、「大地 terre」という語に込められた哲学的・神学的な含みに介入するためのものだと考えれば、地層の概念化の大ざっぱな意図はつかめるだろう。つまり、地層を概念とすることに見込まれているのは何よりまず、大地を不動で堅固な、われわれの実存の根拠＝土台 fond として考えることを忌避することにある。ハイデガーに顕著なように、哲学史においてしばしば大地はわれわれの生を「担うもの」と考えられてきた。そこでは絶対的に不動な大地の上に相対的に動的なわれわれの生があると考えられている。[1] しかしドゥルーズ＆ガタリは『千のプラトー』の第三プラトー[2]「道徳の地質学」においてこの定式を反転させる。絶対的な動性としての大地にわれわれの相対的に不動な生が貫かれているのだと。先に『千のプラトー』は物理学的、生物学的、人間学的なものにまたがる普遍的なシステム論の著作だと述べたが、著者らはそのシステムに安定的な土台を与えるのではなく、むしろ反対にもっとも手に負えないもの、もっとも速いもの、絶対的に担われざるものを話の前提に据えている。これは思考の「コペルニクス的転回」に比すことのできる、思考の「プレートテクトニクス的転回」であるだろう。

まずはひとつのエンブレマティックな風景描写として、次の一節を読んでみよう。

この地球 la Terre ──〈脱領土化されたもの〉、〈大氷河〉、〈巨大分子〉──は、器官なき身体に満たされている。この器官なき身体は、いまだ形式化されていない不安定な質料 matière や、あらゆる方向の流れに縦横に貫かれ、自由状態の強度や放浪する特異性、狂ったような移行状態の粒子が飛び交っている。だが、さしあたって問題なのはそのことではない。というのも、このとき同時に地球の上に、ある点ではありがたくもあるがある点ではかなり遺憾でもある、きわめて重要かつ不可避なひとつの現象が起きている。それは地層化 stratification という現象だ。地層はまさに「層」であり「帯」であって、その本質は、質料を形式化し、共鳴と冗長性に基づく安定したシステムのうちに強度を閉じ込め、特異性を固定して、地球というこの身体の上に大小の分子を構成し、それらの分子をさらにモル状の集合体へと組み入れていくところにある。(MP53-54/上93)

1　マルティン・ハイデッガー『芸術作品の根源』、一〇一頁、および石黒義昭「ハイデガーの大地概念」、七頁。

2　『千のプラトー』では「章」の代わりに「高原」を意味する「プラトー」がテクストのユニットとして用いられる。

ハードSFの冒頭のように見慣れないゴツゴツとした語彙に溢れているが、ここで確認しておきたいのは、ドゥルーズ&ガタリはここで「地球 la Terre」を地層化されざるもの（＝脱領土化されたもの）[3]として描きつつ、そこで起こりつつある地層化の運動をそれとは分けて描いていることだ。つまり「同時に」とは言いつつも理念的には地球＝大地は地層に先行するのであり（地層なき大地は想定しうるが、大地なき地層は想定できない）、刻々と砂紋が移り変わる砂漠や未分化の卵のように大地は純粋な流れに満たされている。「器官なき身体 corps sans organes」とは器官化＝組織化 organiser されざる身体であり、あるとき始まる卵割が質料に形を与え、器官を分化させるように、地層化は大地の運動を安定的な形態のなかに捕獲する。

つまり、大地は器官なき身体であり、地層化によって大地は器官化＝組織化されるのだが、ドゥルーズ&ガタリが強調するように、問題なのは「ある点ではありがたくもあるがある点では遺憾でもある」地層化の両義性である。したがって『千のプラトー』にちりばめられる「器官なき身体」、「絶対的脱領土化としての大地」、あるいは「分子状のものへの生成変化」や「機械圏」といったスローガン的に受け取りやすい概念にしがみつき、「脱」の運動を無批判によいものとする傾向には慎重にならなければならない。『千のプラトー』の読解において地層というある意味で「悪役」かつ「脇役」であるような概念を中心に据えることはその慎重さに資するだろう。

次の引用では大地と地層の関係について別の観点からの説明が補足されている。

たしかに、われわれは地層と脱領土化された共立平面〔＝大地〕のあいだの大づかみな二元論や対立に満足することはできない。つまり、地層はそれ自体相対的な脱領土化の速度に突き動かされるとともに限定されているのである。しかも、絶対的な脱領土化はそもそもの初めからそこにあり、地層とは存立平面上での降下ないしは凝固であって、存立平面はいたるところに存在し、いたるところで第一のものであり、つねに内在的である。（MP90/上154）

大地と地層とはテーブルとその上のコップのように相互に外在的に存在しているのではなく、地層はつねに大地の一部としてある。大地は絶対的な脱領土化そのものであり、地層化はそれを相対的に安定的な形態のもとに組織化するが、それは大地を締め出すことを意味せず、むしろ大地はつねに第一のものとして地層に浸潤している。つまり大地／地層はたんに捕獲されるもの／捕獲するものの関係にあるのでも、あるいは土台／上物という関係にあるのでもなく、地層化はつねに大地のうちで起こる相対的な減速である。

3　のちにもう少し詳しく定義することになるが、ここでは「脱領土化」を形がほどけること、不安定化すること、というくらいの意味で理解しておく。

さて、ここまで見てきたのが地層概念の基本的な設定であり、仮にこれを地層の存在論的な相に関わる規定だとしておこう。次に見るのはそこから引き出される認識論的あるいは実践的ないくつかの利点である。

地層は絶対的な脱領土化としての大地に内在しており、それぞれの地層の安定性はつねに相対的なものである。このことから導かれるメリットのひとつは、諸々の地層の重畳を「段階的に秩序づけられ、完成に向かって様々な度合いを経由するものであるかのように、それら〔＝諸地層〕のあいだに、ある種の宇宙的あるいは精神的であるような進化を導入する」（MP89／上152）ものとして考えることを避けることができるということだ。

私というひとりの人間は諸々の分子の集合としても、あれこれの遺伝子の表現型の集合としても、社会‐心理学的な諸々のファクターの帰結としても構成されている。地層とはさしあたりそうした種別的な個体化のファクターの謂であると解するとして、その複合を段階的な基礎づけの秩序として理解することをドゥルーズ＆ガタリは斥けている。

いちど反対の立場から、地層をミクロ物理学→化学→分子生物学……といった段階的かつ固定的な基礎づけの秩序とすることにどういう問題があるのかを考えてみよう。これはいわゆる「還元主義」的な発想だが、このときそれぞれの地層はつねにそれに先行する地層によって説明されることになる。これを敷衍すると、地層の重畳はすべてがそこに**還元される**土台としての「物質」から、そのように**還元する**「精神的なもの」としての科学に至る宇宙の「進化」として描き出されることになる。

ドゥルーズ&ガタリはそれではダメだとしているわけだが、その理由のひとつはヒューリスティックなものであると言えるだろう。彼らは現代はとりわけ「どの地層がどの地層と交通するか予測することができない」（MP89/上153）時代だと述べる。たしかに、放射線が人体を蝕み、コウモリからヒトに感染したウイルスがパンデミックと同時にインフォデミックを引き起こし、海洋プラスチックを食べる虫が研究されるように、実際にわれわれの身の回りで起こっていることを考えるうえで、地層の固定的な階梯に縛られない絶対的脱領土化を想定することは、ひとまず経験的に言って役立ちそうである。還元主義的な態度にとらわれず、地層間の飛躍がどのように機能するのかという視座を確保できるからだ。

もうひとつの理由はより理論的な戦略に関わる。むろんここに挙げた例のような「風が吹けば桶屋が儲かる」的な飛躍を還元主義的に説明することも、理念的には可能であるだろう。しかし著者らの狙いはおそらくこうした理念性そのものを相対化すること、そしてその由来を暴き出すことにある。ドゥルーズ&ガタリは還元主義的な「科学的世界観」を、あらゆる地層を単一の「記号体系」に「翻訳」することによって形作られるものとして捉えている（MP81/上138–139）。[4] ここで「翻訳」とは言語間の翻訳ではなく、物理学的、化学的、生物学的、心理学的等々の多様な地層が科学的言語によって記述されることを指しており、「還元」

4　より正確にはこの文脈における科学批判は『千のプラトー』における「王道科学 science royale」批判に対応する。「マイナー科学 science mineure」はむしろ単一の地層への切り詰めに抗い脱地層化する物質の速度と関係する（MP446–464/下32–58）。

に近い意味で用いられている。このとき科学は、翻訳**される**諸々の地層を翻訳**する**ものとして、地層および大地からおのれを切り離している。科学的世界観は大地への内在を毀損し、超越の契機を呼び込んでしまうのだ。大地を絶対的脱領土化として、そして地層を内在的なものとして措定することに見込まれているのは、こうした超越に抗う批判的な価値である。彼らは翻訳によって記述される物質と記述する精神の階梯的分割を「言語の帝国主義」、「シニフィアンの帝国主義」と呼ぶが、そうした科学的記号の専制によって「人間を構成する錯覚 illusion constitutive de l'homme」が生まれるのだとしている（MP82/上140-141）。

「道徳の地質学」というプラトーの全体のもくろみは、こうした人間中心主義的な錯覚の由来を解明すると同時に、人間を地層に埋め込みなおすことにあるだろう。すこし横道にそれるが、「人間を構成する錯覚」は、われわれが第一章で見たカントにとっての「理性に内的な錯覚」や、第二章で見たベルクソンにとっての「映画的錯覚」に次ぐ、人間に避け難くそなわっている知的な傾向が引き起こす障害だ。そもそもカント、ベルクソンにおける錯覚の概念化とそれへの介入にドゥルーズがしばしば関心を示していることからもわかるように、言ってみれば彼にとって**批判的であることはすなわち予防的であること**なのだ。その意味で**ドゥルーズの哲学は「用心」の哲学なのだ。**われわれは放っておくと物自体を認識できると思い込むし、運動を不動のコマにバラしてしまうし、科学的言語の普遍性を信じてしまう。それは計算間違いのような知的能力を襲う偶発的な「誤謬」ではなく、知的能力そのものに内属する傾向性が生み出す「錯覚」である。[5]『千のプラトー』に通底する「動物への生成変化」という気宇壮大にも見えるプロジェクトをたんなる文学的な反道徳のアジテーションに留まらないものにするためには、**そしてそれ自体が新たな超越に堕さないように用心するためには、**〈人間〉という錯覚の診断が基盤になければならない。

地層のシステムはシニフィアン－シニフィエとも、下部構造－上部構造とも、物質－精神ともまったく関係がない。こうしたものはすべて、あらゆる地層をひとつに切り詰める手口、あるいは〔絶対的〕脱領土化としての共立平面からシステムを切り離すことによって、システムを自閉させるやり口だ。（MP92/上157–158）

精神的なものと物質的なものの関係をシニフィアン（意味する記号）とシニフィエ（意味される内容）の関係と考えるとき、われわれはそこに一方的な規定作用を想定している。未分化な世界を言語が分節し、世界が秩序づけられるという発達論的な世界観だ。反対にマルクス主義的な上部構造－下部構造と考えるとき、物質的なものはそこで生み出されるイデオロギーを規定するものと考えられる。しかしドゥルーズ＆ガタリにとってはどちらでも同じことなのだ。それは第一に、いずれもシニフィアン＝上部構造を地層に対して外在的で超越

5　「カントが指摘したのは次のことであった。思考は、誤謬によってというより、むしろ避けがたい錯覚によって脅かされているのであり、そうした錯覚は、どんな羅針盤もその針が狂う、言わば内なる北極としての理性の内部から到来する」（QP55/95）。

的なものとしていることにおいて、そして第二にシニフィエ≒下部構造内部の地層の多様性が「物質」の名のもとに均されることにおいて、科学的世界観もマルクス主義的世界観も変わらないからだ（マルクス主義が「科学的」であるのはこの意味でのことだと言えるだろう）[6]。

　絶対的脱領土化としての大地は、〈人間〉を地層から切り離し、地層の多様性を圧殺する錯覚を批判的に診断する視座を提供する。科学的言語でさえひとつの地層であり、大地に内在するものである以上、かつての山が海に沈み込むように脱領土化から無縁ではいられない。

〈人間〉を構成するものについてより倫理的な観点から言えば、ドゥルーズ＆ガタリは「有機体 organisme」、「意味性 signifiance」そして「主体化 subjectivation」がわれわれをもっとも直截に拘束する地層となっていると述べる（MP197/上327）。これらをそれぞれもっと身近な言葉に置き換えれば、「健康」、「空気を読むこと」、「自己責任」に対応するだろう。

　われわれは**健康な**有機体として、諸々の器官を組織し、身体を適切に分節しなければならない（「手はお膝……」）。われわれは**空気を読む**解釈者として他人の顔色を伺い、自身の意味がそれに沿うよう配慮しなければならない（「何だその顔は……」）。そしてわれわれは**自己責任**の主体として、言われた言葉のなかの「私」というシニフィアンにそれを言った私をシニフィエとして詰め込まなければならない（「君が言ったんだろう……」）。

〈人間で**ある**こと〉に抗って〈動物に**なる**こと〉という『千のプラトー』を貫く倫理的な主

題は、こうしたわれわれを拘束しわれわれ自身を形作る地層からの脱出のプログラムであるのだが、ここでは一足跳びに地層の外を目指すのでなく、「ある点ではありがたくもあるがある点ではかなり遺憾でもある」地層そのものの構成原理を見ていくことにしよう。「何かがどのようにして地層から脱するのかと問うべきではなく、むしろすべてのものがどのように地層の中に入るのか問わなくてはならない」（MP74/上127）。

3-2　地層のエレメント

ここまでは地層という概念について、それ自体の内実というよりはそこに見込まれている批判的な価値という観点から説明してきたが、本節では『千のプラトー』における地層概念の成り立ちを論じる。まずはその目的をはっきりさせておこう。

先に見たようにドゥルーズ&ガタリは言語によって形作られる科学的世界観について、それが大地から自らを引き剝がし超越的な観点から地層の多様性を均してしまうことを批判していた。それに対して「地層のシステム」は大地への内在を前提としている。しかし、**このようなシステムを措定することが言語を通しておこなわれている以上、「翻訳」に留まらない――あるいはその手前にある――言語の内在的使用の方途が、地層概念には埋め込まれて**

6　地層のシステムという観点からなされるマルクス主義批判については（MP88/上151-152）を参照。

いるはずである。『シネマ』が「イメージ」という概念に巻き込まれて受容論的なレベルを呼び込むのと同じように、絶対的脱領土化としての大地という概念は「について」という記述的な距離化を許さないはずだ。

「道徳の地質学」の奇妙な叙述形式はこのことの傍証となる。著者らはこのプラトーを、コナン・ドイルの小説『失われた世界』に登場するマッド・サイエンティスト、チャレンジャー教授による架空の授業風景を描写するという設定で書いている。これは決してたんなる文学的な趣向ではないだろう。授業が進むにつれチャレンジャーの声は獣じみた金属的なものとなり、聴衆は次々と席を立ち、最後には教授の体は液化して流れ出し大地へと飲み込まれてしまう（MP93/上161）。同じことはドゥルーズ&ガタリにも当てはまるはずである。しかしそれはたんに誰しもいつかは死んで土に還るということではないはずだ。

逆に考えてこう問うてみるとすっきりするかもしれない。大地や地層という概念を論じるうえで、論じられるところの内在的運動に巻き込まれることをポジティブに引き受けるような言語使用の方途がそこに見出せ**ない**とするなら、それはたんに人はいつか死ぬし永遠のものはないと**超然と**言ってみせることと何が違うのか、と。〈超然と内在を言うこと〉と〈内在的に言うこと〉のあいだにはどんな違いがあるのか（その意味で架空の講義の描写という形式は、言わば測鉛としてチャレンジャーを送り込んで内在を超然と言うだけで済ませる口実になりかねない危ういものである）。

こうした問いに答えることを目的としつつ、地層概念の構成要素を見ていこう。図式的に見るなら、地層概念はそれ自体を構成する要素（地層一般に関わる相）と、そうした要素の関係によって形成される異なるタイプの地層（地層の種別化に関わる相）というふたつの側面をもっている。これは以下のように整理できる。

(1)ひとつの地層は「表現」と「内容」の結合によって形成される。さらに表現と内容はそれぞれ「形式」と「実質」の結合によって形成される。これが地層を構成する「二重分節」と呼ばれる。

(2)表現と内容の関係のタイプにしたがって、地層は大まかに三つのタイプに区別される。それぞれが「物理‐化学的地層」、「生物学的地層」、「人間形態的地層 strate anthropomorphe」と呼ばれる。

このうち、われわれの関心はとりわけ人間形態的地層における言語の位置づけに向けられているが、二重分節の様式、そして人間以前のふたつの地層をスキップしてその問いに取り組むことはできない。本節で(1)について、次節で(2)について順に見ていこう。

表現と内容、そしてそれぞれに含まれる形式と実質による二重分節というアイデアは、デンマークの言語学者、ルイス・イェルムスレウに由来する。イェルムスレウはソシュールの言語学に大きな影響を受けているが、ドゥルーズ&ガタリは両者の差異を決定的なものとして、そこから「道徳の地質学」全体を貫くアイデアを引き出している。

表現と内容の二元論はソシュールのシニフィアンとシニフィエの二元論に由来しているが、先にも述べたように、シニフィアン／シニフィエという概念には、規定／被規定という非対称性がある。しかしイェルムスレウの「表現」と「内容」のあいだには一切の規定／被規定の関係がなく、それどころか因果関係も前後関係も結合の根拠もなく、両者はどこまでも**ただたんに**区別されつつ**ただたんに**結合している。しかし表現が表現として、内容が内容として機能するためには互いに結合する必要がある。これが表現と内容の相互排他性と相互前提性である。

このことはソシュールにおいても、彼がシニフィアンとシニフィエの結合を「恣意的」なものとしているようにすでに考えられていたことではあった。[7]しかし平田公威が指摘するように、ソシュールはシニフィアンとシニフィエが結合する場を「脳」として実体化しており、そこには「意識をもった個人というモデル」が言語学的分析の条件として温存されている。[8]つまりわれわれのボキャブラリーで言えば、ソシュールは一方でシニフィアン／シニフィエを異質なものとしつつ、そのテーブルの下で両者の予定調和的な媒介をあらかじめ用意しておく図式論的な思考に留まっている。彼が言語は「形式」であると言いながらシニフィアンを「聴覚イメージ」、つまり音声として実体化せざるをえないのは、形式化の不徹底であると同時に、発話する意識的な個人という前提を脅かさないためでもあるだろう。

それに対してイェルムスレウの表現／内容は、「形式」としての言語というアイデアを推し進めるものであり、だからこそ形式を担うものが何であるか（音声であるか文字であるか）は副次的な問題であり、さらに、シニフィアンに類するものを「表現」と呼んでシニフィエに類するものを「内容」と呼ぶのはあくまで慣習に則ってのことにすぎない。つまりあくまでふたつの側面は相互排他的で相互前提的なものとして考えられている以上、形式的にはそれを反転させても何の違いもないのであり、先にも述べたように両面の結合は予定調和的に保証されることを必要としていない。ソシュールにとってはあくまであれこれのシニフィアンがどのようなシニフィエに対応するかが記号の「恣意性」であったのに対して、イェルムスレウにとってはそこに留まらず、何を記号とし何をその内容とするかという振り分け自体の「恣意性」から出発することが言語の形式的把握の条件となっている。[9]

それではイェルムスレウの二重分節について具体的に、フランス語で「牡牛」（＝内容）を意味する « bœuf »（＝表現）という語を例に取って考えてみよう。[10] /bœuf/ という文字列は、それ自体は意味をもたない /b/ や /œ/ といった要素に還元することができる。これを書記素

7　Ferdinand de Saussure, *Cours de linguistique générale*, pp. 53–56［一〇三－一〇六頁］.

8　*Ibid.*, p. 19［二七頁］. 平田公威「『千のプラトー』における言語学受容について」、二六七頁。

9　Luis Hjelmslev, *Prolégomène à une théorie du langage*, p. 79［七二頁］.

10　以下の説明では *Ibid.*, pp. 65–79［五八－七二頁］、および平田「『千のプラトー』における抽象機械の理論について」を参考にした。

と呼ぶ。書記素はフランス語において様々な配列のもとに結びつけられるが、あらゆる可能な結合がなされるわけではない（/dutrhao/ という語は存在しない）。つまりそこにはなんらかの規則性があり、フランス語という体系は一面ではそれらの規則の総体として把握される（たとえば書記素レベルでは /q/ の後には必ず /u/ が続き、文法レベルでは名詞は必ず何らかの冠詞、指示詞、所有詞といった限定辞をともなう）。

他方で、/bœuf/ は牡牛という観念と結合している。牡牛という観念はフランス語のアルファベットの配列規則や文法構造とは独立に、フランス語話者のもつ観念の多かれ少なかれ構造化されたネットワークのなかに位置している（たとえば牡牛は動物→哺乳類→偶蹄目であり、あるいは鴨や豚と同様食肉となる）。つまり表現には表現の、内容には内容の体系性が存在する。

牡牛 = /bœuf/ として実現される内容と表現の結合関係は、ふたつの体系が交差する地点に生まれるが、そこにはたんに事実としてそうなっているという以上の含みは一切ない。イェルムスレウの言語学は、ある語がそう使われているという事実の収集と、その過剰なまでの形式化という企図のもとに成り立っている。つまり、意味や指示や論理といった、**表現と内容の結合の結果として生まれるものを結合の根拠にすり替えることを徹底的に避けている**のだ。[11] ドゥルーズ&ガタリにとってイェルムスレウ言語学が『千のプラトー』における内在主義のインスピレーションとなったのは、彼のこうした、異質なものの結合の超越的な意味づけを徹底的に排するアプローチによるだろう。

次に形式と実質について。表現には形式と実質があり、内容も同様である。表現面にある /bœuf/ という書かれた語にとって形式とは /b/ や /œ/ といった書記素を成り立たせる規則であり、たとえば雑に書き殴った文字においていかに /b/ が /p/ と視覚的に類似していても、両者は権利上区別されており、この区別が言語記号の形式的な把握の条件となる（フランス語の規則において /b/ が同時に /p/ であることはない）。これに対して表現の実質とは、/b/ なら /b/ という書記素を具体的に実現する個別の筆跡や活字の形状やディスプレイの光である。したがってある表現の形式を担う表現の実質には無限のバリエーションがあり、ふたつの形式的に区別される書記素のあいだには実質の側から見れば連続的なグラデーションがある。これに対して、牡牛という観念を内容とするならその形式は牡牛という語の辞書的な定義であり、そこに含まれうる個別の話者が思い描く個別の牡牛が内容の実質である。ここでも（事実の集積から導かれる）規則的な一般性と無限のバリエーションが組み合わされている。

ここまでは言語体系を所与のものとして遡行的に説明したが、発生的に考えるなら、ある書記素が文字として形式化されずにただの絵や線ののたくりである状態や、ある観念が形式化されずに、より一般的な観念と区別されることなくそこに含まれている状態を想定するこ

11　これが『差異と反復』における共通感覚批判のロジックと同形であることは注目に値する。ドゥルーズとイェルムスレウの親和性はこの点にも表れていると言えるだろう。

とができる。イェルムスレウが「質料 matière」と呼ぶのは表現においても内容においても形式化されざるものであり、これはある言語体系に時間的に先行すると同時に、すでに成立した言語体系を取り囲んでもいる。質料は表現と内容のシステムに入り込みうるものであり、日本語の歴史においてもともと漢字であった「以」から「い」という文字が生まれ、「ゐ」という表記がほとんど消失したように、ある形式から別の形式への移行を可能にするポテンシャルとしても、破壊的な力としても機能するだろう。

ドゥルーズ＆ガタリの議論に折り返そう。ひとつの地層が表現（の形式と実質）と内容（の形式と実質）の二重分節によって形成されるとするなら、そこに浸潤することによって形式を変形・破壊させる質料は大地に対応する。イェルムスレウにおける表現と内容の純粋な結合はその極端な抽象性によってすでにきわめて拡張的なアイデアであった。フランス語の書記体系を表現とし音声体系を内容としてもいいし（黒板に書かれた単語の発音を練習するときのように）、日本語の書記体系を表現としフランス語の音声体系を内容としてもいいだろう（われわれが彼らのあいさつを「ボンジュール」と表記するように）。**異質なふたつの系列の多かれ少なかれ規則的な対応関係が観測されれば、どこにでも表現と内容を見出すことができる。**抽象化を果てまで進むことによって初めてあつかわれうる言語の実相を拓いたことがイェルムスレウの功績であり、ドゥルーズ＆ガタリはそれをさらに言語以外の領域に拡張する。

3-3　動物になる前に――剝離する表現（1）

本章の第一節では『千のプラトー』における地層概念に賭けられた内在主義という企図について、そして第二節ではこの概念の構成要素としてのイェルムスレウ的な二重分節について見た。後者において言語はその外在的な機能を括弧に入れて考えられており、そこにはドゥルーズ&ガタリが批判する「シニフィアンの帝国主義」から離れた言語の捉え方があらわれている。

しかし二重分節における表現／内容、そして形式／実質の一覧表をいくら眺めてみても、そのどこから「翻訳」におけるシニフィアンの一方的な規定性が立ち上がってくるのかは見えてこない。それはひとつにはイェルムスレウの分析があくまで言語の構造的理解に向けられたものであり、シニフィアンを括弧に入れることがそのための方法論的な手続き以上のポジティブな意味をもっていないことによるだろう。ドゥルーズ&ガタリが二重分節というアイデアを言語学的領野から解放して地層のタイポロジーに用いるのは、それによって無機物／生物／人間という異なる「界」を一貫した枠組みのなかで差異化することで、人間における**「超越」という習性**がどこから生まれるか検知するためであるだろう。二重分節の極端な形式性は内在／超越の分水嶺として機能するのだ。

事実、物理-化学的地層から生物学的地層へ、そして人間形態的地層という三つの地層のグループを形成するふたつのジャンプは、以下で見るようにある種の「創発」として考えられており、それはひとつめのジャンプによる表現と内容の分離、そしてふたつめのジャンプによる（表現と内容それぞれにおける）形式と実質の分離の発明として論じられる。つまり人間形態的地層とはそこで初めて二重分節が十全に実現される場であるのだが、同時にそれは〈シニフィアン〉が生まれる場でもあるのだ。内在主義という企図と二重分節という枠組みを交差させることの意義は、煎じ詰めれば人間形態的地層のこのアンビバレンスに介入することにあると言えるだろう。

今後の議論のために、人間形態的地層とそのうちで生まれる〈人間を構成する錯覚〉をそれぞれ「人間**形態**主義 anthropo*morph*isme」と「人間**中心**主義 anthropo*centr*isme」と呼んで区別することにしよう。この区別は一方で人間の外部に置かれた動物への生成変化を超然と言って済ませる傾向に対する用心として、他方で人間形態主義が人間中心主義を必然的に導くわけではないという可能性をポジティブに言うことに資するだろう。

さて、まずは地層のシステムにおける人間中心主義の発生機序を見ていくのだが、ここではわれわれの関心に照らして、人間形態的地層を蝶番のようにしてそれ「以前」としての生物学的地層とそれ「以後」としての人間中心主義を主な検討の範囲とする（以下、矢継ぎ早に新たな用語が出てくるので、混乱した場合は本節末尾に付した各地層のタイプの特徴をまとめた**表**を確認されたい）。

物理−化学的地層について最小限の説明をしておくと、そこで表現と内容は、前者は「モル状」であり後者は「分子状」であるとして、大きさのオーダーによって区別されると同時に、両者の「共鳴」によって地層化が起こるとされている（MP75/上129）。これはたとえば結晶の形成において、結晶核と媒質のあいだの分子レベルの適合関係（＝分子状の内容）によって、できあがる結晶の巨視的な形態（＝モル状の表現）が規定されることを示している（硫黄であれば核と媒質の関係によって結晶のユニットが八面体になったり角柱になったりする）。つまり物理−化学的地層においてモル状の表現は分子状の内容に依存しており、表現と内容の区別は同一の基体におけるもっぱら「形式的な区別」だとされる。[12]

それに対して生物学的地層において初めて、表現と内容の分離が実現される。ドゥルーズ&ガタリはこの点について、生体内におけるタンパク質の合成プロセスを範例的な事例とし

12　なおここではジルベール・シモンドンの「物理的個体化」の議論が参照されている（Simondon, *L'individuation à la lumière des notions de forme et d'information*, pp. 79-80［一〇八−一一〇頁］）。「道徳の地質学」全体の枠組みは、イェルムスレウの二重分節とシモンドンの個体化論の掛け合わせとして見ることができる。この交差の利点は、シモンドンが「物理学的個体化」に見出される「転導 transduction」や「共鳴」といった現象を個体化一般に敷衍するのに対して、表現と内容の**分離**を基底に据えるイェルムスレウを導入することによって、地層化そのものの相対性と三つのタイプの地層化の異質性を主張できる点にあるだろう。つまりドゥルーズ&ガタリにとって普遍的なのは個体化の法則ではなく絶対的脱領土化であり、これが表現と内容の形式化の相対性、両者の結合のタイプの異質性を言う根拠になっている。なおシモンドンにおける「共鳴」については堀江郁智「シモンドンにおける「情報」と「内的共鳴」」を参照。

て論じている。

生物の身体は器官や酵素や抗体などの素材となる膨大な種類のタンパク質が合成されることによって成り立っている。この合成はDNAの情報をもとにしておこなわれるが、このプロセスの大まかな登場人物はDNA、RNA、そしてアミノ酸とタンパク質である。まず細胞核内でRNAにDNAの塩基配列が転写され、タンパク質合成がおこなわれるリボソームに移動する。RNAに並ぶ四種類の塩基の配列は、三文字からなるひとつの単語のように三つごとにひとつの種類のアミノ酸に対応している（塩基のトリプレットには合成の開始と終了を示すものもある）。そうして塩基配列から翻訳されたアミノ酸の列（＝ポリペプチド鎖）が折りたたまれることでひとつの複合的かつ三次元的なタンパク質が合成される。

こうしたプロセスを二重分節のボキャブラリーで説明するにあたって、ドゥルーズ＆ガタリはDNA－RNAにおける塩基の配列を「表現の形式」に、個別の塩基を「表現の実質」に割り当て、タンパク質を「内容の形式」に、それを構成する個々のアミノ酸を「内容の実質」に割り当てている。

ここで表現が内容から分離したものとして考えられているのは、ひとつにはそれぞれが別個の基体に対応しているからであり、第二に一方が他方を規定するという関係ではなく、両者のあいだにあるのは進化の歴史そのものに相当する無数の試行のなかで確立された適合関係だからだ。つまり、DNAのコードが特定のタンパク質の「設計図」となるとか、あるいは前者が後者を「意味」しているという言葉は説明の便宜上必要とされることはあっても、そこにそれ以上の含みをもたせるべきではない。遺伝的なコードはシニフィアンではないし、「一義的に規定されるのは、あくまであるアミノ酸がほかのアミノ酸よりも三つのヌクレオチド〔＝塩基〕からなるひとつのシークエンスによく対応するというだけのことだ」（MP77/上133）。

そしてまた、内容に対する表現の独立は、遺伝子の突然変異におけるような表現の自律的変動の存在を含意している。一群の表現と内容の安定的な対応関係は、グレゴリー・ベイトソンが「ストカスティック・システム」[13]と呼んだような無数の確率的な試行のうえに成り立つものであり、進化による適応を生物の本領とするならば、安定的な反復のほうがむしろ無数の「失敗」のネガである。ドゥルーズ&ガタリが異なる種をまたいで拡散するウイルス――それ自体はタンパク質を合成する機構をもたない――に着目するのも、そこでこそ表現の剥離のポジティヴな機能が見出されるからだろう。

表現の剥離を前提とした変異（＝脱コード化）が生み出す表現‐内容関係の攪乱にともなって脱領土化が起こり、それがまた――運がよければ――別の表現‐内容関係のもとに安定化する（再領土化する）。「コード」とは形式間の安定性に関わり、「領土」とは実質間の安定性に関わるものだ。生物学的地層における表現の剥離とは、物理‐化学的地層においては

13　グレゴリー・ベイトソン『精神と自然』、第六章。ドゥルーズ&ガタリは同様の認識――類型に対して統計的母集団 population を、形態の完成の度合いに対して分子的なものの微分的関係を置く――をダーウィニズムの発明と評価している（MP63–65/上110–112）。

ロックがかかっていた「脱」の運動が解除されることに対応する。

しかし人間学的地層においては、表現と内容の独立だけではなく、それぞれにおける形式の実質に対する独立が実現される。それは前節で見たとおり、イェルムスレウの言語学的分析においては形式における排他的な区別と個々の形式を担いうる実質の連続的なバリエーションの両立という事態に対応する。

とりわけ表現という面から見るなら、生物学的地層においては表現の形式と実質は厳密に一対一対応しており、実質（＝塩基）における変化はそのまま形式（＝その配列）の変化である。しかし言語においては「同じひとつの形式がある実質から別の実質に移行する」（MP81/上139）こと、つまり同じ語が様々な筆跡や支持体、音声によって実現され、このことが言語の拡散あるいは再生産の条件となっている。この条件がなければ言い伝えも印刷術も存在しない。

しかし同時に、表現形式のこの奇妙な浮動によってこそ「翻訳が可能になる」（MP81/上139）。つまりそれによってあらゆる地層の多様性、そして大地の絶対的動性がスキップされ、すべてを等質的な記号体系に押し込めるものとしての〈シニフィアン〉が立ち上がるのだが、ドゥルーズ&ガタリはこれを「超コード化」の作用と呼んでいる。先に見たようにコード化が表現－内容の形式レベルでの安定的な適合関係を指すのに対して、**超コード化とは表現の形式の内容の形式に対する優位を指している。**〈シニフィアン〉とは剝離した表現形式であると同時に、その形式にしたがって内容をも形式化する超コード化の座であるのだ。

> シニフィアンの愛好家たちはあまりに単純な状況を暗黙のモデルとしている。言葉と物、というのがそれだ。彼らは言葉からはシニフィアンを抽出し、物からは言葉に適合した、つまりシニフィアンに従属したシニフィエを抽出する。彼らはこうして言語に等質的な領域の内部に身を落ち着ける。（MP86/上 146–147）

表現形式の浮動によって、人は〈言葉〉という世界を獲得する。世界は言葉とそれによって指示される物に切り詰められるが、ドゥルーズ&ガタリの批判はそうした人間中心主義的な「世界 Welt」は実のところひとつの「環世界 Umwelt」なのだと示すことに向けられており、そこで働いているすり替えこそが〈人間を構成する錯覚〉なのだとされる（MP81/上138）[14]。「これ［＝あらゆる地層を逸脱するような錯覚］こそが人間を構成する錯覚である（いったい人間は自分を何だと思っているのか）。それは言語それ自体に内在する超コード化の作用から派生してくる錯覚だ。**しかし、こうした内容と表現の新たな配分自体は、錯覚などではない**」（MP82/上 140–141 強調引用者）。つまり、**錯覚としての人間中心主義は表現形式の**

14　「環世界」は生物の主観的現実を指すものとしてユクスキュルによって考案された概念である。とりわけ環世界と科学の関係についてはユクスキュル＋クリサート『生物から見た世界』、第一四章を参照。

剝離を前提としているが、その剝離自体は錯覚ではなく、ポジティブな身分のもとに捉えられるべきものだ。

実際にドゥルーズ&ガタリは、表現の形式の分離が必然的に〈シニフィアン〉を呼び込むわけではないと考えている。これは第五プラトー「いくつかの記号の体制について」において、記号の「シニフィアン的体制」と区別される「プレ・シニフィアン的体制」、「逆シニフィアン的体制」、「ポスト・シニフィアン的体制」といった、非シニフィアン的な体制の多様性を描き出すことに取り組んでいることにもっとも明白に表れている。ここではあくまで「道徳の地質学」における地層のシステムのなかでの、人間形態的な非シニフィアン性一般に当てはまることを見ていく。

シニフィアン的体制（＝人間中心主義）の手前にある人間形態的地層（＝人間形態主義）の体系性は、第一に人類史的なスケールの導入、そして第二に、形式だけではなく内容における形式と実質の分離の捉えなおしというふたつの戦略を交差させることによって定式化が試みられている。

ドゥルーズ&ガタリはアンドレ・ルロワ＝グーランの『身ぶりと言葉』における進化人類学的な分析に依拠して、文字通り「人という形」がどのように出来したのかということを二重分節の枠組みで捉えなおしている。彼らによれば人間における直立二足歩行という形態の現出が人間形態的地層の条件をなしており、具体的にはそれは一方で〈重力からの頭部の解放〉、他方で〈地面からの前脚の解放〉というふたつの並行的な脱領土化である。[15]

胴体に頭部が乗っかることで前方に張り出した頭部を支える太い頸椎は不要になり、咽喉に広大なスペースが確保され、分節された声を発することができるようになる。脱領土化した頭部としての顔が音声言語と再領土化するのだ（「なんと奇妙な脱領土化であることか。自分の口を食物や雑音ではなく、言葉で満たすとは」（MP80/上137））。そして直立化によって地面から脱領土化した前脚としての手は、親指と他の四指を対応させる形に変形し、そこには筒状のスペースが生まれ、それが道具とともに再領土化する（「手はたんに〔地面から〕脱領土化された前脚なのではない。自由に使える手は物を摑むことで移動するための猿の手と比べても脱領土化されている」（MP79/上136[16]））。

15　われわれにとって興味深いのは、ルロワ＝グーランはすでに、脳の容積が拡大し知能が発達することによって言語－道具が可能になったという脳中心主義的なモデルから——ソシュールとは対照的に——手を切っていることだ（『身ぶりと言葉』、一二九、一四八、一九三頁）。

16　手と口の非並行的な進化（そして脳中心主義の忌避）という観点から興味深いのは、嶋泰三による初期人類の骨食仮説である。嶋によれば、とりわけ類人猿において手指および歯列の形状と食物との適合関係がそれぞれの種のニッチとしての主食を決定する（嶋はこれを「**口と手連合仮説**」と呼ぶ）。彼は初期人類は草原に転がる、肉食動物が捕食した屍体の骨を安全な森に持ち帰って石で割り、嚙み砕いて食べることで、競合する種のないニッチを開拓したのではないかという仮説を立てている。他の類人猿と比べて分厚いエナメル質に覆われた人間の臼歯は骨をすりつぶすのに役立ち、運搬する骨によって塞がれた手は直立化を促しつつ道具を保持する手にスライドする（嶋泰三『親指はなぜ太いのか』、第七－八章）。

口は言葉とともに、手は道具とともに再領土化する。これが人間形態的地層に固有の「内容と表現の新たな配分」を生み出す。ドゥルーズ&ガタリは人類史的なパースペクティブのもとで、イェルムスレウにあってはいまだ言語的領野に限定されていた二重分節を拡張し、表現に〈口‐言葉〉を、そして内容に〈手‐道具〉を割り当てる。このような新たな配分の素地としての身体の脱領土化＝直立化は生物学的地層によって準備されているが、それが言葉／道具と再領土化することで生まれるものはそれをはみ出している。というのも、生物学的地層における細胞や個体の再生産＝生殖が「同種形成的 homoplastique」、つまり同じ種の異なる個体の再生産であるのに対して、言葉や道具は、それを生み出すものとは別種のものとして生産される、つまり「異種形成的 alloplastique」な作用によって生産されるからだ（MP79/上 135）[17]。

他の地層のタイプに対する人間形態的な地層の固有性は、この異種形成性にあるのであり――ドゥルーズ&ガタリは『千のプラトー』の結論部で「人間形態的あるいは異種形成的地層」という表現を繰り返し用いており、人間形態主義と異種形成性はそこで同格のものとして位置づけられている――それは表現／内容を形式化するものとしての口／手と、それによって形成される言葉／道具の分離を指し示している。そうして生み出された言葉や道具は生物学的環境に上書きされる人間形態的な環境としての社会を作り出す。

人間形態主義は一方で形式と実質の分離による異種形成性によって生物学的地層から区別され、そして他方で内容をシニフィエという地位から解放することで人間中心主義からも区別される。したがって、『千のプラトー』の読解において〈人間であること〉に対置するかたちで〈動物になること〉をたんに称揚するのは片手落ちであり、それが後者を超然と言って済ませる口実を与える限りにおいて有害ですらある（このような罠から無縁のドゥルーズ研究を私は知らない）。動物になる前にやることがあるのだ。それは人という形をポジティブに描き出すことであり、ここでそのポジティビティは〈口‐言語〉と〈手‐道具〉の二元性によって、脳‐意識中心主義およびシニフィアン的体制の普遍化をブロックすることに宿っている。

とはいえ、進化人類学的な議論の導入だけでは、結局のところ「プリミティブ」な人間と近代的な人間とのあいだに、動物と人間の関係に類比的な階層性・外在性を呼び込んでしまいかねない。表現と内容の二元性が真に批判的な力をもつためには、その十全な実現を失われた過去に見出すだけでなく、「科学的世界観」の跋扈する近代においてこそ見出されなければならないだろう。

17 この《homoplastique/alloplastique》という用語はフロイトが神経症と精神病それぞれにおける現実からの逃避の様態を分析するなかで用いられたものである（フロイト「神経症および精神病における現実の喪失」）。一方の《homoplastique》は現実に対して内的な変化によって対応すること、《alloplastique》は外的現実そのものに操作を加えることを指す。参照した邦訳版ではそれぞれ「自己可塑的／対象可塑的」と訳されているが、ここではそうした精神分析的な含意はなく、形成するものと形成されるものの同種性／異種性に重きを置いた訳語を採用した。

各地層のタイプの特徴

物理－化学的地層

◎表現（結晶の形態）と内容（分子）の基体の同一性

・同じ基体のうちの大きさのオーダーによる形式的な区別

◎内容が表現を一方的に規定する

◎ひとつの同じ個体の生長

生物学的地層

◎表現（DNA）と内容（タンパク質）の分離

・異なる基体のあいだの統計的対応

◎表現の自律的浮動（＝脱コード化）

◎同じ種の異なる個体の再生産（＝同種形成性）

人間形態的地層

◎表現（ロ－言葉）と内容（手－道具）それぞれにおける形式と実質の分離

・言葉と道具それぞれにおける実質の差異への無頓着

◎表現形式／内容形式の自律的浮動

◎人間と種において異なるものの再生産（＝異種形成性）

人間中心主義

◎人間形態的地層のうちのひとつの記号の体制（シニフィアンの帝国主義）

◎表現形式（＝シニフィアン）が内容形式（＝シニフィエ）を一方的に規定する（＝超コード化）

◎内容形式の自律性が損なわれ、人間は言葉という「世界」に自閉する

3-4　ドゥルーズとフーコーの言葉と物（1）

ここまで『千のプラトー』を読んできたわれわれにとって、次の引用はそのまま「道徳の地質学」の一節として出てきてもおかしくないように思われるだろう。

〔近代と前近代を隔てる〕この閾のうえに初めて、あの奇妙な知の形象が出現したのであって、それこそが人間と呼ばれ、人間科学に固有の空間を拓いたものにほかならない。このような西欧文化の大きな断層をふたたび明らかにしようと試みることによって、われわれは黙りこくったままおとなしく身動きしない大地に、分裂、脆さ、亀裂といったものを恢復させてやろうというわけだ。大地は、われわれの足元で、ふたたび不安に打ち震えている。[18]

これはミシェル・フーコーの『言葉と物』（一九六六年）の冒頭にある一節だが、近代における知の特権的な主体かつ対象として現れた〈人間〉を、その不動の台座から引きずり下ろし、打ち震えひび割れる大地のもとに置きなおそうという宣言が、ここではなされている。

18　Michel Foucault, *Les mots et les choses*, p.16〔二二頁〕.

むしろそうした運動、断裂が「奇妙な知の形象」としての〈人間〉を生み出したのであり、フーコーの分析はそこに向けられている。『言葉と物』の最後の一文である「人間は波打ち際の砂の表情のように消滅するだろう」というよく知られた「人間の死」の予言を先の引用と組み合わせるなら、絶対的脱領土化としての大地、そのうちでの錯覚としての人間中心主義の勃興のプロセス、さらにそれを内在的に追跡する人間形態主義という『千のプラトー』の諸相は、フーコーにおいてすでにある程度用意されていたとも言えるし、それは振動する大地とつかのまの砂紋としての人間といったイメジャリーなレベルでの親近性にもあらわれている。

事実、人間形態的な地層の分析においては、先に見たとおりまずイェルムスレウ的な二重分節とルロワ＝グーランの進化人類学的な分析が結合されているが、そこにさらにフーコーの権力分析が接ぎ木されている。とりわけ『監獄の誕生』（一九七五年）におけるフーコーによる「規律権力」の分析を、ドゥルーズ＆ガタリは表現と内容の二重分節というパースペクティブから捉えなおす。

まず、監獄という**内容の形式**がある。それはそのシニフィアンとしての「監獄」という名称と関わるのではなく、刑罰制度や囚人を取り巻く諸々の言説と関わり、これが**表現の形式**として内容と随伴し、従来君主の威光を見せつける場でもあった華々しい身体刑と結びついていた「君主権力」とはまったく異なるタイプの権力を現出させる（MP86/上147）。監獄は兵舎、病院、学校などの他の内容の形式と系列をなし、表現の形式は法的、行政的、医学的、経済学的等々の諸々の言説の系列によって構成されている。異種形成的に生み出される道具と言葉の二元論が、ここでは建築と言説の二元性として変奏されている。

一方で内容の形式は、ジェレミー・ベンサムが構想した「パノプティコン」の分析に範例的にあらわれているような、規律権力における〈可視性の体系〉として描き出される。中央の監視塔とそこから放射状に配置される独房という構造は、看守には見られることなく見ることを可能にし、囚人には実際の監視の有無にかかわらず、つねに見られているかもしれないという疑念を埋め込み、おのれのうちに看守を宿らせる。これはサルトル‐ラカン的な眼差しにおける見る／見られるの抽象的関係というより、むしろそれを特定の構造のもとで建築的‐光学的に条件づける「歴史的アプリオリ」（特定の歴史的ひろがりにおける認識の条件づけ）の分析であると言えるだろう。

他方で表現の形式は、たんなる違法者に留まらない「非行者 délinquant」という人物類型が支配的となっていく過程として描き出されている。[19] 違法者は合法／違法という法的な枠組みのもとで裁かれるが、非行者はむしろ、平たく言えば「犯罪者予備軍」といった言葉にあらわれているような、ひと揃いの指標で測られる正常性との量的な隔たりにおいて計測される。君主権力において〈個人＝不可分なもの〉であるのは君主のみであり、国民とその財はある意味で君主の身体であり犯罪はその毀損であるのに対して、規律権力においてはむしろ

19　Foucault, *Surveiller et punir*, pp. 276–267［二七〇‐二七一頁］.

国民ひとりひとりが〈個人〉として計測され、そのパーソナル・ヒストリーが収集され、統計の材料となる。もちろん裁判－処罰という法的枠組みは残存するが、それが狙いを定めるものは大きく変わり、犯罪者は君主の身体を顕示する儀式に供されるのではなく、「更生」しうる主体であると同時に、その成否を測る知の対象となる。

監獄という対象、あるいは「非行者」を攻囲する言説がいかなる体制のうちで生み出されているかということ自体が探求の目的である以上、両者のあいだに物の名前とそれに適合する対象というシニフィアン／シニフィエの規定的で単線的な関係を想定することを避けなければならない。ドゥルーズ＆ガタリはフーコー自身がすでに「言葉と物」という二元論はあまりに大摑みであり、自身の書名はある種のアイロニーとして解されるべきであると述べていたことに注意を促し、それをシニフィアン批判の文脈に接続している。[20]

したがって重要なのは、言葉と物の関係それ自体を種別的に取りあつかうこと（シニフィアン／シニフィエはそのうちのひとつとして歴史的に相対化される）を可能にするような方法論を立ち上げることだ。ドゥルーズ＆ガタリがフーコーとイェルムスレウを交差させるのは、それによってフーコーにおいてひとつの社会がどのようなものとして定義され、特有の権力－知の布置が描き出されているかということをよりくっきりと浮かび上がらせるためだろう。[21]

そもそも表現の形式は諸々の語に還元されるものではなく、地層とみなされる社会的領野に出現する言表の集合に還元される（これが記号の体制となる）。内容の形式は物に還元されるものではなく、力能の形成体としての物の複合的な状態に還元される（建築、生のプログラム、等々）。そこには言わば互いに交錯してやまないふたつの多様体、表現の「言説的多様体」と内容の「非言説的多様体」が存在する。（MP86/上147）

表現と内容を構成するのは「言葉と物」ではなく、言表の集合としての「言説的多様体」と物体の複合としての「非言説的多様体」であり、両者はそれぞれに固有の機序をもっており、ひとつの社会のなかでそれぞれの要素は一対一で対応するのではなくむしろ「交錯」している。このふたつの多様体は『千のプラトー』において「言表行為の集合的アレンジメン

20 「「言葉と物」これは、ひとつの問題に対して与えられた真面目な表題であると同時に、その問題のかたちを変更し、その所与を移動させ、最終的にはまったく別の任務を明かす仕事に対して与えられた、アイロニカルな表題でもある」（Foucault, *L'archéologie du savoir*, p.66［九七頁］）。

21 同時に、ここにはある種の無理が働いていることは拭いがたい事実であるだろう。フーコー自身によって以下に論じるような言表と可視性の二元性が彼の社会‐歴史的な分析の実践において主題的に打ち出されることは、少なくとも私の知る限りないからだ。しかし言表と可視的な対象の相互前提的なすれ違いについては、画家のルネ・マグリットを論じた『これはパイプではない』（一九七三年）においては一貫した主題となっている。ドゥルーズにとってこの絵画論がフーコー的な二元論を取り出すうえで特権的なテクストであったように思われる。ドゥルーズはマグリット論から透かし見るように『監獄の誕生』を読んでいるかのようだ。なお、ドゥルーズがフーコーをあくまで二元論者としてあつかう過剰な身振りについては、本書最終章であらためて考察する。

ト」と「機械状アレンジメント」として概念化されるが、これは、言葉であれ物であれ、ひとつの要素は他の諸々の要素との連関においてはじめてその意味や機能が説明されうるという認識にもとづいている。

ひとつの社会はその社会における諸々の合体によって定義されるのであり道具によって定義されるのではない。同様に社会の集合的ないし記号的な側面においては、アレンジメントは言語の生産性を指し示すのでなく記号の体制を指し示し、その変数が言語の要素の用法を決定するような表現の機械を指し示す。道具がそうであるようにこれらの要素はそれ自身では価値をもたない。(MP114/上191)[22]

たとえば――これはあまりに単純化された例だが――ひとつの社会の状態におけるトンカチ(トンカチ一般ではなく)という道具が釘や木材や、あるいは時として職人組合やＤＩＹブームから離れて機能しえないように、「赤」という語の意味は「緑」や「青」といった他の語との隔たりにおいて理解される。これは一見したところ、ハイデガーの「道具連関」とソシュールにおける差異の体系としての「ラング」をふたつのアレンジメントにそのまま対応させただけのように思われるかもしれない。

しかし、アレンジメントの二元論によって試みられているのは、ひとつには道具／語のネットワークを所与とするのでなくそうした関係のシステムを特定のかたちのもとで生み出すものとして社会‐政治的な領野を考えることであり、第二に、ふたつのアレンジメントに一対一対応の関係を想定することを斥け、むしろ両者の齟齬やすれ違いを分析のエンジンとしていることであり、そして最後に、それぞれのアレンジメント内部においても、関係の総体は閉じられたものとして自足しているのではなく、むしろつねに相対的な脱領土化の速度に突き動かされているということだ。

つまりアレンジメントという概念には、そこからふたつのアレンジメントが生まれてくる「前‐アレンジメント」的な位相、ふたつのアレンジメントが相互作用する「間‐アレンジメント」的な位相、そしてそれぞれのアレンジメントが組織化される「内‐アレンジメント」的な位相という三つの位相が埋め込まれている（MP384/中321）。とりわけ脱領土化に対応する前‐アレンジメント的な位相を設定することで、ふたつのアレンジメントのあいだに予定調和的な一致を持ち込むことが避けられており、むしろ一致を拙速に当て込むことへの用心としてアレンジメントの二元性は考えられていると言えるだろう。

とはいえこれだけでは話があまりに図式的なので、このことをもういちどフーコーの方法

22　ここで言われる「言語の生産性」とは、チョムスキーの生成文法理論における有限な文法規則による無限の文の産出を指しているだろう。つまりアレンジメントとは文法的な組み換え可能性ではなく、特定の社会的領野における「言いうること」の総体を指している。なおドゥルーズのチョムスキー批判については次章で取り上げる。

論に差し戻して考えてみよう。

　フーコーの著作を開いたことがある者なら、いちどはそのあまりに具体的な叙述の横溢にやきもきしたことがあるだろう。なにをそこまで?と。たとえば『監獄の誕生』の冒頭では八つ裂きの刑に処される囚人の描写が何頁にもわたって繰り広げられ、そのむごさにたじろぎつつ、それにしてもいつになったら「議論」は始まるのかと戸惑うだろう。しかしこの「遅さ」は、ここまで述べてきたようなフーコーの方法論的な前提と切り離せない。

　フーコーの著作にはある意味で〈大きな切断〉と〈小さな切断〉のみがある。前者が古典主義時代から近代へ、あるいは身体刑から自由刑へのジャンプをしるしづけているとするなら、後者はそれぞれの内部における、齟齬や遅延、摩擦に満たされた、遅々として進まない行刑や法制化、あるいはカフカ的な「審判＝手続き」の終わりなき迂回を指し示している。アレンジメントという概念に見込まれた自足したシステムへの批判的価値は、とりわけ小さな切断における「遅さ」に関わっている。[23]

　内容の形式＝機械状アレンジメントにおける「遅さ」は、〈機械の故障〉として表れる。ドゥルーズ&ガタリはすでに『アンチ・オイディプス』で「欲望機械」を**故障することで作動する**ようなものとして定義したうえで、いわゆる「機械」、つまり技術的な対象としてのあれこれの機械は欲望機械の存在を前提として初めて理解されると述べている。[24] これはフーコーのテクストにおいては、身体刑における物体としての身体の抵抗（たとえば、馬が疲労で気絶するほどの腱の硬さ）に起因する煩雑さや、再犯率や経済性の観点から見た監獄の

「失敗」に表れている。これらは特定の権力体制の障害や偶発的な例外であるというよりも、むしろこれらの空隙を埋めるようにして知＝言説を呼び込むことで、〈非行性〉という新たな知の形象が社会のなかで流通するようになる。[25]

それに対して表現の形式＝言表行為の集合的アレンジメントにおいて、フーコー的な「遅さ」は〈言表の分散〉として表れる（「言表をその純粋な分散へと復元すること……」[26]）。これは『知の考古学』（一九六九年）で主題的に分析されたことだが、フーコーは学問分野や行政・司法といった社会制度、あるいは作家＝著者の固有名や個人の人称性といった言説の

23　フーコーとカフカの方法論の親近性については『カフカ』（K103/115）を参照。

24　「欲望機械はたえず調子を狂わせながら、つねに故障状態で作動する」（AO14/上26）。

25　違法行為の縮小という観点から見た監獄の「失敗」こそが、非行性という新たな知が流通する経路であったことについてはたとえば以下の一節で示されている。「監獄、あるいはより一般的に言って懲罰は、法律違反を除去するのではなく、むしろそれを区別し配分し活用する役目を持っていると想定できる。しかも法律に違反するおそれのある者を従順にするというより、服従の一般的な戦術のなかに法律への違反を計画的に配備しようとしているのだと。（…）監獄の「失敗」はこの観点から理解できるだろう」（Foucault, *Surveiller et punir*, p. 277［二七〇－二七一頁］）。たとえば警察によって逮捕された者が、拘置所に入れられ、精神鑑定を受け、判決を下され、監獄で監視され、釈放後にソーシャル・ワーカーの保護化に置かれ……というかたちでの「非行者」の経巡りを考えてみよう。ここでこの「非行者」は文字通り知－権力の対象であり新たな知の素材である。監獄の「失敗」とはこのようなカフカ的な「たらい回し」のための空隙を生み出すのであり、この空隙において「人口のうちに危険な非行者を分散させる」（*Ibid.*, p. 270［二六五頁］）のだ。

26　Foucault, *L'archéologie du savoir*, p. 159［二三一頁］.

「統一性」を分析の前提とするのではなく、むしろ言表の分散を前提とし、「諸々の統一性をシステマティックに消去」したうえで、特定のかたちで統一性が生産されるプロセスをこそ分析の対象としている。[27]

ハコモノとしての建築だけからそれが社会のなかで具体的にどのように機能するかということはわからないし、同様にたとえば「種は進化する」という同じ言表が歴史の各段階でどのように機能するかは当の文言そのものからは特定できない。故障する機械と分散する言表は互いの隙間に滑り込み合うことで初めて機能する。「エピステーメー」の転換としての〈大きな切断〉の側から見れば社会は一瞬にしてその相貌を変えたかのようであるが――とりわけ俗流化したフーコー理解においてはこちらが強調されすぎるきらいがあるだろう――〈小さな切断〉の側から見ればひとつの社会のなかであらゆる手続きが遅延し、身体はフィジカルな抵抗に満ちている。〈機械の故障〉と〈言表の分散〉としてあらわれるフーコー的な「遅さ」は彼のシステマティックな方法論の核をなしており、ドゥルーズ&ガタリの「アレンジメント」概念は一面ではそれをより理論的に打ち出したものであり、先述した三つの位相（前－、間－、内－）はその帰結として出てきたものだと言えるだろう。

個別の道具は機械状アレンジメントの効果＝結果として、個別の語は言表行為の集合的アレンジメントの効果＝結果として生み出される。そしてふたつのアレンジメントとしての内容と表現の関係は、それ自体二極化されている。一方で「相対的な脱領土化」に巻き込まれた「内容と表現の変数がそれぞれの異質な形式に従って、ひとつの共立平面上で相互前提的に配置される状態」として両者が分極し、他方で「脱領土化の絶対的な閾」に到達した「同じ平面の可変性が形式の二元性を超えてしまい、形式を「識別不可能」にしてしまうため、もはや二種類の変数を区別することさえできなくなるような状態」として両者は溶け合ってしまう（MP114/上194）。この相対的－絶対的脱領土化の度合いを操作するものは「ダイアグラム」と呼ばれるが、つまり**ふたつのアレンジメントの相互自律的なすれ違いの総体として機能する社会と、ダイアグラムによって決定されるアレンジメントの二元性の度合いがある**ということだ。

ここには前期ドゥルーズとは別のシステム論があらわれているように思われる。ダイアグラムや大地が潜在的なものでありアレンジメントや地層が現働的なものであり、それだけで

27　「次のような疑問が浮かぶに違いない。すなわちもし結局のところ最初に問いに付すふりをした統一性の数々をふたたび見出すことが問題であるのだとすれば、認められている統一性のすべてをそのように宙づりにすることが結局のところいったい何の役に立つのだろうか、と。実は、すでに与えられている諸々の統一性をシステマティックに消去することによって、まず言表に対し、その出来事としての特異性を返還することが可能になる。非連続性が歴史の地質学のなかで断層を形成する大きな偶発事であるのみならず、言表という単純な事実のうちにもすでにあるということを、示すことが可能になるのだ」（*Ibid.*, p.40［五七頁］）。ここでの「断層」における非連続性と「言表という単純な事実」における非連続性がそれぞれ〈大きな切断〉と〈小さな切断〉に対応すると言えるだろう。

話が済むなら、それは〈潜在的なものの現働化〉という前期ドゥルーズのシステム論の範囲に収まるものであっただろう。しかしアレンジメントの二元性は、**現働的なものにおける二元性**なのであり、潜在性はふたつのアレンジメントの異質性のジェネレーターとして想定されている。

これはたとえば、『差異と反復』において潜在的な逆‐感覚と現働化されたものとしての共通感覚が、諸能力の離接から統一へ向かう運動であったこととは大きく異なっている。あるいは『意味の論理学』の「二元性」と題されたセリーは、ここでも言語と非言語の二元性があつかわれているという点ではアレンジメントの二元論と共通している。しかしそれは「食べること‐話すこと」という「口唇性」に内属する二元性であり、同時に、食べること＝分裂症的＝アルトー的／話すこと＝神経症的＝キャロル的という批評的‐臨床的な二元性であった。ふたつの口唇性は乳幼児の発達プロセスに沿って摂食的口唇性から言語的口唇性へ、あるいは物体的深層から言語的表層へと移行する「動的発生」の議論によって関係づけられるが、つまり口唇的な二元性は潜在性‐現動性の二元性のひとつのバリアントであり、それは『千のプラトー』における〈口‐言葉〉と〈手‐道具〉の二元性とは構造的に異なっている。

「地層のシステム」において、人間形態的なものは〈異種形成性〉と〈言語／物体の二元論〉がカップリングされる、他の地層群に還元不可能な特異な場として位置づけられており、そのカップリングはアレンジメントという概念に結晶している。前者について言えばそれは自身と種的に異なるものを生産する能力の発生を示していると同時に、生物学的環境に上書きされる新たな環境の構築を示している。後者について言えばその二元論は、錯覚としてのシニフィアン的体制への批判に寄与すると同時に、言葉と道具に引き裂かれた場に放り込まれ、その様々な様式のもとに主体化する人間＝形態の内在的な把握に寄与している。

しかしこの新たなシステムはどのようにして哲学的実践に跳ね返るのだろうか。言語の超越性を言語によって超然と批判し、言語の内在性を超然と称揚するだけでは済まないような何かを、どこに見出すことができるだろうか。こうした問いについては本書の全体を通して考えることになるだろう。とりわけ最後の章であらためてこの点に帰ってきて、ドゥルーズのフーコー読解をたよりに考察することになる。以下、本章の後半は後期ドゥルーズの地質学的概念の変遷を引き続き辿りながら、それが哲学の実践的な規定に食い込んでいくのを見ていく。

3-5　視聴覚的思考——映画的能力論(2)

『千のプラトー』の五年後、『シネマ2』でドゥルーズはふたたび言語的なものと物質的なものの二元論という枠組みのもとでフーコーに立ち返り、そこには引き続き地層という概念が関わっている。

しかし五年前とは変わった点が大きく言ってふたつある。ひとつは『シネマ2』においては**映画の視聴覚性**というトピックにおいて言語／物体の二元論が論じられていること、そして『千のプラトー』ではそうであったように内容と表現の二重分節そのものと同一視されるのではなく、**地層という概念はもっぱら物体的なものに関わる**ものとされることだ。

まず、映画の視聴覚性についてだが、ドゥルーズはこれを運動イメージと時間イメージとの対立という枠組みのもとで論じている。一方で、運動イメージにおいて「映画は根底的に視覚的な芸術に留まる」（IT313–314/332）。そこでは視覚的イメージが主導的役割を担う「共通感覚」が前提されていたとも言えるだろう。運動イメージにおいては見えるものについて言われ、言われたものが見せられるという、言葉と物、シニフィアンとシニフィエの「教育的な突き合わせ」、「再認」がつねに働いている。

他方で時間イメージにおいては、視覚的イメージが「不可視であるが見られることとしかできない限界」に、音声的イメージが「言語化不可能だが同時に語られることとしかできない限界」に向かう（IT339–340/357–358）。「視聴覚的イメージを構成しているのは、視覚的なものと音声的なものとの分離、離接であり、それぞれの自己自律性 héautonome である」（IT334/353）。

運動イメージにおける音声的イメージに対する視覚的イメージの優位と時間イメージにおける両者の分離は「経験的行使」と「超越的行使」という概念によって対比されており、ここには『差異と反復』の能力論のボキャブラリーが回帰している。そして『差異と反復』の逆感覚において温存されていた図式論的な媒介を乗り越えるという――第二章でも検討した――企図が、ここにも見られる。前章ではそれをベルクソンのイメージ概念の展開という観点から見たが、視聴覚性の議論においてはそれがより直接に能力論として展開されている。

時間イメージの視聴覚性を考えるうえで最初に気をつけるべきなのは、それぞれが「見ることしかできない」ものと「語ることしかできない」ものに関わると言われていることにも表れているように、そこで**カップリングされているのは〈眼と口〉であって〈眼と耳〉ではない**ということだ。つまり受容的能力（見る）と自発的能力（話す）の離接がここで問題となっており、運動イメージにおける受容的な知覚と自発的な行動の往還関係をモデルとした感覚－運動図式との差異がここでも確認できる。

『千のプラトー』において地層は表現と内容の二重分節によって構成されるものであり、人間形態的地層においてそれは表現＝口－言葉、内容＝手－道具として考えられていた。しかし先にも述べたとおり、『シネマ』において地層はもっぱら物あるいは空間に関わるものであり、言葉はむしろ大地に対する「天空 ciel」というトポスに割り当てなおされる。


発話が出来事を創造し、立ち上げるということ、そして沈黙した出来事は大地によって覆われるということを同時につかまえなければならない。出来事とはつねに抵抗であり、発話行為がもぎ取るものと大地が埋却するものとのあいだにある。それは天空と大地の循環であり、外部の光と地下の炎の循環であり、さらには音声的なものと視覚的なものとの循環だ。この循環は決して全体を再形成することなくそのつど両者の離接を構成し、連関の不在ではなく新たなタイプの連関、きわめて厳密に非共約的な連関を構成する。

（IT334/353–354）

大地が内在性そのものの謂として想定されていたことを思い起こせば、天空というトポスの導入は超越性の回帰なのではないかという問いが思い浮かぶかもしれない。しかしこうした疑いは読解に際して概念間の関係の網の目より個々の概念の辞書的な意味に重きを置く態度から出てくるものであり、先の引用で注目するべきは、大地＝視覚的イメージと天空＝音声的イメージのあいだに「きわめて厳密に非共約的な連関」が想定されていること、そしてそれが「出来事」をめぐってなされる闘争として描き出されていることだろう。これはわれわれが前節で見た、ふたつのアレンジメントがその「交錯」において機能するとされていたことと響き合っている。天空というトポスの導入については、テクストにおいて編まれている思考の運動を勘案することで初めて超越か内在かと問いうる視座を獲得することができるはずだ。

したがってここでも、第二章で「イメージ」という概念について見たのと同様に、天空と大地の分離がまず主題的ないし映画内的なレベルでどのようなものとして語られ、それが方法論的ないし対映画的なレベルにどのように跳ね返っているかということを明らかにしなければならないだろう。

さて、ドゥルーズは視覚的イメージについて、時間イメージにおいてそれが「考古学的、層位学的 stratigraphique、テクトニクス的なものとなる」(IT317/336) と述べている。地層は時間イメージに固有の空間性および時間性を同時に特徴づけるものとして概念化されているが、空間と時間について順に見ていこう。

地層としての視覚的イメージは「可変的な方向づけや接続に沿って並ぶ穴だらけの諸層」(IT317/336) として構成される。時間イメージにおいて「空間の組織化において特権的な方向がなくなる、なによりスクリーンの位置に立脚する垂直性の特権がなくなるが、それによって、角度と座標を絶えず変容させ続け、垂直と水平を交換し続ける全方向的な空間が現れる」(IT347/365)。垂直に立てかけられた、直立して世界を眺める主体のための透明な窓としてのスクリーンの空間性と、力線の可変性や交錯によって立ち上がるような地質学的な空間性の対比が、ここでは運動イメージと時間イメージの対立に重ね合わされている。

この対比はより具体的には、世界を踏破し眺める主体を前提とした空間性と、対象を手で操作しそれを読解する主体の空間性という対比として論じられる。運動イメージは「生きられたホドロジー的な空間と表象されたユークリッド空間の相補性」(IT168/178) によって特徴づけられるが、これは感覚-運動図式によって基礎づけられていた具体的な行動の空間と抽象的な表象の空間を両極とした空間である[28]。能力論のボキャブラリーで言えばこれは対象を抽象化する再認的な知覚とそれにもとづく具体的な行動の感覚-運動的な循環に対応する

28　ホドロジー的、ユークリッド的ということについては本章註30を参照。

だろう。

それに対して特権的な方向付けも具体／抽象の分極も消失した時間イメージの空間性について、ドゥルーズは美術史家、レオ・スタインバーグの「他の批評基準」における「フラットベッド絵画平面 flatbed picture plane」という概念を参照して説明している（IT349, n. 11/(86), n. 11）。スタインバーグはロバート・ラウシェンバーグに代表される一九六〇年代の絵画において、「垂直の場を模倣するのでなく、不透明でフラットベッド的な水平面を操作する」[29]ことが問題となっていると述べる。垂直の窓から水平の台へ、模倣から操作へ。絵画の空間性において起こった、直立して世界を眺める視線から水平の台の上で情報を操作する手へのシフトが、運動イメージ的な空間性からフラットベッド＝地層としての世界を操作する時間イメージ的な空間性への変化に重ね合わせられている。

運動イメージが〈歩く‐眺める〉主体を想定しているのに対して、時間イメージの「見者」は〈まさぐる‐読む〉主体である。ドゥルーズは「考古学的ないし層位学的なイメージは、見られるものであると同時に読まれるものだ」（IT319/337）と述べている。彼が時間イメージにおいて映画が視覚的イメージに固有の可読性を獲得すると言うとき、そこで想定されているのは言語的なものに還元されない「物の新たな可読性 lisibilité」であり、それと同時に音声的イメージは視覚的イメージを「見せる」ためのもの、視覚的イメージ〈について〉の言葉であることをやめ、自律的な価値を獲得する。

次に視覚的イメージ＝地層における時間性について。それぞれの地層は地球の中心から同心円状の帯として均質に重なっているのではなく、地層が形成された年代と地層の重畳の順序の関係はそれぞれの地点において様々に異なっている（断層や褶曲といった大地の運動がその多様性を生み出す）。それと同じ理由で地表は露わになっているという意味では現在に属しているが、それ自体新しいものと古いものとの共存の場である。

ドゥルーズはこうした地質学的な時間のイメージに、ベルクソンの「記憶の逆円錐」の議論を接続する。

過去の諸層は存在する。それはわれわれがみずからの記憶イメージを掘り起こす地層だ。しかしこうした過去の諸層は、永遠の現在としての死、もっとも収縮した領域としての死ゆえに利用することができないか、それとも地層化されていない実質のなかで、破壊され、分解され、解体されるがゆえにもはや喚起することとさえできないかのどちらかだ。（IT150/159）

ベルクソンの記憶の逆円錐では、頂点が感覚‐運動系の座としての身体に対応し、そこで記憶と知覚平面が接していた。円錐の断面はその頂点との距離によって身体化された記憶と

29　Leo Steinberg, “Other Criteria”, p.83［(三) 一八一頁］.

夢に見るような無意識的な記憶との分極を示している。

重要なのは、ベルクソンにおいてすでに、現働化の度合いの濃淡が広がる円錐内部の往還およびその行動への関連づけに関する議論と、過去＝円錐の存在それ自体を措定する議論は区別されているということだ。ベルクソンはあれこれの記憶を想起し役立てることの基礎として、過去＝記憶の精神的な実在を想定している。**過去はそれ自体で存在する**のであり、脳という物質的対象をその「容器」として考えることはできない。「過去のなかに一挙に身を置くのでなければ、われわれが過去に到達することは決してないだろう」（MM149–150/269）。深く習慣化された記憶であろうと夢のなかで出会われる希な記憶であろうと、想起されるからにはそれは現働化としての「物質化」（MM147/265）をすでに多かれ少なかれ被っており、精神的な過去そのものへのダイブを前提して初めて説明可能になる。

しかし時間イメージにおいて、想起に有用性という基準を与える感覚‐運動系はすでに破綻しており、それゆえに円錐の先端は作用と反作用をつなぐ厚みのある現在を構成せず、「永遠の現在としての死」、つまり薄片と化した現在のなかで身体は受けた作用を反作用へと返すことができない。他方で円錐の底は抜け「形式化されざる実質」に巻き込まれ記憶は壊廃していく。ここで『千のプラトー』のボキャブラリーが引き継がれていることは注目に値するだろう。『千のプラトー』では「形式化されざる実質」、つまり形式‐実質の外にある「質料」は絶対的脱領土化を指し示すものであり、人間を拘束する地層から抜け出すためのポテンシャルとして機能していた。われわれはこの点が強調されすぎる傾向に抵抗してむしろ人間形態的な地層化の運動そのもののうちにある内在の契機に着目したが、『シネマ2』においてはそれがより明確なしかたでドゥルーズ自身によって打ち出されている。「過去の諸層は存在する」が、その存在はつねに絶対的脱領土化の速度とわれわれを現在に拘束する地層化とに脅かされているのだ。

二重の破局に挟み込まれた脱地層化の運動のなかで「いくつかの層は沈みこみ、別の層は浮き上がるので、考古学においてそうであるように、ある年代と別の年代がそここに並置される」(IT149/158)。地層という概念が時間イメージの議論に呼び込まれるのは感覚-運動的な体制からは見えない過去のありかたを指し示すためであり、そこで過去は現在への準拠のもと整序されることはなく非時系列的でテクトニクス的なものとして現れる。

> それぞれの過去の層、それぞれの年代はあらゆる心的な機能に働きかける。記憶だけでなく忘却、偽記憶、想像、投企、判断といった心的な機能に。そのつどあらゆる機能に満たされたもの、それが感情 sentiment だ。(IT163/172)

過去はもはや現在に準拠して思い出される記憶という地位を保持することができない。過去のある層は、別の層との関連においてつねに変換を被っている。「諸々の出来事はたんに継起するのでも時系列的な流れをもつのでもなく、過去の特定の層への、年代の特定の連続体への帰属に応じてたえず修正され、すべて共存する」(IT157/166)。記憶が忘却や偽記憶さえ含むような他の心的な機能と分かち難く複合するのは、現在という特権的な投錨地点を失い、ある出来事を捉える時間的な指向性あるいは様相（その時点より過去の記憶、その時点より未来への投企、非現実的な想像、現実的な判断）を決定するフレーム自体が層に対して相対的なものとなるからだ。したがってここで「感情」と呼ばれるものは、たんに心的な傾向性という一般的な意味ではなく、知覚－行動の連携を支えていた記憶がそれ自体で宙づりになり「健全な」想起の作用から剝離したものを指している。身体が現在を保持できなくなるとき、記憶は非時系列なものとなり、あらゆる感情が過去のただなかで空転する。

こうした事態は映画がモンタージュを発明したときすでに胚胎されていた（IT59/57）。ふたりの対面する人物の切り返しショットひとつをとっても、最初のショットとその次のショットの時間－空間的ないし様相的な関係を一義的に決定するためにはひとつの特権的な現在が必要とされるが、そうした現在は感覚－運動系の現存によってしか保証されない。あるいは、どのショットもそれを見ている観客からすれば現在にある、したがってどんな映画であれ現在しかなくショットBはショットAから継起したものであり、映画には現働的なものしかないとも言えるかもしれない（第二章で検討したデューリングによる批判はこのようなものであった）。しかし観客の現在を下支えしている感覚－運動系を映画の内的な時間に対して優越的なものとする根拠はないし、逆にもしそうであるのならわれわれが映画を見る理由は非常に貧しいものになり、おのれの現在をより確かなものとするためにしか映画を見ることができなくなるだろう。そしてこうした過去＝地層の規定は、われわれが前章で名目的に定義するに留まっていた時間イメージ的な「思考」の内実に関わっている。

感情が世界の年代であるとすれば、思考はそれに対応する非時系列的な時間だ。感情が過去の層であるとすれば、思考、脳はあらゆる層の局所化不可能な non-localisables 関係の総体であり、諸層が死の位置において停止したり凝固したりするのを妨げながら、それらをまさに脳の頭葉のように巻いたり enroule 広げたり déroule する連続性である。（IT163–164/173）

感情はそれだけでは過去が地層化されざる実質へと、あるいは永遠の現在としての死へと変質することを妨げることができない。それは脱地層化の運動、つまりある層と別の層とのあいだで取り交わされる変換に対して受動的であり、間地層的な変換は各々の地層＝年代にとってつねに致死的なものだ。だからこそ「感情は思考へと乗り越えられる」（IT163/173）必要があり、変換の連続性こそが操作の対象にならなければならない。「われわれは様々な年代の断片からひとつの連続体を構成する。ふたつの層のあいだで行われる諸々の変換を利用して、ひとつの変換**の**層 une nappe *de* transformation を構成する」（IT161/171）。

思考とはこの「変換**の**層」、つまりそれ自体が変換の連続体**である**層を構築することであり、地層概念の時間イメージの議論への転用は、究極的にはこの思考の規定をもたらすものと考えることができる。思考は現在を準拠としてなされるものではなく、存在する過去の諸層のどの特定の層にも位置づけることができない間地層的な変換の総体として織り上げられる。

3-6 「ましてやわれわれ自身が著者であるとき」――映画の思考と『シネマ』の思考

さて、本節で取り組むのは、前節で見たような視聴覚的な思考の規定が、『シネマ2』の思考の実践にどのように跳ね返っているかということだ。これはわれわれが第二章で検討した『シネマ』における批評的受容論を、より実質的なレベルで明らかにする試みである。

映画の思考と『シネマ』の思考の反映関係は、運動イメージの分析においてすでに、映画的イメージの構成様式とその分類の様式の相同性に表れている。運動イメージの分類は、大分類としての各種のイメージのタイプ（知覚イメージ、情動イメージ、行動イメージ……）とそれぞれに含まれる小分類としての各種の記号のタイプ（知覚イメージであれば固体状、液体状、気体状の知覚）といったかたちの、大文字の〈運動イメージ〉を頂点としたピラミッド状の整合的な分類として組み立てられている。

こうした形式は、運動イメージが全体と総体とのあいだで働く垂直的な統合-分化の軸と、感覚-運動図式に沿って展開される水平的な連合作用の軸の交差として考えられていたことを、その論述の構成において反復している。そしてこの運動イメージの規定とその実践の形式にまたがる相同性の場を、ドゥルーズは「脳」というモチーフを通して考えている。

「〔脳の〕「古典的な」発想はふたつの軸に沿って展開した。一方では統合と分化であり、他方では隣接性ないし相似性による連合作用である」。「つまり脳は同時に統合－分化という垂直組織であり、連合作用という水平組織である」（IT273–274/292–293）。こうした古典的な脳のモデルは運動イメージの体制の構造と一致しており、さらに統合－分化としての連辞と範列、相似性－隣接性としての隠喩と換喩という言語学由来の図式を用いる映画理論もこうしたモデルに依存したものとされる（IT273–274/292–293）。

こうした脳の理解が「古典的」かつ「ユークリッド的」なものとされる一方で、ドゥルーズは脳の「現代的」かつ「トポロジカル」な理解が存在すると述べる。[30]

われわれと脳の関係が変化したのは、決して科学の影響によるのではない。おそらくその反対で、最初にわれわれと脳の関係が変化し、密かに科学に影響を与えたのだろう。（…）われわれの脳との生きられた関係はますます脆くなり、ますます「ユークリッド

30　ここでトポロジーという概念とそのユークリッド的・ホドロジー的空間との対比はシモンドンに依拠して用いられている。「トポロジー的構造とは、進化途上の有機体が抱える空間に関する問題を解決可能にしていくような構造である。たとえば、高等な種における新皮質の発達は、本質的には皮質の褶曲 plissement によって行われる。これはトポロジカルな解であってユークリッド的な解ではない。（…）身体の図式は、その図式に固有の次元である関係の媒介系を通じて、トポロジー的構造をユークリッド的構造に転換する」（Simondon, *L'individuation à la lumière des notions de forme et d'information*, p. 226〔三七二－三七三頁〕）。ホドロジー的空間については（pp. 208–212〔三四〇－三四七頁〕）を参照。

的」ではなくなり、無数の小さな脳死を介したものになる。脳はわれわれの制御、解決、決定である以上にわれわれの問題、病、あるいは受苦となる。(IT275/294)

現代的な理解において、脳は中央集権的なコントロールタワーではなく、分散的に編まれるニューロン間の無数の切断に満たされている。しかしこの「断片化は、トポロジー、つまり連続体の変換と切り離すことができない」(IT158/167)。現代的な脳とわれわれの関係を示すのは断片化であると同時に連続体の変換としての「トポロジカルな構造」(IT, 276-277/295)であり、「それぞれの〔連続体の〕変換は「内的な年代」をもっており、したがって諸層の共存ないし異なる年代の連続体の共存を考えることができる。この共存あるいは変換がトポロジーを形作る」(IT156/165)。先にわれわれは時間イメージ的な思考が「変換の層」の構築として定義されているのを見たが、ここではそれが脳というモチーフのもとで展開されている。

地層が「感情」とその壊廃としての脱地層化の運動のうちに置かれるように、脳は小さな切断としての「小さな脳死」に満たされ、各シナプスの連絡は理念的な中枢によって保証されなくなるが、そのとき思考は脳死や脱地層化といった「受苦」への抵抗としてなされる。[31]

しかし、こうしたトポロジー的、あるいは地質学的な思考の定義は『シネマ2』の思考の実践にどのように跳ね返っているのだろうか。ここではそれをとりわけ「分類」という観点から見てみよう。先に運動イメージにおけるイメージの構築とその分類には相同性が認められることを見たが、それに対応するような事態が時間イメージにおいても確認できるだろうか。

時間イメージの体制は「時間記号 chronosigne」、「読解記号 lectosigne」、「思惟記号 noosigne」に分類されるが、「過去の諸層の共存」、「諸現在の同時性」、そして「生成」といった三つの「直接的な時間イメージ」はこのうち時間記号に属するものとされる。この限りではイメージと記号の上下関係が単純に逆転しただけとも取れる（実際ドゥルーズは時間イメージにおいてイメージと記号の関係が反転すると述べている）。

しかしこのとき、われわれが前節から追跡してきた『シネマ2』における地層という概念は、どのタイプの記号に分類されるのだろうか。地層はまず「過去の諸層の共存」を指し示す概念である限りにおいて、時間記号に属しているように見える。しかしそれは視覚的イメージにおける「物の可読性」という観点から見るなら読解記号に属しているように見えるし、「変換の層」という観点から見るなら思惟記号に属しているように見える（われわれはあくまで地層概念をその指標として用いるが、このような放縦さはたとえば「身体」や「偽なるものの力能」や「出来事」といった他の概念によっても観測できるだろう）。

運動イメージの分類は垂直的なレベル分けと水平的な排他的分割によって成り立っており、

31 そしてドゥルーズが「連続体の変換の総体」として「ダイアグラム」を定義していることを見るなら、この概念は『千のプラトー』と同様に地層化＝アレンジメントの分化の具合に対応していることがわかる（IT158/168）。

たとえば知覚イメージに属する「気体状の知覚」が情動イメージのうちに移し替えられることはない。しかし時間イメージにおいては、地層という**ひとつのイメージのタイプが、異なる記号のタイプのあいだを遷移し、そのつど別の機能を担う**ものとして論じられる。ここに『カントの批判哲学』における能力の二層構造の回帰を見ることはあながち間違いではないだろう。カントにおいてすでに理性の目的としての認識、実践、感情のもとで、構想力、悟性、理性の関係がそのつど別様に組み換えられていたが、時間イメージにおける記号とイメージの関係はそれと類比的なものであると（ひとまず）言える。

カントー前期ドゥルーズ的な能力論の構造と時間イメージの分類の違いは、ひとつにはカントにおける理性のような諸能力の目的を設定するメタ能力が存在しないこと、そしてもうひとつは、敷居をまたぐ各イメージの遷移それ自体がポジティブなものとして捉えられていることにあるだろう。諸々のイメージのタイプの遷移によって、「時間記号はたえず読解記号、思惟記号に繰り延べられる」（IT131/138）。時間イメージがイメージの第二の体制として体系性を保持しているのは、類から種に降りていく帰属関係とは別の一貫性がそこにあるからであり、それはまさに個々のイメージのタイプのトポロジカルな変移に宿っている。とりわけ『シネマ２』の第五章以降においてこうした分類様式が展開されており、各章は時間、思考、視聴覚性といった「年代」としての主題によって切り分けられると同時に、それぞれにおいてひと揃いのイメージのタイプが組み換えられている。地層の壊廃を変換の連続体として捉え返すものとしての思考は、『シネマ２』においてトポロジカルな分類の実践としてなされている。運動イメージの構成と分類様式のあいだに相同性があったように、時間イメージにおいてもイメージの作動形式と論述の構造のあいだには相同性があるのだ。

しかし、相同性を確認することに満足してよいのだろうか。たしかに時間イメージの定義とその叙述形式には相同性がある。しかしそのことと、映画に見出したものが哲学的実践に跳ね返ってくる運動が実際にそこに刻まれているかどうかというのは、別の話なのではないか。相同性はその定義からして形式的で静的なものだが、われわれはふたつの静的な形式を現代的な「脳」というフィギュール＝図式によって媒介しただけなのではないか。

前節で問うた「天空」というトポスの導入の是非と、この問いはダイレクトに関係しているように思われる。というのもドゥルーズは、「われわれ自身が著者であるとき」に生起する思考の運動について、映画的思考による「変換の層」の構築と類比的なことが起こると述べているからだ。

われわれが本を読んだり芝居を見たり絵を眺めたりするとき、**ましてやわれわれ自身が著者であるとき、**似たようなことが起こる。われわれはひとつの変換の層を構築するのだが、それは複数の層のあいだにある種の横断的な連続性あるいは連絡を作り出し、局所化不可能な関係の総体を編み上げる。(…) 確かにこれは失敗のリスクがつきものの仕事だ。借り物を羅列しただけの支離滅裂なゴミくずしか生み出せないかもしれないし、似たものどうしを寄せ集めただけのありきたりのものしか作れないかもしれない。
（IT161-162/170-171 強調引用者）

ここに見られる思考のありかたと驚くほど率直に語られるその失敗の可能性は、時間イメージ的な映画のものであると同時に、『シネマ』という本のものでもある。思考はハリのある身体の現在にも、過去の確かさにも準拠することもできない。

たとえばわれわれが本を読んでいるとき、「思考」はわれわれの頭の中で起こっているのか、あるいはわれわれは本の中で作られた思考をなぞっているだけなのか、そのいずれかを決定することなどできるだろうか。思考はむしろ現在のわれわれと過去のテクストのあいだで取り交わされる、いずれにも「局所化不可能」な連絡の総体としてなされるだろう。私の生き生きとした現在にテクストを引き寄せても、過去のテクストの身じろぎしない堅固さに寄りかかっても、思考は起動しない。映画は思考を「出来事」をめぐる抗争として、地層へと埋却＝忘却される視覚的イメージとその忘却において語られる＝騙られる発話のすれ違いの総体として繰り広げる。

言説のもとには、古いスタイルとの言語的闘争を通して、そのたびに浮かび上がる新たな発話行為のスタイルを見出さなければならず、また、物のもとには、古い空間とのテクトニクス的対立をとおして形成される新たな空間を見出さなくてはならない。（…）

ひとつの世界がある歴史的契機から抜け出て別の歴史的契機へ入ろうとする行程をしるしづけ、言葉と物、つまり発話行為と地層化された空間という二重の桎梏のもとで新たな世界の困難な産出 accouchement をしるしづける闘争が至るところにある。(…)発話行為の新しいタイプと空間の新しい構造。ほとんどミシェル・フーコーにおける「考古学的」な歴史の構想だ。(IT323/341-342)[32]

ここでは『千のプラトー』で組み立てられた言語/物体の二元論が、あらためてフーコーに立ち返りつつ取り上げなおされている。直接的にはこの一節は映画の視聴覚性について述べたものだが、先の「われわれ自身が著者であるとき」についての発言と突き合わせるなら、これは「地層化された空間」としての映画に対する「発話行為」として哲学を位置づける方法論的な宣言でもあるだろう。「映画の理論は映画を対象とするのでなく、映画の概念を対象とするのであって、これらの概念は映画そのものと同様に、実践的、実効的、あるいは実在的である」(IT365-366/385)。このイメージと概念の実在的・実効的な同等性は、言語/物体二元論の方法論的な帰結であり、**〈について〉の超越と図式論的な媒介に同時に抗うこと**を示している。そしてそれは、**言語/物体の二元論を自他の二元論にスイッチする**ことで引き出されている。「地層」がたんなる客観的なシステム論の構成要素としてでなく、哲学的

32 「産出」と訳した « accouchement » は「(地)層」を意味する « couche » に否定の接頭辞が付された語。

実践の構成要素に食い込んでくるのは、そうしたスイッチの帰結である。

3―7　内在平面——哲学の構築主義(1)

『千のプラトー』で概念化され『シネマ2』で変形を被りつつテクストそのものの構成にトポロジカルな分類様式として食い込んでいった地層という概念は、『哲学とは何か』において哲学的な思考のありかたの規定と切り離せないものになる。

主観と客観の観点からは、思考に関する悪しき近似値しか得ることができない。思考するということは主観と客観のあいだに張られた糸ではないし、一方を中心としたもう一方の転回でもない。思考するということはむしろ領土と大地との関係において成立する。(QP86/148)

絶対的脱領土化としての大地とおのれの棲まう領土をどのように関係させるかということが哲学することの定義のひとつの側面をなしており、『哲学とは何か』第四章の「地理哲学Géophilosophie」はその関係の多様性において見られた古代ギリシア、近代のドイツ、イギリス、フランスそれぞれの哲学を特徴づける。これはある種の環境分析的な哲学史の試みであり、アテナイという都市国家における民主制、居留外国人たち、近代的な資本主義と国民国家、そして地政学的な条件などの複合的な環境とそこで編まれた哲学的思考の関係を分析している。

こうした広い意味での哲学史へのアプローチをたんなる文化史のいちジャンルではなく哲学に内的な地理性ないし歴史性の分析にしているのは「内在平面 plan d'immanence」という概念であり、以下にこの概念と地層概念の関係を見ていく。

内在平面は思考されたものや思考の生理学的な条件、あるいは方法、手段、目的といった思考における実現されたものではなく、思考の実現可能性を基礎づけるイメージとして、思考するということの意味を指し示す「思考のイメージ」だ（QP41/68）。それは思考に偶発的に属する事実から権利上のものを選り分ける。たとえば記憶は、主体性は、論理学的定理は、言語の構造は、あるいは正気であることは思考に権利上属するのか。ハイデガーの「思惟とは何の謂か」という問いがここに残響している。「ものを考える」ということでわれわれは何を意味しているのか。

ドゥルーズは事実と権利の「篩」（QP46/77）として機能する内在平面について「一種の手探りの実験を折り込んでおり、その軌跡はほとんどおおっぴらにできず、ほとんど理性的でなく合理化できない peu rationnels et raisonnables 手段に依拠している」（QP45/76）と述べるが、これは、哲学が概念の創造と定義されるのに対して、内在平面の描出が「前哲学的」なものと考えられているからだ（QP44-45/75）。それは哲学に固有のものではあるのだが、哲学が「前提」として必要とするものであって、それ自体は概念として明示されない。[33] われわれは

第一章で『差異と反復』が「イメージなき思考」として前提なき哲学を構想したことを見たが、『哲学とは何か』では「思考のイメージ」が肯定的に論じられている。この態度の逆転は、われわれが『シネマ』の受容論的ないし方法論的な側面について見てきたように、哲学が自律的かつ他の実践と異質なものとして考えられるようになったことによるものだろう。

内在平面は哲学によって前提される前哲学的なもの、哲学的思考がなされるときにはいつもすでになされている前提だ。しかしある意味で概念の創造と内在平面の描出は同時であり、まず内在平面を構築してそこから概念を作るということはできない。それでも両者の区別が堅持されなければならないのは、この区別こそが内在を可能にするからであり、逆に言えば内在平面と概念の混同が超越の錯覚を呼び込んでしまうからだ。

何かあるもの「へのà」内在があると解釈するならば、いつでも概念と平面についての混同が生じてしまう。たとえば概念はある超越的普遍となり、平面はその概念の属性となるというような混同だ。（QP45/82–83）

内在を「何かの内にあること」とした途端に、内在の座である当の「何か」が超越的な概念にすり替わってしまい、平面つまり思考に権利上属するものは概念のひとつの属性になってしまう。内在をある主観あるいは自己への内在に取り替えてもこんどはそのあれこれのかたちで概念化された主観が超越的なものになり、あるいは内在の座である主観にとっての他者が超越化される。[34] つまり、内在を特定の概念への内在にしてしまうことは、当の概念への内在を**超然と**言う口実を与えてしまうのであり、平面と概念の区別はそうした副詞的な超越に対する**用心**として機能するのだ。したがって「内在はそれ自身にしか内在しない」(QP49/83) ということと、内在平面と諸概念の区別は分かち難く結びついており、純粋な内在が達成されることと、平面を代表することなくそこに棲まう諸概念の還元されざる多数性の獲得は同時に起こる。

するとしかしこんどは、内在平面自体の多数性あるいは可変性をどのように考えればよいのかという問題が持ち上がる。

一方でドゥルーズはスピノザを「哲学者たちの王」、「超越と一切妥協しなかった唯一の、超越をいたるところで追い払った唯一の者」(QP51/87) と呼ぶ。このとき内在平面は純粋に哲学に固有の前哲学的なものとなり、哲学がその外部と関わる「非哲学的」な側面は蒸発してしまったかのようだ。私はドゥルーズのスピノザ評価に一定の距離を置くことにする。それはこの研究が哲学と非哲学としての芸術の接面に、芸術的イメージと思考のイメージの関

33 この「前提」の意味については、次章でオズワルド・デュクロの言語行為論をたよりにあらためて取り上げる。

34 〈一者〉の超越化、主観の超越化、その変種としての他者の超越化への批判はそれぞれイデアの「観照」、批判的な「反省」、現象学的な「コミュニケーション」という、〈普遍〉を構成する三つの錯覚への批判に対応する (QP51/86)。

係に向けられているからであると同時に、哲学の変形の実践性をポジティブなものとして取り出すことに向けられているからだ。もっとも純粋な哲学者であると同時に、スピノザはある意味で**哲学しかしなかった**のであり、ドゥルーズの評価はスピノザを〈一者〉とし自身を裏切ってしまう危険をはらんでいる。[35]

　他方で内在平面の構築は「理性的でなく合理化できない」のだから畢竟それは恣意的なものであり、その多数性は内在平面の定義にあらかじめ折り込まれていると言うこともできそうだ。大筋としてはわれわれはこの立場を採るが、これはこれで別の問題を呼び込んでしまう。それはどこに内在平面の統一性を見出すかという哲学史的な問題であり、たとえば前ソクラテスの哲学者たちや新カント派をそれぞれひとつの平面を共有するものとして考えてよいのか、『論理哲学論考』と『哲学探究』のあいだで起こっている変化を同じ平面の上での運動と考えてよいのか、ひとりの哲学者を見舞う「転回」や沈黙とは何を意味するのか、ベルクソンの平面に対してドゥルーズの『ベルクソニズム』は独自の平面をもつのかといった一群の問いが浮かび上がってくる。内在平面と地層概念が交差するのはこの地点だ。

> それぞれの内在平面は〈一者‐全体〉であり、それは科学的な集合のように部分的な〔＝その総和として全体をなす〕のでも、概念のように断片的な〔＝全体化されえない〕のでもなく、配分的な distributif ものであり、ひとつの「それぞれ chacun」だ。内在平面そのものがあるとしたら、それは積層状のもの feuilleté だ。（QP53/90–91）

内在平面の多数性がたんに様々なかたちの超越という「失敗」の多様性によるのであれば、それは純粋な内在の達成であるスピノザへの全哲学史の従属として、平面は結局ひとつでよいということになってしまう。[36] そうではなく内在の構築そのものに多数性があるとしたら、それはひとつの内在平面がすでに「それぞれ」を配分するからだろう。「たんに平面どうしが異なるのでなく、諸平面を配分する仕方に違いがある」（QP53/91）。内在平面が「ダイアグラム的」（QP43/73）であると言われるのはそれが「それぞれ」を編み上げる連続体の変換の総体として考えられるからであり、またそれが「フラクタル」（QP42-43/71）であるのはどの平面もそれ自体でひとつの「それぞれ」を構築するからだ。それは失敗の多様を認める可謬主義とセットになった、温和でコミュニカティブな相対主義とはまったく異なる。

35　以下の一文からもドゥルーズのスピノザ評価における神秘化は明白であるように思われる。「スピノザこそが哲学者たちのキリストであり、そしてもっとも偉大な哲学者たちでさえも、この神秘から離れていたりそれに接近していたりする違いはあるにせよ、彼の使徒にすぎないと言ってもよいだろう」（QP62/107）。なお、スピノザに逆らってドゥルーズを読むこのような態度の意味については、第六章でふたたび取り上げることになる。

36　「哲学史があれほど多くのたいへん異なった平面を提示しているのは、たんにいくつかの錯覚があるから、あるいは錯覚の多様性があるからというだけではない。（…）そればかりではなく、内在を作るそれなりのやりかたを、いっそう深い理由として挙げることができる」（QP53/90）。

はるか昔の諸層が上昇しそれらを覆っていた様々な形成物を押しのけ、現在の層の上に直接露出し、この層にはるか昔の層が新たな湾曲を伝えるということはありうべきことだ。（…）このように、哲学の時間は以前と以後を切り離さず層位学的な秩序のなかでそれらを重ね合わせるような壮大な共存の時間だ。この時間は哲学史を裁ちなおしはするがそれと混同されることのない哲学の無限の生成だ。（QP61/105）

だからこそ「層位学的な秩序」のもとにある「共存の時間」が、哲学に属する固有の時間性としての「哲学の時間」を構成する。その時間は、そこここで以前と以後を切り離す、懐古主義的であったり発展史観的であったりする哲学史から区別され、哲学に固有の生成を指し示している。

一方でドゥルーズ自身がそうしたように、たとえばスピノザからニーチェを読むこと、ニーチェからスピノザを読むことは平面の交接から非時系列的な「変換の層」を編み出すことであり、「共存の時間」としての哲学史は彼の著作全体に現れている。

内在平面のフラクタル性とは、ひとつの内在平面が「ひとつ」であるのは、客観的な体系性において見出されることではなく、つねにその平面とともに思考する者との関係において初めて「ひとつ」になることを示している。たとえばベルクソンの平面に対して『ベルクソニズム』が独立した平面を備えているかと客観的に問うことは無益であり、その答えは独立している／していないと言う者自身が構築し「それぞれ」を配分する平面に依存するのだ。言い換えれば、哲学することなしに哲学的なテクストを読むことはできないのであり、思考することが「局所化不可能」であるのはそのような意味でのことであり、一本の矢として放たれた哲学が哲学になるのは、それを拾った者が別の方向に向けてそれを再度それを放つからである。したがって「哲学する」とはつねに同時に、誰かを、仮にそのひとがすでに大哲学者であっても新たに「哲学者にする」こととセットである。そしてドゥルーズの哲学史的なテクストはその不可分性の実践の記録である。

他方で、われわれが第二章で「イメージ」について、そして本章で「地層」について見たのはいずれも、ある概念の彫琢によって見出されるものがその作業自体の様式に跳ね返ってくるという事態であった。イメージにおける身体の後発性、地層における「変換の層」の構築は、哲学的実践の条件をなす構成要素として「あちら」から「こちら」に食い込んでくる。このような非哲学的なものの干渉による前哲学的な条件の変様においても、内在平面の多元性は実演されている。

思考の局所化不可能な多元性と非哲学的なものの干渉。『哲学とは何か』にいたる後期ドゥルーズの「地層」概念の変遷において、哲学はこのような規定のもとで捉えられるようになる。しかしわれわれはまだ、哲学的実践を定義する「概念の創造」については触れていない。次章では『千のプラトー』、『シネマ2』、そして『哲学とは何か』という本章であつかったのと同じコーパスにおいて、言語行為論が「概念」の定義に跳ね返るプロセスを検討する。しかしこの「跳ね返る」や「食い込む」、あるいは「剝がれる」といった、これまであちこちで使ってきたイディオムは実際のところ何を意味し、それはどのような条件において実現されるのか。これも次章の課題である。

第4章　言語

概念のプラグマティック

4－0　命題と言表、科学と哲学

本章では『千のプラトー』のドゥルーズ&ガタリの言語論と『哲学とは何か』における哲学の言語実践としてのありかたを架橋することを試みる。これは前者において「プラグマティック」と呼ばれる言語論と、後者において哲学がその創造を使命とする「概念」をつなぐ線を跡づけることを意味する。これもまた〈実践の哲学的規定〉から〈哲学の実践的規定〉へと至る線のバリエーションだ。

作業の目安として『千のプラトー』の言語論と『哲学とは何か』で哲学的概念を論じる議論とのあいだには明白な類似があることを確認しておこう。

まず『千のプラトー』の以下の一節では、意味論や構文論に対する「プラグマティック」の優位と命題に対する「言表」の優位が重ね合わせられている。

要するに、統語論的に、意味論的に、あるいは論理学的に定義可能で、しかも言表を優越し、言表に対して君臨するような命題は存在しない。ラッセルの論理学からチョムスキーの文法にいたるまで、言語の超越化のあらゆる方法、言語に普遍的特性を付与しようとするあらゆる方法は、これがあまりにも抽象的であり、しかもまだ十分に抽象的でない水準を承認しているという意味で、最悪の抽象に陥ってしまう。本当は言表が命題に依存するのでなく、その反対だ。(…)だからこそ、プラグマティックは、論理学や、意味論や、構文論の補完物ではなく、反対にすべてがこれに依存するような基本的要素となる。(MP184/上303)

プラグマティック pragmatique は「語用論」とも訳され、言語記号とそれが表すものの関係を論じる「意味論 sémantique」や言語の文法的な構造を論じる「統語論 syntaxe」に対して、言語をその使用という側面から考察する言語学の一分野とされる。そのとき語用論は、意味論および統語論によって構築された統一的なシステムの適用先として、その枠組みに収まったりはみ出したりする事例を収集し組織する場として考えられる。意味論・統語論という〈理論〉に対して語用論という応用的〈実践〉が位置づけられ、この区別はソシュールの言葉で言えば普遍的な「ラング」に対する個別的な「パロール」の、チョムスキーの言葉で言えば生得的で規則的な「言語能力」と偶発的な「言語運用」の階層を前提としているだろう。[1]

1 Saussure, *Cours de linguistique générale*, pp. 19-24〔二七 - 三四頁〕, Chomsky, *Aspects of the Theory of Syntax*, p. 4〔三六 - 三七頁〕.

ソシュールもチョムスキーも言語学を科学たらしめる条件としてラング＝言語能力の構造的把握を設定するが、実際の使用のメタレベルに想定される抽象が先の引用では「言語の超越化」あるいは「最悪の抽象」と呼ばれている。前章の議論で「シニフィアンの帝国主義」として見てきたものが、ここでは言語学批判の文脈で展開されている。ドゥルーズ＆ガタリはこうした一見科学的で中立的な〈理論〉が隠している政治性を告発している。「あまりにも抽象的である」とは、それが言語の具体的使用から遊離した〈理論〉、実体なき抽象物としての〈言語〉の存在を前提しているということであり、「十分に抽象的でない」というのは、その遊離の操作自体に折り込まれている政治性に無批判であるということだ。

本書では邦訳版に即し《pragmatique》を「プラグマティック」と訳すことにする。それは「語用論」を意味論・統語論と横並びに置くこと自体をドゥルーズ＆ガタリが棄却していること、言語をその実践 *pragma* のただなかで捉える**十分に抽象的な**理論の構築が目指されていることをより正確に伝えるだろうからだ。

『哲学とは何か』に目を移してみると、『千のプラトー』ではプラグマティックと言語の超越化の対立と重ね合わせられていた言表と命題の対立が、こんどは哲学と科学の対立との関係に置かれていることがわかる。

哲学における断片的概念の言表行為は、科学における部分的命題の言表行為と大きく異なる。原初的な局面では、あらゆる言表行為は定立に関わっている。ただしこのとき、言表行為は命題に対して外的なものに留まっている。なぜなら命題にとってはおのれの対象は指示対象としての〈物の状態〉だからであり、おのれの条件は、真理値を構成する指示性だからである（…）。反対に、定立に関する限りでの言表行為は、概念に厳密に内在する。（QP29/44）

ここでは哲学と科学の対立がそれぞれの生産する対象（概念と命題）の対立によって説明されている。科学的な命題が言表行為に対して外的であるのはそれが、指示が成立するか否か、つまり「命題 proposition」が真になるか偽になるかということにしか関わらず、そこでは言表行為の「定立 position」――「ポジティブ」と同根の語だ――という側面は副次的なものになるからだ。それに対してドゥルーズは、哲学的な概念において言表行為はそこに内在する、つまり概念の構築は言表行為における定立の作用と不可分かつ本源的な関係のもとにあると述べている。科学の言表＝命題が自身に対して外在的なものとの指示性にもとづいた関係によって価値をもつのに対して、哲学の言表＝定立はそれによって構築される概念そのものの価値によって測られる。

哲学的概念に見込まれるこの内在的な価値がどのようなものなのかというのは本章の後半で論じることになるが、さしあたりここで示したかったのは『千のプラトー』における言語のプラグマティックな規定から、『哲学とは何か』における哲学的概念の構築主義的な規定へと流れ込んでいる思考の線があるはずだということだ。次節ではまず「言語行為論」の創始者であるオースティンに遡ってその線を少しずつたぐり寄せていく。

4-1 オースティンの言語行為論——パフォーマティブから発語内行為へ

『千のプラトー』の言語論で取り入れられている議論は例によって異種混交的だ。ソシュール言語学の批判的継承者であるイェルムスレウやバンヴェニスト、社会言語学者ラボヴ、マルクス主義言語学者で文学者のバフチン、言語行為論を構築したオースティンとそれをフランスに輸入し言語学の領野で発展させたデュクロ、そしてレーニン、フーコー、ブルデューなど、さまざまな潮流のもとで言語を考えた書き手が呼び込まれ、議論は高度に多面的なものになっている。しかしここではわれわれの設定した仮説を検討するにあたってもっとも効果的と思われる文脈を選り分けることにする。本章は本書全体に関わる〈実践〉という主題に対して、言語という側面から考えるものだ。そこでここでは、発話という行為そのものの探究をおこなったJ・L・オースティン（John Langshaw Austin, 1911-1960）とオズワルド・デュクロ（Oswald Ducrot, 1930-）の言語行為論を主軸とし、両者の議論との距離においてドゥルーズ&ガタリの企図とその達成を測ることにしよう。

そのさい厄介なのは、ドゥルーズ&ガタリは『千のプラトー』でオースティンの名に言及してはいるが文献は示されず、おそらくその言及はデュクロによる紹介に強く拠っていると思われることだ。したがってオースティンのテクストを直接『千のプラトー』と対照することは、多かれ少なかれ人為的かつ外在的な操作になってしまう。しかしオースティン―デュクロ―ドゥルーズという系譜を明確に跡づけるためにはまず、オースティンの創設したこの潮流、そしてとりわけ、ふたりに引き継がれる「パフォーマティブ」そして「発語内行為」という概念がどのようなものとして作り出されたかということを見る必要があるだろう。

オースティンをもっとも有名にしているのは、彼によって発明された「コンスタティブ（確認体）」と「パフォーマティブ（遂行体）」という発話utteranceのタイプの区分だろう。彼が一九五五年におこなった講義をまとめた『言語と行為』は、この区分を導入するところから出発する。

コンスタティブとは真または偽になる発話であり、パフォーマティブとは適切または不適切になる発話のことだ。たとえば「雨が降っている」という発話は実際の状況に照らして真または偽になり、これはコンスタティブであると言える。他方で「この部屋に入るな」という発話は、あらかじめなされた禁止という行為を記述したり通達したりしているのではなく（したがって真／偽によって測られず）、この発話自体が禁止という行為そのものであり、これはこの発話がその効果を発揮するにあたって適切か不適切かによって測られる。聞き手がいないところでこれを発したり発話者に禁止の権限がなかったりすれば発話は不適切なものになる。したがってパフォーマティブの発見はその裏面で「ナンセンス」というものの新たな領野の発見であり、「丸い四角」や「令和の征夷大将軍は派手髪だ」、「色のない緑の観念が猛然と眠る」、「を鳥そしてだ空ゆっくり青いが飛ぶもし」、といった意味や指示、あるいは語彙や文法に関わるナンセンスとはまったく異なる。

しかしこの発見は度重なる困難を呼び込んでしまう。オースティンは適切さの条件、不適切さのタイプ、「明示的な explicit パフォーマティブ」の語彙または文法における基準をリストアップすることを試みるがこれらはどれも失敗に終わり、講義のなかばを過ぎたあたりでコンスタティブ／パフォーマティブの区別の考察そのものを棚上げにしてしまう。[2]「雨が降っている」という発話が窓を閉めてくれという命令として機能することもあれば、反対に文法的には明示的にパフォーマティブな「窓を閉めなさい」という発話が命令として機能するためには、意図や状況といった言外のカテゴリーにあまりに強く依存している（私がいまあなたに窓を閉めるよう命令しているわけではないように）。

そして彼は**発話という行為そのものの性質**の探究に舵を切りなおす。彼は「言う」ことがたんに言葉を発する行為であるだけでなく、そのつど特定の行為（約束、命名、禁止、記述、報告、定義等々）をおこなうことでもあるという、発話という行為そのものに埋め込まれている多層性を区分けすることを試みる。ここでなされているのはコンスタティブという透明で中立的な発話に対してパフォーマティブという特殊な行為を対立させることではなく、幾何学の定理のような普遍的意味をもつとされるようなものであれ**あらゆる発話が「意味」の透明な提示に留まらない、たんなる発話以上のものである**という前提へのシフトだ。したがってコンスタティブ／パフォーマティブの対立から離れて初めて、オースティンは「言語の超越化」に対する批判的な視座を拓くことができたと言えるだろう。

そうしてオースティンは新たに、ひとつの同じ発話に備わっている行為の三つの次元として、発語行為 locutionary act／発語内行為 illocutionary act／発語媒介行為 perlocutionary act という区別を導入する。三つをごく簡単に整理する。

発語行為：　発語**という** *of* 行為。「この部屋に入るな」あるいは「この花は赤い」という言葉をそのような文法的、辞書的な意味で発すること。

発語内行為：　その発語**において** *in* なされる行為。「この部屋に入るな」という発語においてなされる禁止、あるいは「この花は赤い」という発語において行われる記

2　以下の初めのふたつの引用はパフォーマティブとコンスタティブ両方に共通する「失敗」の構造があることを示しており、最後の引用はある発話がいずれのタイプであるかを決定する客観的な基準はないということを示している。「「私は約束するが、それをするつもりはない」は「それは事実だが、私はそれを信じない」とパラレルであり、おこなう意図がないのに「私は約束する」と言うことは、信じていないのに「それは事実だ」と言うこととパラレルだ」（Austin, *How to Do Things with Words*, p.49［八四頁］）。「参考書類 reference を欠く（あるいはそれがあやふやであっても）契約が成立しないのは指示対象 reference を欠く言明が成立しないのと同じだ」（*Ibid.*, p.51［八五頁］）。「それから、私たちはパフォーマティブの文法的基準を見出すことに失敗した。それでも、ひょっとするとすべてのパフォーマティブは原理的に明示的なパフォーマティブの形式に変形**しうる**と主張できるかもしれない（…）と考えた。しかし、それ以降の私たちは、たとえある発話が見かけ上あきらかに明示的な「パフォーマティブの」形式をしていたとしても、それがパフォーマティブなのか否かを確定するのはしばしば簡単ではないことを見出すばかりであった」（*Ibid.*, p.91［一四四頁］）。

述。

発語媒介行為：発語**によって** *by* 引き起こされる行為。「この部屋に入るな」と言われた者が部屋に入るのをやめること、あるいは「この花は赤い」と聞いた者がその花が赤いことを認めること。

まず注意するべきなのは、この三つの水準はパフォーマティブ／コンスタティブにまたがって、あらゆる発話にそなわっているということだ。このうちとりわけ重要なのは発語内行為であり、これが発話という行為の性質の新たな水準の発見であることをオースティン自身も強調している。

この連続講義におけるわれわれの関心は、本質的に第二の種類の行為、つまり発語内行為に注意を向けることであり、そしてそれと他の二種の行為を対比することにある。哲学には他の二種のどちらかを好んで発語内行為を黙殺する恒常的な傾向がある。[3]

こうした問題提起をドゥルーズ＆ガタリ的な観点からパラフレーズすれば、発語行為の分析は意味論的および統語論的探究であり、発語媒介行為の分析はこれらに従属する限りでの「語用論」的探求であると言える。発語行為は硬派に言語学なものであり、発語媒介行為は社会（言語）学的な探求の対象になりうるだろうが、発語内行為という領野の発見はこの分割そのものを問いに付す力をもっているだろう。実際にオースティンは、発語行為に親和的な「意味」や発語媒介行為に親和的な「使用」という観念が、発語内行為の際立った作用をぼやけさせてしまうことを避けるために「発語内の力 illocutionary force」という概念を用いている。[4]

われわれが発語内行為という命名法を使ってもたらすのは、発語行為の（少なくとも日常的な意味での）結果に言及することでなく、発語内の力をもたらす慣習に言及することだ。その発語内の力は、当の発話がなされる機会における特有の状況と関連している。[5]

たとえば「この部屋に入るな」という発話の辞書的・文法的な「意味」がいかに共有されていたとしても、禁止という発語内行為の成立を保証するわけではない。当の部屋の存在、

3　*Ibid.*, p.103［一六〇頁］.

4　*Ibid.*, p.115［一七八頁］.「意味」を特権視するのはコンスタティブな言明のみに取り組む論理実証主義的な態度であり、「使用」を特権視するのはたとえばウィトゲンシュタイン『哲学探究』における「意味の使用説」あるいは言語の「ゲーム」的な描像が当てはまるだろう。ウィトゲンシュタインは言語ゲームにおける言語の「活動」として命令、記述、仮説、物語、冗談、翻訳など様々な行為を列挙するが、オースティンの観点からすれば「「使用」というのは絶望的に曖昧で幅広い言葉だ」と言えるだろう（ウィトゲンシュタイン『哲学探究』、三七－三八頁、Austin, *How to Do Things with Words*, p.100［一五七頁］）。

5　*Ibid.*

禁止の権限、話し手が真面目であることなど言語外的な状況と関連する限りで禁止は禁止たりうる。そしてなされた禁止がどのような「結果」を招来させるか（入室を思いとどまるかどうか）は発語媒介行為に関わる事柄である以上、やはり発語内行為には独立した行為としての領野が用意されるべきだということになる。オースティンは発語内行為の行為としての特殊性を身体的行為と対比して、次のように述べている。

さらに、ふつうの身体的行為との対比によって見出される、何かを言うという行為の特別な性質が、いくぶんかの助けになるように思われる。というのも、身体的行為においては、たとえばわれわれが結果から引き離そうとつとめているミニマムな身体的行為だとしても、行為はともあれ肉体の動きなのであり、だからそれは少なくともそれらの結果の多くと実質を同じくする。一方で、何かを言うことの直接的で自然な結果がどういうものだったとしても、それらは少なくとも通常は、さらに何かを言うという行為ではない。話し手の側ではいっそう格別にそうではないし、聞き手の側ですらそうではない。だから、ここでは連鎖のうちに、ある種の規則的で自然な断絶が入るのであり、それは身体的行為のケースでは不在なのにたいして、発語内行為の名称の特別な一群とは結びついている。[6]

兎を撃つという「ふつうの身体的行為」においては引き金を引く指も猟銃も兎も物質であ

り、これらはさらに「ミニマム」な行為に分割できる。しかし「この部屋に入るな」（禁止）や「この花は赤い」（述定）においてなされる発語内行為をそのようなミニマムな契機に分割することはできない。その行為においてなされるのは「断絶」であり細分できないうえに、それは言語によって物質的なものに介入する。「言語に内在的な行為はいったい何から成り立っているか」（MP102/上174）と問うドゥルーズ&ガタリにこの議論が反響していることはたしかに思われるが、それはデュクロを介してのことであり、ある意味でドゥルーズ&ガタリをプラグマティックに出会わせた彼の持ち分はこれまでのところ明確にされていない。[7]

4-2 デュクロの言語行為論——法的人称性と発語内行為としての前提

『千のプラトー』で参照されるデュクロの『言うことと言わないこと』は、言語を「思考の表象」と考える一九世紀の比較言語学と、言語を情報の相互的な「コミュニケーション」と考えるソシュール以降の言語学を批判することから出発する。とりわけ後者について言えば、言語をコミュニケーションと考えることは、コードを介した情報のやり取りとすることだと言われる。

6 *Ibid.*, p.113［一七六頁］.

7 たとえばジャン＝ジャック・ルセルクルはドゥルーズの言語論の包括的な研究をおこなっているが、デュクロに関してはほとんど名前が挙げられるに留まっている（Jean-Jaques Lecercle, *Deleuze and Language*）。

自然言語をある個人から別の個人へと情報を伝達するためのコードだと言うことは、同時に、言語によって表現されるあらゆる内容を**明示的な** *explicite* しかたで表現されたものと認めることだ。結局のところ定義からして、コードを解読できる者にとってコード化された情報は明白な manifeste 情報であり、それそのものとして自らを与える情報であり、自ら告白し、自らひけらかす情報だ。[8]

デュクロはこうした「明示的な」情報‐コードによるコミュニケーションという図式に替えて「暗示的な implicite ものの機能」を探究する。これから詳しく見ていくが、この暗示的なものへの着目は「明示的なパフォーマティブ」の形式化に苦心し、その挫折の先に見出した発語内の力についてもまた動詞の種類による明示的分類に終始し、ほとんど投げやりに講義を終えたオースティンのプロジェクトを批判的に引き継ぐものだ。[9]

彼が「言語学的前提 présupposition linguistique」と呼ぶものが暗示的なものの機能を担うのだが、エミール・バンヴェニストによる間主観性の議論がその在り処の最初の候補として挙げられる。

バンヴェニストによれば「私」という人称代名詞の機能は、話者自身のことを指すための短縮表現などではなく、むしろ「あなた」と呼ばれる話し相手が自身をまた「私」という語を用いて指すことによって関係に相互性が生まれることにある。[10]〈私‐あなた〉関係のこの相互性をデュクロはひとつの「義務論 déontologie」として捉えている。つまり、一人称－二人称の相互性はたんなる中立的で明示的なコード以上のものであり、この余剰としての暗示的次元が言語の世界に参入する者に義務として課されるということだ。

バンヴェニストによって開かれたこのような視野においては、発話にとって本来的である間主観的な関係は狭義のコミュニケーション、つまり知識の交換に還元できない。反対に、言語がきっかけや手段を与えるだけでなく、制度的枠組みや規則を与えるような、人間どうしのきわめて多様な関係がある。したがって**言語はもはやたんに個々人が相互に出会う場ではなく、強く規定された形式をこの出会いに課すものになる**[11]。

まさに一人称－二人称の相互性がそうであるように、言語は個々人の出会い方を規定する。それはコードによって情報のコミュニケーションがおこなわれる「場」を一定の構造のもと

8　Ducrot, *Dire et ne pas dire*, p. 5.

9　「われわれは「明示的なパフォーマティブの動詞」のリストが必要だと言った。しかしより一般的な理論に照らせば、いまや必要なのはひとつの発話がもちうる**発語内の力**のリストであることがわかる」(Austin, *How To Do Things with Words*, pp. 149–159〔二三三頁〕)。

10　Benveniste, *Problèmes de linguistique général*, tome. 1, pp. 258–266〔二四二－二五二頁〕.

11　Ducrot, *Dire et ne pas dire*, p. 4 強調引用者.

で開設するのであり、その意味でコミュニケーションを基礎づけるものだ。

しかしパフォーマティビティの考察を通して、デュクロはバンヴェニスト的な間主観性によって言語の義務論的なありかたを説明することを棄却する。バンヴェニストはパフォーマティブな発話を、一人称単数・現在時制という明示的な文法的形式をもつ言表の「自己言及的な sui-référentiel」性質によって説明しようとする。[12] たとえば一般的に言って「私は約束する」という発話はたしかにパフォーマティブであるが「**彼は**約束する」や「私は約束**した**」はコンスタティブな記述であるように、言表行為が人称や時制、そしてそこでおこなわれる行為を表す動詞を通じて話者自身へと関連づけられるときにパフォーマティブな発話が形作られるとされる。しかしデュクロが述べるように、たとえば公的な場での「私はあなたを解雇する」という発話がパフォーマティブな価値を担いうるためには、「解雇」という行為の社会的性格があらかじめ存在しなければならない。同様に「私は約束する」という発話においても、約束(の言表)が課す義務という社会的性格があらかじめ存在しており、そして「私は約束する」という言表が発話者を「私」という主語へと拘束し、**その結果として**その言表行為は自己言及的なものになる、つまり言表の主語と言表行為の主体との一致が生み出されるのではないだろうか。

したがってわれわれはバンヴェニストによって提示された図式を転倒することになる。

(…)もしそれ〔=自己言及性〕がパフォーマティビティを説明するのに用いられるな

らパフォーマティビティは決定的に神秘的なままになってしまうだろう。だからこそわれわれは逆方向の歩みを提案する。一定の言表が一定の行為を達成するために社会的に用いられるということが、第一の還元不可能な事実としてあり、それが主観的な形態素〔＝一人称・現在時制〕を含むときにその言表は自己言及的なものと解釈されるのだ、と。[13]

ひとことで言えばデュクロは、暗示的な言語学的前提の在り処は〈私－あなた〉の（間）主観性にではなく三人称的で社会的なものに求められるべきだと述べており、これはパフォーマティブの適切さの条件を「状況」や「慣習」に求めたオースティンと比較的近い立場を採っているということになるだろう。[14] しかしデュクロについて包括的な研究をおこなっている赤羽研三が述べるように、オースティンを動機づけているのは適切さの**明示的な**条件の探究であり（それは彼自身が批判した論理実証主義者たちが、偽の言明から真の言明の条件を明示的に選り分けようとしたことと類比的だ）、適切さを欠く発話は力をもたないことにな

12 Benveniste, *Problèmes de linguistique général*, tome. 1, pp. 267-276〔二五三－二六四頁〕.
13 Ducrot, *Dire et ne pas dire*, p. 4.
14 しかし彼は発語内行為について「パフォーマティブの原因となるものであり、それよりいっそう一般的なもの」としており、オースティンより踏み込んだ解釈をおこなっている側面もある（*Ibid.*, p. 76）。この立場はドゥルーズにそのまま引き継がれているだろう。

る。それに対してデュクロの言うパフォーマティブな拘束において、酔っ払いが路上で「私はアメリカに宣戦布告する」と叫ぶというオースティンからすれば完全に「不発 misfire」の事例でも、その「私」がそうする権限をもっているものとして自分を提示することは妨げられない。[15] 約束を守るつもりはなくても約束する者として自分を提示することはできるように。デュクロが言語を「ゲーム」と呼ぶのは、それをウィトゲンシュタイン的な「言語ゲーム」よりもっと「論争的 polémique」な、互いが自分に有利な前提を忍び込ませ合う駆け引きとして考えているからであり、その性質は修辞的と言われるような言語の特殊な使用だけでなく、あらゆる社会的な発話に備わっており、むしろ発話が社会的であるための条件をなしている。[16]

バンヴェニスト、オースティン、そしてウィトゲンシュタインに欠けているのは**主体化**の観点だと言えるだろう。発話はあらかじめ主体である者がコードに沿ってコミュニケーションをしたり、あるいはその場でコードを作ったり辞書を書き換えたりすることによって社会的なものになるのではなく、人々をそのつど特定の様式で――約束する者として、解雇される者として、宣戦布告する者として――拘束し主体化する、つまり発話は、あれこれの「ポジション」に押し込めたり自分で言い募ったりするものとして機能して初めて社会的なものとなる。

デュクロはこうした、もとより構築的な主体性を「法的人称性 personnalité juridique」[17] と呼ぶ。「法人」は仏語で《personne juridique》と呼ばれるので、これを「法人性」と訳すこともできるだろう。実際に社員が解雇される状況を考えれば、「お前はクビだ」という口頭での上司の言葉は、書類における「当社は貴殿を解雇する」という法人を主語とした言葉と同一の社会的構造を前提としている。**法的人称性は人称性そのものの法的性格、つまり三人称性を含意しているる**と言えるだろう。営業先で「弊社は……」という主語を用いるときにも、自分の子供に「お父さんは……」と語りかけるときにも法的人称性は宿っている。デュクロにおいて三人称的で社会的な領野から切り離された純粋な一人称－二人称の関係は存在せず、誰もが社会のなかでの特定のポジションにもとづいて発話している、というか、発話によってポジション＝主体を作るゲームとして社会が想定されている。社会から切り離された純粋な〈私－あなた〉は存在せず、むしろそれは契約書における〈甲－乙〉をモデルにしている。デュクロは発語内行為を「パフォーマティブを成立させる、よりいっそう一般的に現れる」タイプの行為と捉えており、その範例として裁判における判決の言表を考えている。

犯罪的な行動 action を形容すること（盗み、裏切り、脅迫等々）、それはわれわれがその語に与えた意味では行為 acte としてそれを提示するのではない。というのも、犯罪

15　赤羽研三「デュクロの語用論1」、一七〇頁。
16　Ducrot, *Dire et ne pas dire*, p.4.
17　*Ibid.*, p.73.

を規定する罪悪に関する法的な状況は、説明された行動のあれこれの帰結から由来するとみなされるからだ。しかじかの行動は他者を、秩序を、社会を害するから罰せられるべきだと考えられる。反対に、判事による判決の言表は容易に法的行為とみなすことができる。判事の発話と被告の受刑者への変形のあいだにどんな〔中間的な〕結果も介在することはないからだ。[18]

被告を受刑者に一瞬で変える「法的行為 acte juridique」あるいは「法的変形 transformation juridique」は、のちに見るように「非物体的変形」としてドゥルーズ&ガタリの議論に引き継がれる。これはすでにオースティンにおいて発語内行為が発語と同時に作用し、「ふつうの身体的行為」における原因と結果の連鎖とは異質なものであったことを受けていると思われるが、先にも述べたように、デュクロにおいては、たとえ「不適切な」発話であってもこの効果を与えること、少なくとも与えるものとして自らを提示することができる。言表の法的性格を強調するために法廷での事例を持ち出すのは、あくまでそれが範例的であるからだ。[19]

おそらく、オースティンとデュクロのあいだにあるパフォーマティブをめぐる態度の差異は、言語と社会の関係についての考え方の決定的な差異に起因しているだろう。オースティンは一方で、パフォーマティブな発話を構成する言語的な要素を人称、時制、動詞の種類といった**明示的なレベルで**分類し定式化することを試みているが、他方で、そうした発話を「適切な」ものとする条件を言語外的な状況との適合関係に求めている。それに対してデュクロにとってパフォーマティヴを成立させるのは、**言語に内的あるいは暗示的な社会性**であり、彼は言語に内属する「義務論」的ないし「法的」な性格が、人々の社会的な相互作用を規定していると考えている。つまり、**オースティンが言語を言語として、そして「言外の」社会を社会としてピュリファイするのに躍起になっているのに対して、デュクロは「言外の」意味が決して非言語的なものではなく、暗示的なものとして言語に内属しており、そこにこそ言語の社会的な機能が表れていると考えている。**そしてこれは、『哲学とは何か』において内在平面が哲学に内属する「前哲学的なもの」とされていたのと類比的である。デュクロの『言うことと言わないこと』の副題は「言語学的意味論の諸原理」とされているが、これは彼の企図が純粋に論理学的な意味論とは区別されることを示しているとともに、彼が言語に固有のパフォーマティヴな側面を、言語の意味の不可欠な構成要素として考えていることを示している。ドゥルーズ&ガタリはここにプラグマティックの次元を意味論に浸潤させる手がかりを見たのだろう。

実際にデュクロはソシュール的な意味での「ラング」としての「言語学的成分 composant linguistique」にまで義務論的な側面が食い込んでいると考えており、特定の文脈での個別の

18 *Ibid.*, p. 77.

19 赤羽が指摘するように、オースティンはすでにパフォーマティヴの作用を「発効的 operative」(Austin, *How to Do Things with Words*, p. 7 [二一頁]) という法的効力があることを意味する用語によって特徴づけている(赤羽「デュクロの語用論1」、一五六頁)。

使用においてあらわれる「修辞的成分 composant rhétorique」にのみそうした性格を見出すことでラングを「中立的」なものとすることを批判する。

修辞学的成分を純粋に場当たり的に構築し、言語学的成分を「救う」ことのみを目指すような傾向には警戒しなければならない。経験的な現実に適合する文脈に依存した意味 sens〔＝パロールにおける意味〕へと言表を変容させる、社会－心理学的な機械仕掛けの神を最後に呼び出すことによって、諸々の言表に割り当てられる意義 significations〔＝ラングにおける意味〕の人為的な性格づけや単純化を行うことは、実際のところ便利ではあるだろうが。[20]

デュクロは言語の社会的性格を、そのつどの使用における文脈のみに認めるのでなく――オースティンが「使用」について言ったことを敷衍するなら、「文脈」もまた絶望的に曖昧な言葉だと言えるだろう――ラングそのものに書き込まれた社会性を剔抉することを目指す。「発話者が互いに及ぼす作用は発話の偶発的な効果ではなく、ラングの組織化それ自体において定められている。**ラングは情報を伝達するたんなる道具である以上に、構文や辞書に書き込まれた人間関係のコードを含んでいる**[21]」。

たとえば「あるいは ou」という接続詞そのものに選言への閉じ込めが折り込まれており、「**勝て、あるいは死ね** *Vaincre ou mourir*」という言表は実際の使用において「勝て、さもなくば死ね＝勝つことができない者は死ななければならない」という意味をもちうる。つまり勝利と死の選言は等価ではなくなるが、こうした特殊な意味は選言という構造があらかじめ拘束力をもつからこそ可能になる。[22]これは疑問文がたんに「私はこれこれのことを知らない」という情報の欠如を伝達するのではなく、相手に特定の形式での返答を課す力をもっていることと同じだ。

言語学的成分と修辞的成分の区別は緩やかに発語内行為と発語媒介行為の区別に対応しており、デュクロは「前提 présupposition」を発語内行為の一般的な形式として探究するが、それは発話されたものとしての「命題 proposition」の連鎖を下支えし、一群の言表の集合として言説 discours の統一性を形作る機能を担う。

彼は前提の機能をあぶり出すために、命題から前提とともにそれと区別される「提題 posé」を抽出するという操作をおこなう。次の例で考えてみよう。[23]

20　Ducrot, *Dire et ne pas dire*, pp. 112–113.
21　*Ibid.*, pp. 97–98 強調引用者.
22　*Ibid.*, p. 114.
23　以下の例示については Ducrot, *Dire et ne pas dire*, p. 81 および赤羽「デュクロの語用論 1」、一四四頁を参考にした。

ジルは煙草を吸うのをやめた。（命題）

この命題は提題として次の要素をもっている。

ジルは今煙草を吸っていない。（命題の提題）

また、前提として次の要素をもっている。

ジルはかつて煙草を吸っていた。（命題の前提）

提題と前提の区別は、命題を否定形に変換することによって導き出される。

ジルは煙草を吸うのをやめていない。（命題の否定形）

ここで重要なのは、**命題を否定することによって提題もまた否定されるが、命題を否定しても「かつて吸っていた」という前提は残存する**ということだ。前提は命題を否定することによっては否定できないものであり、たとえば「ジルは煙草を吸うのをやめた」に対して「いや、彼は隠れて吸ってるだけだよ」と返すことも「そうか、それで彼は喫煙所に来なくなったのか」と返すことも同じ前提を保持している。また提題と前提の区別は疑問文によっても見られる。

ジルは煙草を吸うのをやめましたか。(命題の疑問形)

これに対する応答(はい/いいえ)は提題の肯定/否定に重なり合うが、この疑問文も「かつて吸っていた」という前提をもっており型通りの応答はその前提にコミットできない。もちろん命題に対して「ジルは**もともと**煙草を吸ってないよ」と前提を否定することもできるが、前提に対する抗弁は「攻撃的なものとして経験され、議論を大いに人格化するものとなり、それを口論へと変えてしまうだろう」。たとえばイエスかノーかで答えるべき質問に型通りの返答をしない場合に顕著なように、前提の毀損は「たんに誤ったことを言ったことだけでなく、馬鹿げたしかたで振る舞った」こととして受け取られる。[24] 裏を返せば相手の前提を受け入れることは会話が安定した構造のもとに——言説の面でも対人関係の面でも——継続することの条件なのであり、それはなおさら前提という行為の義務論的な性格を証し立てている。

デュクロは会話ないし言説の安定性をなす条件を「進展の条件 condition de progrès」と

24　Ducrot, *Dire et ne pas dire*, p.92.

「整合性の条件 condition de cohérence」のふたつに区別するが、前者は提題に関わり後者は前提に関わるとされる。[25] 進展の条件とは、各発話は新たな情報を含んでいなければならないということであり、たとえばある命題に対して当の命題がすでに含んでいる提題を返すことはトートロジーであり会話の体《てい》をなさない。整合性の条件は会話において同じ前提を保持しなければならないということであり、提題とは反対に前提は残存することによって言説の統一性が形作られる。デュクロは提題の反復を「繰り返し rabâchage」と呼び前提の反復を「冗長性 redondance」と呼んで区別するが、その意味で言説を**前提の冗長性によって提題の繰り返しを避けるゲーム**として考えることができるだろう。[26]

「言うこと」はふたつの「言わないこと」を必要としている。一方は繰り返すべきではない提題であり、他方は言わないままに保持しておくべき前提である。明示的発話が意味をもつ条件はこのふたつの「べき」であり、これは中立的なラング＝意味を取り囲む社会的諸条件＝文脈ではなく、反対にこの「べき」を刻み込むラングそのものの義務論的性格のほうが社会の条件となっている。

> （…）質問と応答のゲームにおける前提の保持、言説における前提の冗長性（これが言説の一貫性を保証する）、言表〔＝提題〕の連鎖に対して保持される前提の外部性（これが連鎖に対してひとつの枠組みを提供する）。これらの指摘からわれわれは前提という行為――ひとつの発語内行為であり、発話者たちの「法的な」状況を直接的に変形さ

せるものとして――を定義することを試みる。[27]

ジルは煙草やめたらしいね――隠れて吸ってるだけだよ――どこで?――非常階段。この一連の会話において、まずジルはもともと喫煙者だという前提を共有したうえで提題が否定されつつ新たな情報がもたらされ、こんどはその受け入れられた情報=提題が前提に滑り込み「どこで?」という問いが提起され、その前提に沿った応答がなされている。提題の進展と前提の整合性が循環することによって会話はインフォーマティブかつ社交的なものとなるが、「ふつう」の会話においてわれわれが従っているこうしたルールはある意味で無慈悲なものであり、それは自然のように精妙であるがゆえに隠されており、完全なセンテンスをなさない途切れがちな言葉さえ巻き込み、われわれを絶えざる法的変形に組み入れていく。「ある言表に前提が入り込むとき、会話が続くために支払われるべき代償が設定される」[28]。積み上げられた前提はその代償を精算することなしには変形されず、そのつど発話者たちのあいだにある社会的現実がつかの間露わになる。それを押し隠すために引き攣った笑みとともに即座に持ち込まれる新たな前提は、またテーブルの上に同額のチップを重ねるよう対話者

25 *Ibid.*, p.87.
26 *Ibid.*, p.88.
27 *Ibid.*, p.90.
28 *Ibid.*, p.91.

に強制する。

4-3 指令語と間接話法――言表行為の集合的アレンジメントとは何か

ドゥルーズ&ガタリがデュクロの言語行為論に着目したのは、なによりまず言語そのものに内属する社会性をあぶり出すという、彼の根本的な企図に彼らが共振したからだろう。そしてまた、ウィリアム・ラボヴによる黒人英語の社会言語学的な研究やカフカなどの「マイナー文学」を取り上げ、「言語を吃らせる」ものとしての言語のありかたを考えようとする彼らにとって、デュクロの高度に形式的な議論は「十分に抽象的な」言語の規定に寄与しているだろう。『千のプラトー』の言語論において、デュクロについては内容／表現の二重分節というアイデアをもたらしたイェルムスレウと並んで重要な位置づけがなされるべきだと思う。重要なのは彼らふたりが哲学者や文学者や社会学者ではなく言語学者であるということ、それも**ソシュールのあとで言語の形式性を思考した**言語学者であるという点であり、イェルムスレウがラングの抽象性を徹底化することで記号のシニフィアン的体制を相対化する糸口をつかんだように、デュクロは「前提」という言語に固有な行為を――標準的なものからの偏差に寄りかかった「語用論」としてではなく――意味論的に探究することで、ラングに内属し、かつそれによって構築される社会性を明らかにした。つまり両者ともドゥルーズ&ガタリにとっては、等質的なものとして閉じられ、シニフィアンの規定性と骨絡みになったラング概念への批判的介入を可能にする回路として位置づけられている。

先にも述べたように『千のプラトー』においてオースティンに関しては名前が挙げられるだけで文献は示されておらず、内容的にもその解釈はデュクロによる紹介に多くを負っていると思われる。ドゥルーズ＆ガタリはパフォーマティブおよび発語内行為という概念によって、(i)言語をコードとして捉えることは不可能になり、(ii)プラグマティックを意味論、構文論、音素論から切り離すことは不可能になり、(iii)ラングとパロールという区別を保存することは不可能になったと述べる（MP98/上169）。これらはどれもオースティンによって直接主張されたものではないと同時に、先にわれわれが見たデュクロの整理と似通っているが、ここからもドゥルーズ＆ガタリにとってデュクロがほとんど唯一の言語行為論についての参照元であることがわかる。

言語をコードとして考えることができないのは、明示的なコードの成立自体に言語に内的な「暗示的なもの」が関わっているからであり、プラグマティックが意味論や構文論のたんなる適用先でありえないのは意味や構文のうちに「義務論」的性質が入り込んでいるからであり、言語の抽象的体系としてのラングとその個別の使用としてのパロールを截然と区別することができないのは、言語は実体をもたない靄のようなものとしては存在しえず、その存在そのものに行為という次元が前提されているからだ。

ドゥルーズ＆ガタリはあらゆる言表に折り込まれて impliqué いる義務論的な作用を「指令語 mot d'ordre」という概念によって指し示している。

われわれが**指令語**と呼ぶのは、明示的な explicites 言表の諸々の特定のカテゴリー（たとえば命令法）ではなく、あらゆる言葉や言表との暗示的な前提 présupposition implicite との関係、つまり、言表において実現され、また言表においてしか実現されない発話行為と言表との関係だ。したがって指令語は命令のみに関わるのでなく、社会的義務によって言表と結びつくあらゆる行為に関わる。直接または間接にこの紐帯を示さないような言表は存在しない。ひとつの質問、ひとつの約束は指令語だ。（MP100/上171）[29]

たとえば「私は走る」と言わなくても走ることができ「私は話す」と言わなくても話すことができるように、これらは発語内行為ではないが（たとえばそう言うことにおいて何かを強調しているとすればその強調は発語内行為だと言えるが、走ったり話したりすること自体は発語内行為ではない）、「私は約束する」またはそれに類する言表を発することなく約束することはできず、そのとき約束は発語内行為と考えられる。ここで「言表においてしか実現されない行為」とは約束であり、指令語は「私は約束する」という言表と約束という行為とのあいだにある関係を指している。つまり**指令語それ自体は**、**言表でもなく**、**その言表において行われる行為でもない**。だからこそそれは明示的なカテゴリー（命令法あるいは直説法、一人称単数、現在時制、能動態等々……）に囲い込まれることはなく、つねに言表のうちに折り込まれて＝暗示されている。**指令語は一定の言表を一定の行為に結びつける言語に内的**

な紐帯そのものであり、『千のプラトー』の言語論は全体としてこの紐帯がどのようなものなのかという問いによって方向づけられている。

まず言表と行為の関係は、物理的な因果関係としては考えられないということが示される。このことをドゥルーズ&ガタリはデュクロの「法的変形」を引き継ぎつつ、『意味の論理学』で展開されたストア派に由来する「非物体的なもの l'incorporel」の論理を接ぎ木して「非物体的変形 transformation incorporelle」という概念のもとに鋳なおす[30]。

平和や戦争は様々な身体の状態であり様々な身体の混合だ。しかし総動員の政令は、身体の非物体的で無媒介的な変化を表している。身体には年齢、成熟、老化がある。しか

29 『千のプラトー』邦訳版では「暗示的な implicite」という形容詞が「潜在的な」と訳されている。これはドゥルーズの重要概念である「潜在性 virtualité」との混同を引き起こすだけでなく、オースティンからデュクロを介してドゥルーズ（＝ガタリ）にいたる « explicite/implicite » という概念の系列があることを看過させてしまう。さらにこれは一九六四年の『スピノザと表現の問題』以来ドゥルーズのボキャブラリーにあらわれ続ける語でもあり、後期になるとそれが「襞 pli」や地層の「褶曲 plissement」などの pli- 系列の概念として展開されるようになる。したがって翻訳に際して「（外に）折り広げる／（内に）折り込む expliquer/impliquer」といったように、語の要素に含まれた空間的な意味合いをなるべくリテラルに受け取るべき箇所も多いだろう。後期ドゥルーズの用語法には語を空間的な意味合いが浮き上がる要素にまで分解する傾向が見られる。たとえば « plan de consistance » が「整合性の平面」ではなく「共立平面」と訳されるのはそれが「整合的な」あるいは「堅固な」平面というよりは、異質な要素が嚙み合わせによって「共に-立っている *con-sistere*」平面という意味合いが込められているだろうからだ。

し、過大評価、定年退職、あれこれの年齢の区分は、しかじかの社会において、瞬時に身体のものとなる非物体的変形なのである。「おまえはもう子供じゃないんだよ」。この言表は、たとえ身体について言われ、その能動 action と受動 passion に干渉するにしても、やはり非身体的変形に関わっている。非物体的変形とは、その瞬時性、無媒介性、それを表現する言表と、この変化が生み出す作用との同時性によって確かめられる。このため、指令語は、時、分、秒まで正確に日付をもち、日付を得るのと同時に効果を発する。(MP102/上175)

オースティンが「ふつうの身体的行為」における原因と結果の連鎖に対して異質なものとして発語内の力を考えたように、そしてデュクロが犯罪的な行動 action を形容する言表と被告を受刑者へと瞬時に変化させる法的行為 acte juridique としての判決の言表を区別したように、指令語において構成される作用は物体＝身体 corps の能動／受動とは異質なものであり、しかしその作用は言表によって表現されるもの＝内容としての身体の属性となる。総動員の政令は国民を動員されるべき兵士に変え、移民を収容されるべき敵性外国人に変える。その変化は身体によるものではないが身体のものになる。

しかし前章で見たように、表現と内容はあくまで相互自律的なものであり、内容に対する表現の優位としての超コード化ないし記号のシニフィアン的体制は錯覚として告発されていた。したがって指令語による非物体的変形を、シニフィアン／シニフィエに還元することはできないはずだ。シニフィアンはたんに物体的なものの自律性を損なうという観点から批判されているだけでなく、言語とその作用の関係における、行為という側面を看過させてしまうものとして批判されているだろうからだ。

しかし非物体的変形という概念それ自体はシニフィアン／シニフィエに、言い換えればまさに「おまえはもう子供じゃないんだよ」と言葉によって対象をカテゴライズすることの規定性に限りなく近いように見える。物体的なものと非物体的なものはそれぞれ自律的だと言うことはたやすいが、**この自律性を実効的なものにするためには「非物体的変形」とは別の概念にその糸口を探さねばならないだろう**し、それによって初めて非物体的変形のポジティブな用法を考えることもできるようになるだろう。

ドゥルーズ&ガタリは言語とそれによっておこなわれる行為の関係を、シニフィアンがシニフィエを規定する、あるいは言葉がその指示対象を規定すると考えるのでなく、言語と行為のあいだには**「冗長性」**がある、つまり指令語は冗長性によって作動すると述べる。

30 ストア派における「非物体的なもの」へのドゥルーズの評価については『意味の論理学』(LS13–14/上 21–23)を参照。彼がストア派解釈において多くを負っているエミール・ブレイエ『初期ストア哲学における非物体的なものの理論』邦訳版に付された江川隆男「出来事と自然学」ではこの影響関係が詳細に論じられている。なお、『意味の論理学』は物体的なものと非物体的なものの関係を「二元性」としているが、3－4で示したように、われわれはこれを『千のプラトー』における内容と表現の二元論とあくまで区別する。

> 指令語はいくつかの意味で冗長性だ。指令語にとって本質的な伝播 transmission との関連だけでなく、それ自身でもまた冗長性であり、発信されるとたちまち実現される行為または変形との「無媒介的な」関係においてさえ。（MP106/上 180）

ここでドゥルーズ&ガタリは冗長性には「伝播」に関わる側面と言表と行為の無媒介的な関係に関わる側面があると述べているが、それぞれは「冗長性には**頻度と共鳴** *fréquence et résonance* というふたつの形式があり、第一のものは情報の意味性に、第二のもの〈私〉=〈私〉はコミュニケーションの主体性に関わる」（MP100-101/上 172）とパラフレーズされる。

一般的な情報理論では「冗長性」は発信者と受信者、そしてコードとそれにもとづいた理想的な情報とが設定されたうえで、ノイズによる情報の欠損を確率的に補うものとされる（たとえばクイズをすべて解かなくてもクロスワードパズルの答えを予測することができるのは、穴を埋める候補が完全なランダムネスから多かれ少なかれ隔たっているから、つまり文字の並びにある程度の冗長性があるからだ）。しかしドゥルーズ&ガタリは**情報とノイズの対立より先に冗長性の濃淡だけがある**と考えている。[31]「**火事だ** *Au feu* と**ゲーム始め** *Au jeu* を混同しない程度に情報を伝えられれば十分だ」（MP96/上 166）。少し踏み込んだ言い方をするなら、**言語において実際に起こっているのは情報の効率的な伝播のために冗長性が最小限に切り詰められることではなく、むしろ指令語の最大限に冗長な伝播のために情報がつねに最小限に切り詰められるという事態だ。**

いわゆる「情報」商材が、あるいは政府の記者会見——皮肉にもフランス語で「コミュニケcommuniqué」と呼ばれる——がどれくらいインフォーマティブでコミュニカティブかということを思い起こせばよい。あるいは二〇二〇年以降のコロナ禍にあって、「ご時世」や「不要不急」という言葉がどれほど一般的な意味での意味性も主体性も欠いており、だからこそ冗長に伝播したかを。「それを自身に向けて言うこと……言語が望んでいるのはそれだけだ」——「支配的な意味と無関係な意味性はなく、確立された服従の秩序と無関係な主体化はない。いずれも所与の社会的領野における指令語の性格と伝播に基づいたものだからだ」（MP96, 101/上166, 172）。

ドゥルーズ&ガタリは「頻度」と「共鳴」それぞれの内実について詳しく論じてはいないので、それぞれについて文脈を補足しながらその意味を考えてみよう。

共鳴としての冗長性とは、とりわけ発語内行為の成立における言表と行為の関係を指しているだろう。ここにはデュクロにおいて言語学的前提の作動形式として考えられていた冗長

31　「情報科学のもっとも一般的な図式は、原則として最大の理想的な情報を措定し、冗長性はその〔情報の〕理論的な最大値がノイズに覆われてしまわないようにノイズを減少させる限定的な条件とみなされる。われわれは反対に、何よりまず指令語の冗長性があり、情報は指令語の伝播にとって最小条件にすぎないと考える（だから情報にノイズを対置する必要はなく、むしろ言語に働くあらゆる無鉄砲さを「文法性」または規律としての指令語に対置させる）」（MP100/上172）。

性概念の影響を見て取ることができる。暗示的な前提の「冗長性」は明示的な提題の「繰り返し」とは区別されるものであり、前提は発話者たちの出会う場を構造化していた。そして発語内行為の一般的な形式である前提はバンヴェニスト的な〈私‐あなた〉の純粋な二者関係によって説明することができず、反対に前提がもつ義務論的な性質が「法的人称性」としてそのつど発話者たちを一定の枠組みのもとで主体化していた。共鳴とは法的かつ三人称的な場における言表行為の主体の「私」という主語への拘束を指している。

共鳴のもっとも範例的なのはアルチュセールが国家の「呼びかけ＝職務質問 interpellation」の例として提示したケースだろう。警官が誰かの背中に向かって「おい！ そこのおまえ！」と叫ぶ。それを聞いた者はそれはひょっとして「私」のことかと、たちまちのうちに自身の罪責性を顧み、おずおずと振り返る。「このような一八〇度の単純な物理的回転によって、この個人は**主体**となる」[32]。このとき起こる主体化と罪の意識の埋め込みがドゥルーズ&ガタリが先の引用で「〈私〉＝〈私〉」と呼んでいるものだ。より正確に表記するならこれは「私」＝〈私〉であり、つまり言葉のなかの主語としての「私」へと言表行為の主体が〈私〉として拘束される権力の効果を示している。

「頻度」としての冗長性については、言語学者のジョン・R・テイラーの統計学的アプローチからなされるチョムスキー批判を参照してみる。

まずチョムスキーの生成文法理論について整理しておくと、その特徴はおおよそ以下の三つの点にあるだろう。(i)言語の本質を「文法性」に見ること、(ii)実際に使用された言語の背後にある文法的な構造を明らかにすることを言語学の目的とすること（ラングとパロールの対立に類比的な「言語能力」と「言語運用」の区別）、そして(iii)言語能力は「生得的」なものであり、人間は生まれながらにして言語知識を受け入れる構造的なマトリクスのようなものをもっていること。つまり言語は、それ自体は空虚な文法的規則の束とそこに埋め込まれる任意の語彙の組み合わせとして考えられ、規則からの逸脱は内的「能力」ではなく外的「運用」に関わる外れ値として語用論的領野に追いやられるが、他方でそれは、有限の規則から無限の異なる文を産出する（語彙の組み合わせは無数にあり、複文は無際限に多重化できる）ことができるという言語の特性を説明する根拠にもなる。

テイラーはチョムスキーに対して次のように述べる。「たとえば、辞書＋文法書モデルの仕組みに明らかに合致しない表現は「イディオム的」とみなされ、言語の体系の周縁部に追いやられ、言語の「中心部」とはほとんど関係ないものとされる。ところが、そうするとある時点で、周縁部があまりに大きくなり、もはやそれを周縁的とみなすわけにはいかないのではないかと思えてくる。そうだとすると、この〔辞書＋文法書〕モデルとその前提と帰結をすべて破棄する必要があることになる」[33]。テイラーは音素、語彙、構文にまたがってあらゆる言語学的なレベルに統計的な偏りが存在し、それだけでなく、文法という上位のレベル

32 Luis Althusser, *Sur la reproduction*, p. 226［下 89］.
33 ジョン・R・テイラー『メンタル・コーパス』、六五－六六頁。

と語彙という下位のレベルの関係を文法書／辞書、あるいは統辞／範列として分離することはできず、両者は相互規定的な関係にあると述べる。つまり、空虚かつ堅固な文法的形式と任意の語彙があるのではなく、ある構文は特定の語彙への傾きをもち、ある語彙は特定の構文への傾きをもつ。[34]お堅い文法書の巻末に押し込められる例外がイディオマティックな構文なのではなく、むしろ文法は長年の使用のすえに柔らかくなって様々な語彙を受け入れるようになった、そうして冗長性を偶発的なものの側に押しやって「情報」を基礎単位とすることが正当に見えるようになった構文なのだ。

　あらゆる語彙、あらゆる構文はランダムネスからの距離としての冗長性をともなっており、文法とイディオムを截然と区別することはできず、したがってチョムスキーのように文法に則った「創造」と非文法的な「革新」を截然と区別することもできない。

　テイラーは「頻度はE言語〔＝「運用」〕され外在化された言語〕にあるのとまったく同じ程度に、I言語〔＝「能力」〕として内面化された言語〕にあるのである」[35]と述べるが、こうした態度がデュクロがパロールだけでなくラングに義務論的な機能を見出す態度とアナロジカルであることは注目に値するだろう。文法とイディオムの分割は言語能力を生得的なものとすること、あるいは言表行為の主体を言表の主語へと折り畳むことと骨絡みになっており、それに対して大規模言語モデルによるChatGPTも幼児の言語習得も、文字通り統計的で集合的なアレンジメントとして編まれる。**生まれながらに文法的な思考をもった私がその思考の内面性において「私」として言うのではなく、誰かが言ったことを「私」として言うよう**

に仕向ける指令語の冗長性だけがあるのだ。「文法性とは何なのだろうか（…）。それは統語論的な標識である前に、権力の標識なのであり、チョムスキー的なツリーは、権力の諸々の変数のあいだの関係を定数として固定するのだ」（MP127/上211）。

このため、言表行為の集合的なアレンジメントはつねに間接話法の言表しかもたない。間接話法とは報告する言表のなかに報告される言表があらわれること、言表のなかに指令語があらわれることだ。言語全体が間接話法なのであり、間接話法は直接話法を前提とするどころか直接話法こそ間接話法から抽出される。意味性の働きと主体化のプロセスはアレンジメントにおいて配分され、帰属され、割り当てられる。アレンジメントの変数 variables が定数 constants との関係のなかに入るとしても、それはかりそめのことだ。（MP106/上180）

情報－意味性およびコミュニケーション－主体化に対する言表行為の集合的アレンジメン

34　テイラーはある語が特定の構文と結びつく（cahoots という語はたいてい in cahoots with「〜と共謀して」という構文で用いられる）傾向を「手がかり妥当性」、ある構文が特定の語と結びつく（a X of 構文の用例は a number of や a lot of に傾く）傾向を「カテゴリー妥当性」とし、その相補的な絡み合いが構文の意味の把握とその形式的拡張を同時に可能にしていると述べる（同書、二八五－二九四頁）。

35　同書、四四〇頁。

トの優位は直接話法に対する間接話法の優位に重なり合っている。直接話法においては報告される言表が引用符で括られることによって伝達の主体化（誰が誰に対して言うのか）と情報の意味性（何が言われたのか）の語彙レベルでの同一性が護られている。それに対して間接話法は報告する言表（＝主節）と報告される言表（＝従属節）の多重化および、後者の変換をともなっている。直接話法に対する間接話法の先行とは、あらゆる言表にこうした多重化、変換が折り込まれていることを意味するだろう。「定数」として固定される同一性は、間接話法における冗長性および「表現の変数」の集積が生み出す効果なのであり、結果を原因にすり替えることで定数に安住した「最悪の抽象」としての理論を作るのではなく、変数の存在そのものを「十分に抽象的に」捉えなければならないだろう。

言語はすべて間接話法だということは、ひとつには言語の起源を物体的なものに求めることはできないということだ。これはもちろん言語は無から湧き出たと言っているのではなく、どのような進化論的な、あるいは器質的な「原因」によるのであれ、ひとつの言葉が存在し始めるや否やそれは他の言葉との冗長な関わりのなかでしか言語たりえず、また、それが発話に折り込まれた行為を遂行するのでなければ言語ではないということだ。ドゥルーズ＆ガタリはこの根拠を、バンヴェニストによって紹介された蜜蜂のダンスの事例に求めている。

ある蜜蜂が餌場を見つける。それは巣へと帰り、仲間らの前で8の字ダンスを踊る。餌場への距離が遠いときほどそのダンスは緩やかになり、8の字の軸が太陽に対して右か左にどれだけ傾いているかということによって餌場の方角を伝える。その他の蜜蜂らはダンスを参考に飛び去り当の餌を見つけると蜜を持ち帰りまたダンスを踊る。バンヴェニストは蜂のダンスに「象徴体系 symbolisme」が存在することを認めるが、ダンスはたんに行動の誘発のために機能し、ダンスがダンスを呼ぶことはないのでそこには言語的コミュニケーションはないと述べる。

> **蜜蜂はひとつのメッセージから他のメッセージを作り出すことができない。**働き蜂のダンスによって知らされ、示された場所に餌を取りに行くそれぞれの蜂は帰ってきて同じ情報を再生産するが、それは最初のメッセージに基づいてではなく、自分が今しがた確認した現実に基づいてのことだ。言語の特徴は時間と空間のなかを果てしなく伝播することのできる経験の代用品をもたらすことだ。これがわれわれの象徴体系に固有なものであり、言語による伝達＝言語という伝統 tradition linguistique の基礎だ。[36]

言語の基礎的な形態は間接話法、聞き伝え、自分が経験したのではないことについての言葉を他の誰かに伝播することであり、あらゆる単文は主節が省略された複文だ。したがって

36　Benveniste, *Problèmes de linguistique général*, tome. 1, p.61［六七－六八頁］強調引用者．しかしバンヴェニストは言語に固有な象徴の伝播を「客観的な経験への指示 référence と言語的な表出 manifestation への反応」（*Ibid.*）のカップリングによって基礎づけており、ドゥルーズ＆ガタリはこの意味性－主体性と伝播の関係を逆転させている。

指令語はどこからやってくるのかという問いに究極的な答えを与えることはできない。蜜蜂のダンスは物体的な「現実」に圧着しており、それぞれの蜂が餌場で蜜を見つけ巣でダンスを踊りそれが繰り返されることで餌場の位置情報は伝達されるというより増幅される。ダンスと場所の指示の関係およびその反応が規定的なものでない以上、ここにも冗長性しかないが、あるダンスが別のダンスとの関係において冗長性をもつことは（観察者にとってはともかく蜂自身にとってはおそらく）なく、したがって冗長性それ自体が組織されることはない。逆に言えば**「言表行為の集合的アレンジメント」とは組織された冗長性の謂であり、それは発された言葉の形態において冗長である（＝頻度）とともに、一定の言葉を一定の行為と冗長に結びつける（＝共鳴）**。

4－4　指令語をパスワードに書き換える

われわれは前節で非物体的変形という概念に訴えかけるだけではシニフィアン的体制を乗り越えることはできないのではないかと問うたが、これについて指令語の冗長性という観点からあらためて考えてみよう。

言表行為の集合的アレンジメントとは、物体的なものから遊離した記号の冗長性それ自体の組織化を示している。記号のシニフィアン的体制は、そのなかに割り当てられる意味性や主体化を定数として固定しそれを言語の本質にすり替えるが、こうした「錯覚」に還元されない「表現の変数」を考えるなら、言語をある「連続的変奏 variation continue」に導くことができる（MP125/上 208）。

たとえばドゥルーズ&ガタリはE・E・カミングズの詩のなかに現れる /he danced his did/ というおよそ非文法的な表現は /he danced his dance/, /he danced what he did/, /he did his dance/ といった一連の可能な変奏のなかに位置づけられると述べる。[37] 言表行為の集合的アレンジメントは諸々の連続的変奏の束であり、この変奏において非物体的変形を捉えることこそがそのポジティブな行使を考えることを可能にするだろう。

ドゥルーズ&ガタリは非物体的変形には「死」と「逃走」のふたつの極があるとする（MP136–139/上 223–229）。「指令語は死刑判決だ」（MP135/上 222）。死は物体の能動と受動には還元されず、混合する物体を分離する非物体的な「判決＝文 sentence」として身体に帰属する。総動員の政令も地図上の「現在地 You are here」も小さな死を含んでいる。「死は〈形象〉Figure だ」[38]。死において身体は初めて「達成される＝終わる s'achève」（MP136/上 224）。死において身体それ自体が形象としてのシニフィアンに吸着される。これが非物体的変形がシニフィアン的体制に堕してしまう極だ。したがって非物体的変形を連続的変奏という相のも

37　E. E. Cummings, "anyone lived in a pretty how town".

38　第二章に出てきた「フィギュール」と同じ語であることに留意されたい。本書では « figure » に「形象」と「フィギュール」というふた通りの訳語を用いる。「形態」に近い意味で用いる場合は前者、「比喩」に近い意味で用いる場合は後者の訳語をあてる。

とに捉えることは、その「逃走」的な用法に対応するだろう。

しかし指令語のもうひとつの側面、つまり死ではなく逃走を考慮するなら、変数は連続的変奏という新たな状態へと入るだろう。限界への移行はいまや、身体に帰属してやまない非物体的変形として現れる。それは死を消滅させるのでなく、死を減少させ死それ自体をひとつの変奏にする唯一の手立てだ。言語がそれ自身を固有の限界に向けて引き伸ばすこの運動に導かれ、同時に身体は自身の内容を変身 métamorphose させる運動のなかで、あるいは自身の形象の限界に達したり越え出たりする消尽 exhaustion のなかで捉えられる。(MP137/上 225–226)

言語はおのれの変数を連続的変奏の状態に導くことで、「限界」へと向かう超越的行使へと至る。『差異と反復』の能力論の語彙がここで回帰しているが、これはまた、前章でわれわれが見た『シネマ2』における視聴覚性の議論を準備しているだろう。逃走する連続的変奏によって死を消滅させることが問題なのではない。「なぜなら問題はいかにして指令語を避けるかということではなく、いかにして指令語を内包している enveloppe 死刑判決を逃れるか、いかにして逃走の力能を展開する développer か、いかにして逃走が想像力のなかで空転したりブラックホールに転落したりするのを避けるかということだからだ」(MP139/上 227–228)。みないつかは死ぬ。しかしいつかは死ぬということをもってわれわれのもとに絶えずやってくる小さな死刑判決――それは皮肉にもときに「ライフステージ」と呼ばれる――を自身の形象とし、言表の主語のうちに自身を折り畳む必要はまったくない。死刑判決が届くたびにそれを連続的変奏のもとに置きなおし、後から見ればそれが最後のものであっても、それを最小の死にする逃走的なものとして生はあるからだ。

われわれは指令語から指令語を取り出すだろう。指令語において生は死という答えに答えなければならない。そこから逃げることによってではなく、その逃走を実効的で創造的なものにすることによって。指令語 mot d'ordre の下には通過の言葉＝パスワード mot de passe がある。それは通過であるような言葉、通過の合成要素 composantes となるような言葉であり、それに対して指令語は停止を、地層化され組織化された合成 composition を指し示している。同じ物、同じ言葉が、おそらくこの二重の性質をもっている。一方から他方を取り出し、指令＝秩序 ordre の合成を通過の合成要素に変形させなくてはならない。（MP139/上 228–229）

非物体的変形がたんに、指令語による変形によって尽くされるものであるなら、それはシニフィアン＝形象としての死と区別できないだろう。しかし変形が「身体に帰属してやまない」非物体的変形**であると同時に**、言表行為のアレンジメントの側が連続的変奏という側面において捉えられること、つまり身体の変身と言語の変奏がひとつの並行関係のもとに見出されるなら、あらゆる指令ないし秩序の言葉は、通過のパスワードに転換されるべきものとして現れてくるだろう。〈について〉の言葉はわれわれを形象のもとに超コード化する指令語であり、連続的変奏は身体に帰属する非物体的変形が身体〈の〉変形であり続けるための条件だ。死を逃走に、指令語をパスワードに内在的に書き換えること。

とはいえ、連続的変奏という概念はきわめて抽象的なものであり、その「変奏そのもの」を手に取って検分することはできない。現場に転がっているのはつねに分散的な言表であり、混線し断線する言葉の霰《あられ》である。つまりここには権利上のものと事実上のものとの、あるいはこう言ってよければ仮想的なもの（＝ヌーメナルなもの）と現象的なもの（＝フェノメナルなもの）との分割がある。「連続的変奏」**という概念**を措定することによって初めて拓かれる言語の実相があることは確かだとしても、その概念が示すものがわれわれに摩擦なしに明け渡されるわけではないし、いかなる意味であれすでにそれは明け渡されているのだと**言い張る**ことは、かえって当の概念の力をスポイルしてしまうようにも思われる。ここにもまたわれわれが前の章で出くわした〈超然と内在を言うこと〉にまつわる罠がある。

連続的変奏という概念の存在とわれわれが実地に出会う分散的な言葉とをどのようにブリッジすればいいのかという問いをドゥルーズ&ガタリのテクストに投げ込んでみるとまず「音楽」というトポスが浮かび上がってくる。しかし私は、これを疑ってかかるべきだと感じる。

ドゥルーズ&ガタリが言うには、連続的変奏において言語は「シンセサイザー」が音楽にもたらした変化と同類の変化をこうむる（シュトックハウゼンやクセナキスらによる現代音楽におけるシンセサイザーの使用が念頭に置かれているだろう）[39]。シンセサイザーが複数の変数の連続的な変移を撚り合わせて音をうねらせるように、連続的変奏において言表の背後には無数の変数の束が想定される。

たしかにそうだ。どんな言葉でもいい。あなたが話し、書く言葉を知識が、記憶が、感情が、出自が、環境が、解剖学的要素が、話し相手の表情がどれほど複雑に貫き、発された言葉がそのトーンやリズムにおいて、その筆跡において、句読法において、それが置かれたプラットフォーム上の位置において、どれほど多元的な、そしてそれぞれに連続的な変移を想定できるような衣装をまとっているか考えてみてほしい。

ドゥルーズ&ガタリの「プラグマティック」とはこうした一般的に〈意味〉、〈文法〉、あるいは〈論理〉による「言語の超越化」に対して表層的で派生的とみなされるような要素を

39　「シンセサイザー synthétiseur はかつての「アプリオリな総合判断 jugement synthétique a priori」に取って代わる」。「シンセサイザーと楽器は、声のように話し、声は楽器のように奏でる」。「言語学は、まだある種の長調 **mode majeur**、ある種の全音階、ドミナントや定数や普遍性への奇妙な好みを捨ててはいない。そのさなかにあって、あらゆる言語は内在的な連続的変奏の状態にある。共時性でも通時性でもなく、言語の可変的で連続的な状態としての非共時性。プラグマティズムに固有の強度と価値を与える半音階言語学が必要だ」（MP121–123/上 201–205）。

言語の本質的な要素と考える態度の謂であり、のちにドゥルーズが『フーコー』で述べることを先取りするなら「見かけ上の外面性から本質的であるような「内面性の核」に向かうのではなく、言葉と物を、それら自体を構成する外在性に還すために、内面性という錯覚を斥けなければならない」(F50/85)。

ネットニュースサイトの広告や新聞の「ラテ欄」を眺めさえすれば、言語がいかに文法的な、意味論的な、論理的な一貫性など必要としておらず、方言やクレオール語を一定の周縁的位置に囲い込む言語学的移民街としての「語用論」すらすり抜ける混淆的な記号系として、「ジャーゴン」の集塊として作動するかわかる。われわれの日々の発話がラテ欄的なものでないと言うのは非常に難しいことだ。アナウンサーの「きれいな」日本語はどうか。それこそラテ欄の格子のなかに収まっているではないか。外国語の教科書がそうであるように、標準化された「センテンス」のすぐ隣にはいつだってそれを警護する格子や特殊記号が取り巻いている。あるいは私のような学者は努めて「センテンス」単位で話す能力を身につけるものだが、それだって学界や教室といった特殊な格子のなかでの特殊な訓練(=ディシプリン)を経てのことだ。

かように連続的変奏という概念に結実するドゥルーズ&ガタリのプラグマティックは、われわれの言語についてのイメージを一変する力をもっているが、他方でまた先ほどの話に戻ると、連続的変奏という概念が示す文字通り「連続的な何か」と分散的な言表の集塊とのあいだの懸隔は、別の問題をわれわれに突きつけている。音楽というトポスに寄りかかることは、その問題を看過させてしまうだろう。

この問題は、**概念の実現にまつわるジレンマ**だと言えるだろう。つまり、連続的変奏がシンセサイザー的な叫びによって実現されるのであれば、分散的な言表とは別に連続的な言表が実在するのであって、われわれは指令語をパスワードに書き換える地味な仕事にかかずらう必要もなく、たんにそのままパスワードであるような叫びを叫べばよいということになる。あるいはもっとありそうなこととして、そこで叫びが実現されているような芸術作品――『戦艦ポチョムキン』であれアルトーの詩であれカフカの鼠の歌声であれ――を褒めそやして、そこに指令語からの出口を見、芸術を神聖視すればよい。しかしいずれの場合においても、「同じ物、同じ言葉が、おそらくこの〔指令語とパスワードとの〕二重の性質をもって」おり、「一方から他方を取り出」すことという、内在的書き換えの格率は裏切られることになる。

とはいえ『千のプラトー』の内側からこの問題に直接アプローチするのは難しそうだ。ここではドゥルーズにおける「叫び」のプロブレマティックな立ち位置についてもっとも鋭く指摘した平倉圭の論文を手がかりにして、われわれが突き当たっている問題のかたちをはっきりさせよう。

さて、平倉の「〈普遍的生成変化〉の大地」は『シネマ2』における大地と天空の分離というトピックをめぐって、映画を見、映画について書くドゥルーズの方法論がはらんでいる問題を浮かび上がらせる。

前章でわれわれは『シネマ2』における「地層」概念の位置づけについて、一方でそれは過去の存在としての記憶に関わり（時間記号における地層）、他方で視覚的イメージに関わる（読解記号における地層）ということを見た。そして時間イメージ的な思考は絶対的脱領土化としての大地へと押し流されていく地層に内在しつつ、記憶＝感情の地滑りのプロセスそれ自体を「変換の層」として織り上げる行為として位置づけられていた（思惟記号における地層）。

これはドゥルーズが映画に見た思考の形態であると同時に、ドゥルーズ自身が『シネマ2』のうちで受苦し実践している思考でもある。平倉はこの主題的なレベルと方法論的なレベルの絡み合いについてすでに指摘していた。彼は脱地層化としての〈忘却〉からの不可能な、あるいは間違った想起としての〈仮構〉へというあるかないかのバウンスについて、ドゥルーズ自身の映画描写における忘却‐仮構をテクストのなかから取り出すことで結びつける読解を提示している。

ドゥルーズは一方でゴダールの映画に「〈と〉の方法」あるいは「〈あいだ〉の方法」を幻視することで、映画において実際に起こっているなし崩し的な類似の連鎖――イスラエルのゴルダ・メイアとナチスのヒトラーが両者の〈あいだ〉を押し潰すほどに似てしまうように――としての「普遍的生成変化」を裏切り、ドゥルーズ自身のエクリチュールの不連続性の正当性を密輸入している。[40] 思考が「変換の層」でありうるのは不連続な要素である「名」をあつかうエクリチュールにおいてであって、映画においては変換が普遍的生成変化になだれ込んでいくのを押し留めるものはないのではないか。

しかし他方で、平倉はドゥルーズの誤想起を大地と天空のあいだに「中空の高さ」を発明する「叫び」として捉え返してもいる。ドゥルーズは、エクリチュールとしては〈大地〉から不当に距離を取っている。しかし、平倉は、そのような忘却－見間違いをさえドゥルーズ自身の受苦の〈叫び〉として捉えるなら、そこに彼が映画に見たものと彼自身の実践においておこなっていることとの一致を見出すことができる――「そのとき、ドゥルーズの「書くこと」は「叫ぶこと」に変わる」[41]――と述べている。

この論文には序論で紹介した『ゴダール的方法』と同じステップが圧縮されている。平倉はまずタガの外れた類似の連鎖が引き起こす見間違い－聞き違いが避け**られない**ものであることを言ったうえで、しかしそれを「受苦することが**できる**」という力能として捉え返すことで、その受苦における「叫び」を肯定しなおしていたのだった。「そのとき映画は観客の上に折り畳まれ、見逃すことは見届けることのひとつになり、聴き逃された者たちの沈黙は、受苦する私たちの開かれた口のなかで自らの叫びを持つだろう[42]」。

平倉の議論を〈連続的変奏と断片的で不連続な言表とのあいだをどうブリッジするか〉と

40　平倉『かたちは思考する』、二〇七頁。
41　同前、二一五頁。
42　平倉『ゴダール的方法』、三〇六頁および本書序論参照。

いう、われわれが先ほど突き当たった問題に折り返すなら、ドゥルーズ&ガタリが『千のプラトー』で「シンセサイザー」に託している役割と、平倉が『シネマ2』に見出したドゥルーズ自身の「叫び」は、いずれも連続的変奏＝普遍的生成変化への内在と、われわれの言語の具体的な実践可能性を両立させるトポスとして置かれていることがわかる。言い換えれば、連続的変奏をたんに概念として仮想するのではなく**実現する**特権的な形象としてシンセサイザー的な叫びは導入されている。いま「形象」と書いたが、それは「概念」と違うのだろうか。叫びは概念ではないのだろうか。少なくとも文字通りの意味でドゥルーズや『シネマ2』が叫んでいるわけではない。「書くこと」のポジティビティは「叫ぶこと」に寄りかからないと調達できないのか。

ドゥルーズはエクリチュールの不連続性に不当に引き寄せるかたちでゴダールの映画を見間違え、あるいは覚え間違えているが、当のその間違いを引き起こすような受苦の叫びは――『ゴダール的方法』のボキャブラリーを使うなら――「正義」ならざる「正しさ」において映画を想起している。[43] この平倉の両義的な『シネマ2』読解は、『千のプラトー』におけるシンセサイザー的な言語使用を考えるのにうってつけであるようにも思われる。というのも、そのとき音楽と言語、あるいは前言語的な叫びとジャーゴンの冗長な集塊としての言表の差異は均され、連続的変奏はそのまま実地の言語において実現されうる**と、言うこと**の障害は取り払われるからだ。

しかし他方で、平倉の態度はより込み入っているようにも見える。彼はドゥルーズ自身の

「叫び」について、「「書くこと」は「叫ぶこと」に変わる」と述べる一方で、『シネマ2』で織り上げられた変換の層には、この「叫び」が、谺のようにはりついている」と述べており、織り上げられたテクストと、それが浸る谺のような「叫び」のあいだに階層の違いを想定しているようにも読めるからだ。[44] しかしそうだとすればわれわれは同じところに戻ってきたことになる。「正義」から見たドゥルーズのテクストにおける見間違いと「正しさ」において見たドゥルーズの叫びとの分割が連続的変奏という概念と断片的な言表の分割に取って代わっただけで、変わったのはドゥルーズの実践の半身が前言語的な連続性に繰り込まれたことだけだ。

したがって深浅いずれの読解を採るかによって、平倉の議論はふたつの方針を示しているだろう。一方でエクリチュールの不連続性として現れる超越性を理由に、大地と天空の分離という『シネマ2』のトポグラフィーを捨て去り、大地に沈みゆくなかで「中空の高さ」に向かって発される**叫びにおいてのみ**映画との「正しい」出会いが刻印されていると見ることができる。これがテクスト＝叫びという等号を想定することで哲学的実践を救う道であるとするなら、もう一方の道においてはテクストはどこまで行っても叫びではないが、**テクスト**

43 「「作り話」と呼ぶべきだろうか？ だが、「盲者」と「失語症者−記憶喪失者」が接するような場所以外のいったいいかなる場所において、映画を想起できるのだろうか？」、平倉『かたちは思考する』、二一五頁。「正義」と「正しさ」については本書序論参照。

44 平倉『かたちは思考する』、二一五頁。

における見間違いを通してしか叫びを聞き取ることはできないのであり、こちらの道においてはテクストと叫びの階層の存在を堅持して初めて哲学的言表は「正しい」ものとなる。一方で哲学はそのまま叫びでありえ、他方で哲学はつねに半分しか叫びでありえない。

これを〈天空〉の身分として捉え返すなら、前者の方針においてそれはたんに超越の欺瞞として捨て置かれ、後者の方針においてネガティブなしかたで肯定される。また前者が叫びとテクストの一致を言い張ることで〈超然と内在を言う〉方針だとすれば、後者は超越の失敗として「かろうじて」のレベルで維持される内在を言う方針だ。

しかしいずれの方針も、大地と天空の分離をポジティブに捉えるものではない。天空無しの「準‐超越」を可能にする、あるいは超越の失敗を受苦する「叫び」という形象の微妙な立ち位置は分離のポジティビティに至る回路をブラインドする。問いを次のように鋳なおそう。**映画の叫びを叫ぶのでも、映画を見間違えることにおいて叫ぶのでもなく、たんに映画の叫びとは別個の、しかしその叫びとの出会いを条件とする、哲学のエクリチュールの実践的な価値を考えることはできるか。**

この問いは『千のプラトー』のボキャブラリーで言えば、連続的変奏の概念としての存在を肯定しながら同時に分散する言表のポジティビティを考えられるか、「パスワード」を「指令語」の外に置かずに内在的な書き換えとして捉えることはできるかという問いだ。またこれを非美学という問題系に置きなおすなら、芸術と哲学がなだらかに合流する「叫び」という形象に寄りかからずに、そして芸術を内在の特権的な口実にせずに哲学の実践性を捉えることはできるかという問いだ。冗長性の内在的用法の問いと、概念と形象の差異の問い。『哲学とは何か』ではこのふたつの問いが交差する。

4−5　概念──哲学の構築主義(2)

ドゥルーズは『哲学とは何か』を哲学の「敵」、それも哲学にとって内的な敵として、〈観照 contmplation〉、〈反省 réflexion〉そして〈コミュニケーション〉を確定することから始める(QP12/16)。

ここで「観照」はプラトン的なイデアにもとづく客観的認識、「反省」はデカルト的なコギトにもとづく主観的認識、「コミュニケーション」はフッサール的な他者にもとづく間主観的認識に対応する。これらはいずれも、哲学がそれをおのれの特権とすることで、自身を〈普遍〉と取り違える「錯覚」だ。しかし観照したり反省したりコミュニケーションしたりするために、哲学はいささかも必要ではない(数学について反省する数学者を「哲学者」だと言うのはいかにも哲学らしい横暴だ)。これらの「錯覚」の糾弾には、『千のプラトー』で言語を客観的な情報の意味性、そして(間)主観的なコミュニケーションによって基礎づけることが批判されていたのと同様の方向性が見て取れる。

ドゥルーズはこうしたネガティヴな規定に対して哲学を「概念の創造」によってポジティヴに規定するが、哲学的概念とはどのような言語的な実体であり、彼が哲学とは異なるとする諸々の実践と言語的な様態においてどのように異なり、哲学が創造する概念がわれわれの「パスワード」になりうるとしたらそれはどのようにしてなのだろうか。

本章の冒頭に引用した哲学的概念と科学における命題 proposition との対比を振り返ると、そこで科学は言表行為が本源的に関わる「定立 position」ではなく外在的な〈物の状態〉の指示によって定義され、それに対して哲学はもっぱら定立に関わるとされていた。これは哲学が科学に比べてより直接的に言語そのもののポテンシャルに関わっていると言える。科学も哲学もそれぞれのしかたで言表行為をおこなうが、言語との関係の直接性という面ではドゥルーズは明白に科学より哲学を優位に置いており、むしろそこから哲学の固有性を見出そうとしているように思われる。

そしてこの対立は科学と哲学の関係においてよりも、科学よりも通常の意味で言語的なものである論理学と哲学の関係をめぐる議論においていっそう明白になる。ドゥルーズはフレーゲやラッセルに由来する論理実証主義的な哲学観を激しく批判する。それは一方で、そうした哲学が科学と哲学を架橋する、あるいは哲学によって科学的な関数一般を基礎づけると主張しつつ、その実、科学が独自のしかたで創造する関数を「体験 vécu」ないし「オピニオン」という経験的な次元に引き下げるからであり、他方でそうした経験的な次元への依拠によって、哲学に固有の創造性を看過させるからだ。ひとことで言えば、論理学を〈媒介〉とした哲学と科学のなだらかな接続は、科学的関数の創造性と哲学的概念の創造性を同時に殺してしまうのであり、だからこそ『哲学とは何か』における論理学は、かたちとしてはいずれも〈物の状態〉の指示に関わるものとして科学との親近性が認められるが、両者のあいだには明白に序列があり、かつ、哲学と決して混同されてはならないものとして位置づけられている[45]。

こうした態度は「科学の非科学的な理解」としての哲学、そして「哲学の非哲学的な理解」としての科学という「非」の関係における一方的な触発の余地を開くという態度に対応しているだろう。科学と哲学は論理学というバッファを介することなくある意味で直接的に、しかし同時にそれぞれ自律的な分野として相手から何かを受け取る。科学と哲学の関係については これ以上詳しく追求しないが、第六章でわれわれは哲学と芸術においてこうした「非」の関係がどのようなものであるか考察する。

「概念は論証的 discursif なものでも論証形成 formation discursive でもなく、哲学は命題を連鎖させるものではない」(QP27–28/42)。論証的な命題を連鎖させるのは論理学の仕事であり、哲学は定立によってことに当たるが、この定義は今のところ名目的なものに留まっている。この定義を内実のあるものにするためにはまず、命題と指示をふたつの側面からつなぐ「外延 extension」そして「内包 intension」という概念が論理学においてどのような機能を果たす

45　論理学が科学の言わば二番煎じとして位置づけられているのはたとえば次の箇所に見られる。「「超数学」という賢しらな表現が、いみじくも再認という形式での科学的言表から論理学的命題への移行を表現している」(QP139/233)。「[哲学は]科学が下る道を遡行しなければならないが、論理学は科学のさらに下で陣営を構えている」(QP140/235)。

かということを見ておく必要がある。

　たとえば「ドゥルーズとは誰か」という問いに対して「ドゥルーズは『差異と反復』の著者だ」と答える者と、「ドゥルーズは一九九五年に自殺したフランスの哲学者だ」と答える者がいるとする。これらはいずれも真であり、指示を成立させている。しかしいずれもドゥルーズを指示するこのふたつの命題の差異、その認識上の価値の差異が、指示の成否とは独立した次元にあるということをどのように基礎づけるのか（フレーゲ）[46]。この独立がなければふたつの返答の価値を比べることができなくなってしまう。外延と内包の区別はこのような問題を論理的に解決するために導入される。ここで外延とはドゥルーズそのひとのことであり、内包とは命題が外延を指示するための条件を構成する性質の束、ここでは「『差異と反復』の著者」を含むドゥルーズの性質のことだ。「宵の明星」と「明けの明星」はいずれも金星という外延を指す内包であり、「xは人間だ」という命題は、xという変数としての外延に対して、人間であるための条件を構成する内包が適用されるかどうかによって真になったり偽になったりする。命題が関数であるのは、変数に何が代入されるかによって真／偽という値を出力するからだ。「ドゥルーズとは誰か」という問いに対して「フランス人であり、哲学者であり、『差異と反復』の著者であり……」と答えるのは内包による返答であり、「あのひとだよ」とベンチに座っているドゥルーズを指差すことは外延の提示だ。

　あるいは「円い四角」や「令和の征夷大将軍」は外延をもっておらず、したがってこれを含む命題は偽だと言われたり（ラッセル）、そうした語を主語に用いることと命題がその現存を主張することは別なのだから、そもそも真か偽かという問いが生じるのは文脈に依存すると言われたりする（ストローソン）。こうした内包と外延それぞれの定義と両者の関係をめぐる議論は、つまるところ言語による対象の指示をいかにして基礎づけるかという意味論的な問いに向けられていると言えるだろう。[47]

この場合、内包と外延を分かつ本性上の差異はまったくないということは明白だ。なぜなら内包と外延はともに指示に関連しているからだ。すなわち内包は指示の条件にすぎ

46　Frege, "Sense and Reference". 本論文においては外延は「意味 Sinn, reference」に対応し、内包は「意義 Bedeutung, sense」に対応する。フレーゲは文の真理値をその文の意味＝外延と同一視し、文の意義に現れる「思想」をそこから区別することを目指しており、これが彼自身だけでなく彼の後に続く者たちの方向性を規定しているだろう（Ibid., p.216［一七頁］）。さらに、この試みに立ちはだかる大きな障壁が間接話法に代表される「複文」だという点にも、ドゥルーズと対照的な言語観が見て取れる。

47　Russell, "On Denoting"; Strawson, "On Referring". われわれが前節で見たドゥルーズ＆ガタリ的な観点からこの問題に応えるなら、言語とその指示対象のあいだには冗長な対応関係があるだけであり、それを言語の形式化によって基礎づけようとする試み自体が超コード化としての科学が居座る記号のシニフィアン的な体制なのだとして相対化されるだろう。

しかしストローソンの論文における主語の存在の主張に還元されない「含意 imply」という概念は、オースティンを経てデュクロの「前提」概念に着想を与えている（Austin, *How to Do Things with Words*, p.50–51［八四–八五頁］; Ducrot, *Dire et ne pas dire*, p.45）。さらにおそらくこうした観点を逆照射して、デュクロはフレーゲ的な「意味」を前提として、「意義」を提題として定義しなおしている（*Ibid.*, pp.36–37）。ドゥルーズはこうした「暗示的なもの」をめぐるある種の裏道を通じて彼らとつながっているとも言えるだろう。

> ず、命題の内部‐指示を構成しており、外延は外部‐指示を構成している。われわれは指示の条件に到達したからといって指示というものの外に出るということはないのであって、われわれは依然として外延性のなかに留まっている。（QP136/229）

論理学が意味論的な企図にもとづいている以上、内包における内部‐指示は外延という外部‐指示という企図に従属しており、その意味で論理学が「外延性」の外に出ることはなく、言表行為の「定立」という位相を逸し続ける。ドゥルーズが哲学的概念を内包 intension でなく「強度 intensité」によって定義するのは、概念を外延的なものではなく「自己‐指示的 auto-référentiel」なものと考えているからだ（ここで「自己」は話者のことではなく概念そのものを指している）。論理学は言葉が何か〈について〉語るための条件を探求するが、哲学はそうした超コード化の言語ではなく、それ自体言表行為であるような思考によって概念を創造する。

そしてとりわけわれわれの観点から見て興味深いのは、**ドゥルーズが意味論的な論理学を批判するのと同じ身振りで、哲学的概念を「パフォーマティブ」として考える言語行為論的な態度を棄却していること**だ。

> パフォーマティブでさえ自己‐指示的なものではなく、命題の外部‐指示（慣習によってその命題に結びつけられた、命題が言表されることによってなされる行動）と内部‐

指示（われわれに言表する権限を与える物の資格ないし物の状態であり、たとえば「私はそれを誓う」という言表における内包は、法廷における証人であったり、何かを咎められている子供だったり、告白する恋人等々であったりすることを指す）を折り込んでいる。（QP137/230）

コンスタティブな命題が指示対象としての外延と指示の条件群としての内包によって規定されるように、パフォーマティブな言表はそれによっておこなわれる行為という外部－指示とその条件を構成する内部－指示としての諸々の状況によって定義される。そして奇《く》しくも、パフォーマティブが指示性と不可分な関係にあることはオースティンが「参考書類 reference を欠く（あるいはそれがあやふやであっても）契約が成立しないのは指示対象 reference を欠く言明が成立しないのと同じだ」[48]と述べていることにすでにあらわれていたとさえ言える。（しかしこれはデュクロ的な意味での発語内行為、つまり言語学的前提にあるような言語に内属する力の存在を斥けるということを意味しないだろう。哲学的言表行為を考えるにあたって、パフォーマティブ／コンスタティブという枠組みを用いること自体に限界があるということについては、次章であつかう哲学的な人称性としての「概念的人物」の考察を通して詳しく論じる。）

48　Austin, *How to Do Things with Words*, p. 51［八五頁］.

ここまでは論理学との対比のなかでネガティブに規定される哲学的な概念のありかたを見てきたが、以下ではそれがどのように構築され、そこにどのような実践的な意義が宿るのか、定立としての「発語内の力」が哲学においてどのように働くのかということを考えよう。

概念のポジティブな定義は、以下のように高度に圧縮されたかたちでなされている。

> 概念は、**絶対的俯瞰の状態にあるひとつの点によって無限速度で走り抜けられる、有限個の異質な合成要素の相互不可分性**として定義される。概念は「絶対的表面あるいは絶対的容積」であって、区別はできるが相互に不可分な変奏よりほかに何も有さない形態だ。(QP26–27/40)

この文章自体およそ「論証的」には見えないが、ともかく少しずつ解きほぐしていこう。まず、概念は複数の合成要素をもつ。たとえばデカルトのコギト概念には、「疑う」、「思考する」、「存在する」という三つの合成要素が確認できる(QP30/46)。あらゆるものの実在を疑っているということにおいて私は思考しており、思考するためには存在しなければならず、したがって私は存在している。ここで三つの要素は互いに相互不可分な状態にあり、合成要素それぞれがまた複数の「位相 phase」をもっている。たとえば「存在する」は神に相当する〈無限な存在〉、人間に相当する〈有限だが思考する存在〉、事物に相当する〈思考せず延長をもつ存在〉という三つの位相をもっている。私は「思考する物 res cogitans」[49]だと言われるとき、コギト概念はこの存在のふたつめの位相において初めて「閉じられる」、つまり思考と存在が私において圧着され、概念が概念であるための輪郭を獲得する（QP30/48）。そして閉じられたコギト概念から神概念へ移行しその存在を証明するためには、有限な私がもっている観念のなかには三角形の内角の和は**つねに**二直角に等しいというような〈無限な観念〉がある、というひとつの「橋」を通して存在の第二の位相と第一の位相を接続しなければならない（＝神の存在の第三証明）[50]。

「絶対的俯瞰」や「無限速度」といった大仰な措辞はこのような、概念における諸々の合成要素は当の概念のうちでは権利上一挙に把握されるということ、それらを相対化する視点も有限化する――科学における定数としての光速のような――極限としての速度も存在しないことを示しており、概念が「絶対的表面あるいは絶対的容積」としての「点」であるのはその意味でのことだ。概念はそれを導き出す推論における相対的なステップに還元されえず、むしろ概念がそれとして閉じられることで初めてそれぞれのステップは合成要素として絶対的に結合される。

もうひとつの「定義」を見ておく。

49　Descartes, *Méditations métaphysiques*, p.76〔四八頁〕.
50　*Ibid*., p.163〔一〇二頁〕.

概念はその共立性、つまり内部‐共立性と外部‐共立性によって定義されるが、ただしこの概念は**指示**をもたず、むしろ自己指示的なものだ。概念は創造されると同時に自分自身を定立し、かつ自分自身の対象を定立する。構築主義〔としての哲学〕は相対的なものと絶対的なものを結びつける。（QP27/41‒42）

概念の内部‐共立性（「内包」ではなく）は概念における合成要素の結合の絶対性に対応しており、これはひとつの概念における諸々の合成要素が不可分でありその結合が閉じられていることを意味している。そして概念の外部‐共立性（「外延」ではなく）は概念間の相対的な関係に対応しており、これはある概念がもつ他の概念との関わりは、それぞれの合成要素がもつ諸々の位相のあいだに架けられる橋に対して相対的であることを示している。

これで定立、自己指示、共立性、合成要素を走り抜ける無限速度とその輪郭を閉じる絶対的容積といった、概念を特徴づける一連の要素がどのように連関しているかということは見えてきた。しかし一方でこうしたきわめて自己完結的である概念とそのネットワークは、いったいどのようにしてわれわれが生きている「オピニオン」や「体験」、「物の状態」の世界に対して関係をもつのだろうか。「なぜ概念を、それもつねに新たな概念を創造しなければならないのか。どんな必要があって何に使うためなのか、何をするためなのか。哲学の偉大さはまさに何の役にも立たないということにあるなどという答えがあるかもしれないが、それはもはや若者をさえ面白がらせない粋がりだ」（QP14/19）。

哲学の実践性は概念の創造の実践性そのものにあるなどという答えも、一面ではわれわれはそれを支持するが、やはり「粋がり」であることに変わらないだろう。創造が実践的であるのはそれが〈普遍〉が立ち上がるのをブロックするという条件においてのみであり、これはわれわれが浸っている物の状態との接面で、概念がそこに還元されない何かを掠め取るものになることを意味するだろう。

たとえば「他者 autrui」がひとつの概念になるとはどういうことか（QP21–23/30–33）[51]。ドゥルーズは『哲学とは何か』本論をこの事例から始める。まず他者が、ある自我にとっての「他の主体 autre-sujet」であり「特殊な対象 spécial-objet」である場合を考える。私にとって他者は私でない他の主体であると同時に、背景から切り離された特殊な対象であり、同様にその他者にとって私はそのようなものとして呈示されうるだろう。

このとき他者は「主体の複数性、それぞれの関係、それぞれの相互的な呈示」をどう考えるかという問題のなかで考えられている。しかし問題が、主体どうしの相互的な呈示ではなく、そうした相互性を可能にする位置、そのつどある主体が他の主体に対して占めることになる位置としての「他者という位置 position d'autrui」とは何かという問題に移行するとき、

51　以下で取り上げるような他者概念は、『意味の論理学』に収録された「ミシェル・トゥルニエと他者なき世界」をはじめとして、『差異と反復』第五章や『シネマ1』第六章でもそのつど少しずつかたちを変えて論じられている。

問題の「順序＝秩序ordreは変わってしまう」。初めに想定された他の主体および特殊な対象としての他者という概念がうまくいっておらず、不十分であるのは、すでに他者という位置によって条件づけられている主体＝自我から出発してしまうことで、すでに実現されている物の状態に依存しているからだ。

他者という位置の発生とその機能を考えるために、ドゥルーズはまずひとつの世界、いかなる主体にとってのものでもない単純な「……があるil y a...」だけを想定する。主体も対象もなく、自我も他者もないそれ自体で自足したひとつの世界。あるときそこにひとつのおびえた顔が現れる。この顔は主体でも対象でもなく、それまで存在せず、しかもまだ実現されていない「おびえさせる世界の可能性」、おびえさせる「可能世界」を表現するものとして現れる。その可能世界は実現された世界に存在する顔において「表現されたもの」だ。他者概念は「可能なものの表現」という新たな定義を与えられ、それは顔、可能世界、表現といった合成要素をもっている。

しかしなぜ顔が現れるのか。それは言わば、「顔的なるもの」の構築が他者の現れの条件であり、まず具体的な顔があってそれがたとえば白い平面の上の三つの黒い点へと抽象化されるのではなく、むしろそのような抽象的形態を顔とする「顔貌性」が作動して初めて、諸々の個別の顔の認識は可能になるからだ。そしてドゥルーズはこの顔貌性を、サルトルの「眼差し」やラカンの「鏡像段階」の理論と対比して次のように述べている。

顔について書かれたもののうち、サルトルの眼差しについてのテクストとラカンの鏡についてのテクストは、一方で現象学的領野において反省された、他方で構造主義的領野において引き裂かれた主観性ないし人間性の形態に寄りかかる点において誤っている。**眼差しは眼差しなき眼、つまり顔貌性のブラック・ホールに対して二次的であり、鏡は顔貌性のホワイト・ウォールに対して二次的である。**（MP210/中 21）

つまり顔はあらかじめ眼差しをもっているのでもないし、顔が現れる平面としての鏡があらかじめ準備されているのでもない。それらはいずれも、「誰かがあちらから私を見ている／そこに私が映っている」というかたちであらかじめ隔てられたものの「相互的な提示」を前提としており、むしろ顔貌性はそのような隔たり＝奥行き、「他者という位置」の発生条件である。

したがって「……がある」だけがあってそこにとつぜん顔が現れるというのは、あまりに圧縮した言い方で、突飛な話に思えるが、それはぼおっとして「我を忘れて」いるときにふと何かが目について「我に返る」ような、きわめて日常的なことでもある。

たとえばあなたが電車に乗ってぼおっと景色を眺めているとする。流れ去っていく景色にあなたの存在が張り付いていき、あなたは他者なき世界で、ひとつの「気分」としか言いようのないものにすべてが満たされていく。そのときふと、「きぬた歯科」という文字と医師の顔の看板が目に飛び込んでくる。それが他者だ。さっきまで世界は私と溶け合うひとつの気分で満たされていたのに、その看板は虫歯やインプラントがありうる世界を表現する。つまり、「……がある」だけに満たされていた世界に、「そこにないもの」の可能性が穿たれる。〈我を忘れ‐他者が消える〉ことから、〈他者が現れ‐我に返る〉ことへ。他者概念はこの移行を説明するものであり、他者という位置は純粋知覚的な、光景が突風と区別がつかず音が蝸牛感を鷲掴みにするような、知覚による私の圧殺、ひとつの世界への私の封殺から別の世界への移行を条件付ける。

それ〔＝他者〕は、ひとがひとつの世界から他の世界へ通過する passe ための条件をなす。他者は世界を通過させるものであり、「私」なるものはもはや、ひとつの過ぎ去った passé 世界しか示していないのである。（QP24/35）

「私」とは、他者が世界を通過させることで、過ぎ去ったもの＝過去のなかに遡行的に置かれることで生まれるのであり、「私」の発生とはすなわち他者が表現する可能世界に対する〈遅れ〉あるいは〈隔たり〉の発生にほかならない。概念は問題の秩序を変換するパスワード mot de passe であり、他者は世界を通過させ、その通過において置き去られるものとして遡行的に「私」を生み出す。概念の定義が他者という事例から出発するのは、他者と概念のいずれもが指令語のパスワードへの書き換えという点に収斂するからであるだろう。

この他者という位置は誰かが私にとって、誰かに対して私が対象＝他者として現れるときに、あるいは私にとっての奥行きが可能な他者にとっての長さとして現れるときにその実現を下支えしている。しかし概念がこの実現によって尽くされるものであるならそれは――死という極のもとにある非物体的変形がシニフィアンと区別できないように――物の状態を指示する命題と変わらないだろう。

哲学的概念が実現されたものの指示に還元されないのは、それがたんに実現の条件へと遡行するからではなく、実現された物の状態から、実現に還元されない出来事を引き剝がすからだ。概念によって〈他者〉が、あるいはデカルトにおいては〈コギト〉がひとつの出来事になるのであり、その概念の共立性によって出来事に固有の次元を与える。

出来事は避けようもなくひとつの物の状態のなかに巻き込まれるたびごとに現働化ないし実現されるが、概念を物の状態から解放するために出来事がそこから抽出されるたびに、われわれは出来事を**反‐実現する** *contre-effectue*。(QP159/268–269)

現働化には「現働化されるがままにならないものの持ち分」(QP160/270)としての出来事がつきまとっている。しかしこれが反‐実現され把握されるのは、概念が定立的で自己指示的なものになる共立性を獲得する限りにおいてのことだ。

そして言語が連続的変奏において捉えられないならば非物体的変形がわれわれを〈形象〉へと釘付けにするように、哲学は「概念の連続創造」(QP14/19)として、物の状態から出来事を引き剝がし続ける限りにおいて、論証性、コミュニケーション、反省、観照といった諸々の錯覚を脱することができる。そしてこれは、内在平面の可変的な重ね合わせにおいて、過去の哲学者がそのつど新たな創造性のもとに読まれることと骨絡みになっている。ひとつの概念がある出来事において実現されつつも引きこもることと、ある概念が幾度も新たな平面において鋳なおされることは同じことであり、これが哲学における「反復の力能」（QP159/268）を規定している。

4－6　眼を逸らさなければ書けない――〈実現〉のパリノード

それにしてもなぜ、概念は〈反－実現〉でなければならないのか。ドゥルーズはなぜ、こうまでして哲学を「現実」から引き剝がそうとするのか。

すでに『パイドロス』においてソクラテスが、恋の狂気は有害であり、自分に恋をしていない者をむしろ選ぶべきであるというリュシアスの賢《さか》しらな主張に対して、イデアという端的な〈非－実現〉を持ち出すことで対抗していたことを思い出すなら、哲学と〈反－実現〉はつねにともに歩んできたとも言えそうである。

ソクラテスはその場にいないリュシアスの主張を彼になり代わって語ったあとで、「パリノーディア」――詩人が前言撤回のために歌う詩――として自分の話を展開した[52]。イデアの観照がすぐさま何か〈への〉内在としての超越に吸い上げられるとしても、そうして良い狂気と悪い狂気の分割が要請されるとしても、実現のパリノードとして機能している限りにおいてイデア**という概念**はひとつの出来事である。[53]

これは議論の体をなしていないということにも注目すべきだろう。ソクラテスは一般的な意味で「前提を問いなおしている」のですらない。たんに形だけのもの――イデアとは「形」のことである――を持ち出して相手の話を有耶無耶にしてしまっているだけだ（その場にいないリュシアスには反論の手立てすらない）。イデアがいまでも概念の典型であるのは、それがあると言えばあるし、ないと言えばないものの最たるものだからだ。[54]

イデアという概念がある。そのことを、イデアがある――実在的にでも理念的にでもあるいは虚構的にでも、いかなる副詞的な様態においてであれ――ということから引き剝がすこ

52　プラトン『パイドロス』、八五頁。

53　ドゥルーズはプラトンがイデア概念を創造しておきながら、それを〈先〉という時間性に、つまり非創造的な「もとからあるもの」の次元に押し込めること（いわゆる「想起説」）を批判している。「プラトンは、自分のおこなっていることの逆を教えている。つまり、プラトンは概念を創造するのだが、しかしそれを、それに先行する非創造的なものの代理として定立する、ということを必要としているのだ」（QP34/55–56）。

54　「哲学は議論を嫌悪している。哲学にはつねに他になすべきことがある。（…）しかし、ソクラテスは哲学を、友どうしの自由な議論に仕立て上げたのではないだろうか。それは自由人の対話として、ギリシア的社会性の極地をなすものではないだろうか。しかし実際は、ソクラテスは問いと答えの競争という短い形式においてであれ、複数の演説の対抗という長い形式においてであれ、あらゆる議論を不可能にして飽くことがなかったのである」（QP34/54–55）。

とが、それを自己指示的な〈概念〉としてあつかうことだ。命題的な肯定／否定から逃れ去る問題的なものとして概念を考えるのなら、ここまで認める必要が出てくる。その意味で概念は「虚辞」である。

これは哲学から多くのものを捨て去る身振りに見えるだろうか。なにしろ概念の「接地」を進んで諦めるというのだから。

リュシアスが何を実現しすぎてしまったのかという角度から考えてみよう。恋をする者は狂っており、相手が思いのままにならなければ何をしでかすかわからないというのはいかにも正しい。この正しさは『哲学とは何か』では「オーソドクシー」あるいは「オピニオン」と呼ばれる。もっと身近な言葉で言えば「一般論」ということなのだが、一般論はなぜ一般論であるという理由で斥けられなければならないのだろうか。

この問いについて、ドゥルーズは次のようなコミカルな事例を挙げている。

たとえば、ヘーゲルが語った物語のなかに女商人が登場する。ひとが彼女に「おばあさん、あんたの卵は腐ってる」と言うと、彼女は「腐ってるのはお前さん自身と、お前さんの母親と、お前さんのばあさんさ」と答える。オピニオンというものは抽象的な思考であり、そして悪口はこのような抽象において有効な役割を演じるのであって、というのも、オピニオンは特殊な諸々の状態の一般的な関数を表現しているからだ。オピニオンは知覚から抽象的な質を引き出し、感情から一般的な力能を引き出す。その意味で、あらゆるオピニオンはすでに政治的なものである。だからこそかくも多くのディスカッションにおいて、次のように言われる――「男であるこの私は、すべての女は不貞であると思う」、「女であるこの私は、男たちは嘘つきであると考える」。(QP146/245)[55]

オピニオンは知覚‐質(これは腐っている)と感情‐力能(これは不愉快だ)の混合によって作られる。特殊な諸状態から一般的な知覚と感情を引き出すことが政治的なことであるのは、そのような抽象は等質的な「われわれ」と同時に敵対的な「彼ら」を構成するからであり、だからこそあたかもケインズの「美人投票」のように、他人の顔色を見てオピニオンを言う者こそが「勝つ」(誰が美人かについて真なることを言う)ことができ、また同時に、「あいつらはなんにもわかっていない。本当に美しいのは君だよ」と囁く「逆張り」の利益もそこから生まれてくる(QP147/246)。**抽象的に「接地」することはこの程度のことなのであり、というか、そこにこびりついている政治性を突き詰めて考えるためにこそ、抽象的再**

55　この商人のエピソードはヘーゲルの「抽象的に考えるのは誰か」という短いエッセイに登場する(Hegel, « Qui pense abstrait? », p.17〔二六七頁〕)。彼は発達した社会においては身分の低い者こそ抽象的に考えると述べている(使用人は主人をあくまで「主人」として抽象的に捉えるのに対して、主人は具体的なものに意識を払う余裕がある、というように)。牛は個別の草ではなく「草一般」を再認し、食むというベルクソンの議論を想起させるが(実際にドゥルーズはここで〈再認のモデル〉というベルクソン由来の議論に接続している)、ヘーゲルはすでに抽象的再認に〈誰が?〉という政治的な側面を見て取っていたと言えるだろう。

認とは別のモデルが用意されなければならない。そのモデルが言表行為に内在する定立、あるいは〈反‐実現〉である。

恋をする者は狂っており（知覚‐質）、避けるべきだ（感情‐力能）というオピニオンに対してソクラテスは、恋は狂気ではないとか、狂っているのはお前のほうだとかいう抗弁によって対抗したのではなく、そうした質と力能の複合体として実現される〈事物の状態〉としての狂気――「事物はそれ自体類的なオピニオンである」（QP155/262）――から、狂気という概念を引き剝がすことによって抵抗した。

ここに『哲学とは何か』が概念について「制作 fabrication」や「発明 invention」という穏当な語ではなく「創造 création」という強い言葉をその神学的響きを恐れず使っていること、哲学が「概念の連続創造」として定義されることの意味があるだろう（QP11/14）。それはアーティスティックな創造性を無邪気に哲学に借り入れて、浮世離れした言葉のパズルを遊ぶこととはぜんぜん違う。観照の、反省の、コミュニケーションの、あるいはオピニオンの〈普遍〉との哲学に内的な闘争、言い換えれば錯覚への用心が、超然とした命題やロマン主義的な芸術崇拝にすり替わらないためにこそ概念はたえず創造されるものでなければならないし、すでに存在する概念ですら新たに創造されることなしには機能しない。

さらに言えば、プラトンをイデア概念の創造（＝定立）とイデアの観照（＝超越）というふたつの契機のあいだにクライテリアを敷いて評価するドゥルーズの身振り自体が、哲学史を「概念の連続創造」として組み換える企図にしたがっているだろう。

〈連続的変奏〉をめぐるジレンマに折り返そう。

あらためて確認するとそれは、連続的変奏とわれわれが実地に出会う分散的な言表をどうブリッジするかという問いだった。

そしてこの問いは、平倉の『シネマ2』論を経由することで、ドゥルーズの哲学的実践のありようにまで食い込んできた。ドゥルーズは**書くことにおいて**叫んでいるのか、あるいは**書くことの失敗において**叫んでいるのか。それぞれを内在の〈実現〉および〈逆説的実現〉と呼ぶことにしよう。〈反‐実現〉としての概念創造の議論と突き合わせて考えてみると、いずれの方針も哲学的実践のポジティビティを逸してしまうように思われる。

しかしドゥルーズの「叫び」が実現しているものを「オピニオン」と呼ぶのははばかられる。なぜならそれは命題的‐再認的な「正義」に抗するものであり、「正しさ」の内在性を指し示すものであるだろうからだ。したがってここにはオピニオンとの闘争とは別の内的な闘争がある。それは〈形象〉との闘争である。

形象と概念のあいだには、根本的な対立があると結論すべきだろうか。しかし、それらの差異を定めるための試みの大半は、ふたつのうちいずれかを貶めることで満足する気まぐれな判断しか表現していない。たとえば、概念には理性の威信を与えて、形象を非合理的な夜の象徴に帰着させたり、反対に、形象には精神的な生の特権を与えて、概念

を死せる悟性の人為的な運動に帰着させたりするといったように。(Q92/158)

ドゥルーズは「形象」という語で、具体的には古代中国の卦や仏教のマンダラ、あるいはキリスト教の紋章などの宗教的な視覚表象を指しており、大枠として見れば哲学と宗教の違いが論点になっているが、**形象という概念は宗教と哲学の外在的な対置に満足しないようにするためにこそ導入されている**ことに気をつけよう。「哲学」が形象を生み出すこともあれば、「宗教」が概念を生み出すこともある。[56] 当座のわれわれの関心は前者のケースであり、したがって問題は、オピニオンについて問うたのと同様に、哲学の内部に形象が闖入してくる契機において何が起こっていて、そのとき哲学の何が逸されるかということだ。

形象が概念に向かっていくとすれば、その逆も然りであり、哲学的諸概念は、内在が何かあるもの**へと**帰属させられるたびごとに、形象を再生産する。(QP93/160)

内在が何か〈への〉内在として当の何かに帰属されるときに概念は形象を産出する。あるいはハイデガーにとってのゴッホの靴のように、ある形象との出会いによってひとつの概念が内在の特権的な座にすり替わってしまう場合もあるだろう。いずれにしても問題は、オピニオンが知覚-感情への準拠によって哲学を命題的な指示性と識別不可能にしてしまうのに対して、**形象は内在への意志そのものによって概念の定立性を裏切ってしまう**ことだ。したがって形象は哲学にとってよりクリティカルなものであり、形象との出会いによって哲学はもっとも厳しい試練に晒される。

ところで、平倉は『かたちは思考する』の序章において、形象 figure の作用を「巻込 convolution」によって定義している。[57] 形象はたんなる客体として私に捉えられるだけでなく、形象のほうでも私を捉える「力」をもっている。この相互的な包握（それは人間主体‐客体の関係に限られるわけではない）が「巻込」と呼ばれる。もっとも興味深いのはこのような形象の理論における記述、あるいは平倉自身のテクストの地位だ。なぜなら記述は一方で、生身の私と形象の差し向かいにおいては保持しきれないパターン群を部分的・多角的に転写することを可能にするからであり、他方で、しかしそうして外的に転写されたパターン群はすでにもとの私‐形象の二者関係には収まらない何かにすり替わっているからだ。彼が一貫して書かれたテクストにおける主観性を鉤括弧つきの「私」と表記しているのはこのような事情によるだろう。

つまり、一方には形象が認知的なキャパシティを超えて私を引きずり回す巻込というモーメントがあるのだが、他方にはその巻込の「外化された模倣体[58]」としてのテクストにおいて

56　「観照の対象性、反省の主観、コミュニケーションの間主観性は哲学の三つの「形象」である」、「キリスト教思想はおのれの無神論によってのみ（…）概念を産出するだろう」（QP93/159–160）。

57　平倉『かたちは思考する』、一七頁。

「私」が構築されるモーメントがあり、生身の私の受苦とテクストにおける「私」の彫琢は裏表の関係にある。

これは『ゴダール的方法』において結合可能性の爆発という受苦が「受苦することの力能」に読み替えられていたこと、そして『シネマ2』論においてドゥルーズの誤想起が「叫び」の「谺」として読み替えられていたことと類比的だ。この一貫性に鑑みて、「書くこと」と「叫ぶこと」をそのまま同一視する〈実現〉ではなく、類似の受苦をその力能に読み替える〈逆説的実現〉のほうを平倉の態度として検討の対象にしよう。

「受苦」の「力能」への読み替えを可能にするのは形象と私を貫いて反復される「パターン」の「類似」だろう（「韻」がこのふたつを圧縮する概念として用いられている）[59]。平倉の議論においてはこのふたつの概念がマジックワード化されている、というか、「パターン」および「類似」のマジックワード化＝全面化**という受苦をくぐり抜けること**が平倉の実践の条件になっており、したがって真に問われるべきなのは、**いったい何が形象からの剥離を可能にするのか**ということだ。

形象が私を捉える。それは形象のうちのあるパターンと私のうちのあるパターンとが類似しており、ふたつが「韻」を踏むからだ。このふたつのパターンの重なり合いが「モワレ」としての「メタパターン」を浮かび上がらせ、形象を分析するテクストはこのモワレとして編まれる。しかしなぜ巻込は全面的に展開されず、形象はなぜ、目が回ったトンボのように私を形象の渦へと完全に引きずり込んでしまわないのか。一方で平倉は「モワレ」概念の参照元であるグレゴリー・ベイトソンの「全体論的」で「調和的」な宇宙観から距離を取っている。[60] しかし決して「調和的」ではないにせよ、平倉においてパターンの全体論＝ホーリズムがカタストロフとして否応なく繰り返し回帰することと自体が分析のエンジンとなっていることは否めないだろう。類似の全面化としてのパターンのホーリズムから逃れるためにメタパターンが希求され、しかしそのメタパターンにおいてもそれがどこまでが非意図的－物体的な「アースワーク earthworks」でどこからが心的－記号的な「大地語 earthwords」なのかは識別不可能であり、その読解において解読者は自身のパターンを払い出して分析に取りかかるが……というように。[61] しかしこのような〈パターン間の干渉－モワレの発生－別のパターンの巻込〉という連鎖の維持は何によって保証されているのか。カタストロフとしてのパターンのホーリズムが新たなパターンの発生のポジティブな条件となる根拠はどこにあるのか。記述の地位をめぐる問いはこのように言い換えられる。

『ゴダール的方法』の議論を持ち出して答えるなら、パターン間の干渉が全面的な混合の手前でメタパターンを生むことへの信頼は、「さしあたりいまは受苦を生きている」という、この〈まだ生きている〉という事実、逆らいがたく漸減するにせよ〈まだ〉私の生には弾性

58　同書、二六頁。
59　同書、一四－一六頁。
60　同書、一六頁。
61　「形象の解読は、この狂的な押韻感知を避けることができない」（同書、二二頁）。

があるという事実を元手に借り入れられているだろう。[62] しかし当然ながら〈まだ生きている〉の裏面には〈いずれ死ぬ〉が張り付いており、前者は後者からの逆算を前提としている。そして『シネマ2』のドゥルーズも〈いずれ死ぬ〉者として肺を絞り上げて受苦を叫んでいる。それにしても、ふたりはあまりに似てしまっていないだろうか。どこからどこまでが……という問い自体が「巻込」として機能するほどに。

別の問い（息が詰まってきた）。先の引用でドゥルーズは概念と形象を、一方を「理性」あるいは「悟性」、他方を「非合理な夜の象徴」あるいは「精神的な生の特権」と呼んだうえで、概念か形象かという二者択一の構造こそが罠なのだと述べていた。ここで能力論の語彙が用いられていることに着目してみよう。概念＝理性・悟性か形象＝構想力か。この二者択一は共通感覚の主宰をいずれに任せるかという選択であり、ドゥルーズが述べているのは「そういう問題ではない」ということだ。概念が形象を、形象が概念を呼び求める条件なき共通感覚としての「美」（哲学の全面的な美学化）も解答にはならないだろう。それが哲学に内的な錯覚として語られている以上、問題はあくまで両者を引き剥がすクライテリアを見出すことだ。

そして、やはり能力論という論脈を引き延ばすかたちでこの問いに答えるなら、本章を通して見てきたとおり、『哲学とは何か』における概念の地位は『千のプラトー』の言語論を哲学的実践のうちに引き込んだものであった。さらに第三章の議論に遡れば、『千のプラトー』のプラグマティックはシニフィアン的体制への批判と言語／物体の二元論を両立させるという、途方もないアクロバティックを試みるものであった。なにしろ**言語の超越性を批判しつつ同時に、超然と唯物論を言うことを自らに禁じている**のだから。これはおよそ、苦み走った沈黙によって応えるほかない問題に見える。しかしドゥルーズはそうした沈黙を拒否し、だからこそ『哲学とは何か』は書かれる。その意味で『哲学とは何か』で哲学的実践が言表行為という側面から論じられることは必然的であり、本章はこの必然性の線をたぐり寄せてきた。

　そして平倉が問題にする『シネマ2』において「叫び」が問題となる箇所は、視覚的イメージと発話行為、〈大地〉と〈天空〉の関係が映画と哲学の関係に跳ね返ってくる地点でもあった。

> 発話が出来事を創造し、立ち上げるということ、そして沈黙した出来事は大地によって覆われるということを同時につかまえなければならない。出来事とはつねに抵抗であり、発話行為がもぎ取るものと大地が埋却するもののあいだにある。（IT334/353-354）

「ましてやわれわれ自身が著者であるとき……」。そう、ましてやわれわれ自身が著者であ

62　本書序論参照。

るとき、われわれは自身の言葉を、大地＝内在〈へと〉沈み込むさなかのあるかないかのバウンス（平倉はそれを「中空の高さ」あるいは「準‐超越」と呼ぶ）としてしか評価できないのだとすれば、われわれは〈いずれ死ぬ〉者としてしかものを書けなくなる。叫びは〈形象〉となり、われわれを死に釘付けにし、死は大文字の〈実現〉として、「出来事の持ち分」が漸減するのをカウントダウンしている。

しかし発話が出来事を引き抜くことと出来事が大地に埋却されることを「**同時につかまえなければならない**」ということに力点を置いて読むなら、ふたつのことは**あくまで別個でありつつ、両立している**ということになる。そのとき書くことは、叫びに巻込まれて叫ぶことではなく、叫びに「直面して」書くことになるだろう。長いが省略しにくいのでそのまま引用する。

アルトーはこう言っていた。文盲**のために**書くこと——失語症者のために書くこと、無頭の者のために思考すること。それにしても「ために pour」〔英語の for に相当する前置詞〕とは何を意味しているのか。それは、「〜に向けて à l'intention de...」ということではなく、「〜のかわりに à la place de...」ということですらない。それは、「直面して devant」ということだ。思考する者は、無頭であるのでも、文盲であるのでもなく、むしろそうした者に生成する。彼は〈インディアン〉に生成し、〈インディアン〉に生成してやむことがない。そうするのはおそらく、〈インディアン〉であるところの〈インディアン〉が彼自身、他のものに生成し、おのれをおのれの断末魔から引き剝がすこと s'arrache à son agonie「のために＝に直面して」のことだ。ひとは、諸々の動物ら自身〈のために＝に直面して〉思考し、そして書く。ひとは、動物もまた他のものに生成することと〈のために＝に直面して〉動物に生成する。一匹の鼠の断末魔、一頭の牛の屠殺が、思考のなかに現前したままであるのは、憐れみの情からではない。その現前は、人間と動物のあいだの交換ゾーンとしてあるのであって、そのゾーンにおいてこそ一方から他方へと何かが移行する passe。それは哲学と非哲学の構成的関係だ。生成はつねに二重であり、この二重の生成こそが、来るべき民衆と新たな大地を構成する。哲学者は、非哲学が哲学の大地とその民衆に生成すること〈のために＝に直面して〉、非哲学者に生成しなければならない。（QP110–111/188–189）

文盲 les analphabètes、失語症者 les aphasiques、無頭 les acéphals。ここで否定の接頭辞《a(n)-》が連打されていることは、彼らが有標の社会的マイノリティであることを指し示していると同時に――この一節の直前ではハイデガーにおける純血主義が批判されている――、哲学とその他者が〈非〉の距離のもとにあることを指し示しているだろう。われわれは前節で〈他者〉が可能世界の表現の座であることを見たが、ここでは哲学にとっての他者の意味が〈のために＝に直面して〉において起こる二重の生成という観点から語られている。「哲学と非哲学の構成的関係」、つまり哲学の他者の現前と哲学の自律的な構築主義の両立は、他者の叫びに他のものへの生成の叫びとして直面することから始まる。叫びは自身の臨終から自身を引き剝がす。叫びに彼らがそうで「ある」ところのものの表現を聞くのではなく、彼ら自身の「生成」の叫びとして聞くこと。彼らのために書かれるものは彼らを代理するのでも、彼ら自身に寄与するのですらなく、たんに彼らに直面して書かれ、書かれたものが彼らを「指示」することはない。**眼を逸らさなければ書けない**からだ。それは否定的な条件ではなく、むしろ〈非〉としてのポジティブな条件だ。生成がつねに二重であり、出来事の埋没と剝離を同時につかまえなければならないのは、この〈直面して、書くこと〉あるいは〈見て、書くこと〉の分離こそが、哲学と非哲学と構成的な関係を結ぶ条件だからだ。

　直面と剝離を「同時につかまえること」としての二重の生成が構成する「来《きた》るべき民衆」と「新たな大地」という語にメシアニックな超越を嗅ぎ取るべきだろうか。そうではないだろう。なぜならそれは不定冠詞的な他者、つまりいつでもそのつどひとりの他者が表現する可能世界の謂であり、その非哲学的な叫びを哲学の耳で聞き、哲学の手で書くことにおいて起こる生成は、現在から出来事を掠め取りはしてもそれを当の他者〈への〉内在にすり替えはしないからだ。どうやって？　内的にも外的にも多元的な諸概念を定立し、そのつど新たな内在平面を敷くことによって。**「来るべき」や「新たな」という措辞は超越的な価値を示しているのではない。むしろそれは〈内在〉を〈死＝実現＝形象〉のもとに凝固させないための最小の条件だ。**

〈いずれ死ぬ〉者として生きるのでなく、臨終においても〈たんに生きている〉こと。断末魔すらひとつの生が取りうるひとつの態度──『シネマ2』でそれは「ゲストゥス」（IT250/267）と呼ばれる──であること。それを聞き取ることが「死を減少させ死それ自体をひとつの変奏にする」ことだ。ドゥルーズの投身でさえ**たんに窒息するのが嫌だったから**という素朴さにおいて捉えること。一九九五年一一月四日。その日付とともにドゥルーズの署名が刻まれた概念は「いくばくかの可能なもの du possible」であり、それはいささかも「最終手段」を含意していない。[63] なぜならそれはつねに「いくばくかの」もの、部分冠詞的なものであるからだ。

指令語をパスワードに書き換えること、ドゥルーズは、「概念**である限りでの**可能世界としての出来事」（QP51/86 強調引用者）を定立することによって、それをあくまで内在的な書き換えに留める方途を発明した。〈連続的変奏〉が逃走的なものとして機能するのは、「叫び」によって分散的な言表を溶解させることによってではなく、「ひとがひとつの世界から別の世界に通過するための条件」としての他者から、当の他者〈の〉概念を引き剝がすことによってだ。「経験論は出来事と他者しか知らない」（QP51/87）。

63　「いくばくかの可能なものを、さもなければ窒息してしまう」（IT221/237, QP178/300）。

第5章　人称性

パフォーマティブ理性批判

5-0　二〇世紀哲学史

前章では『千のプラトー』と『哲学とは何か』のあいだで起こっている〈プラグマティック〉の哲学的実践への繰り込みの線を辿った。ドゥルーズのこの歴程は、「言語論的転回」とともに始まった二〇世紀の哲学の流れのなかで見たとき、どのような意味をもつのだろうか。

ここで私は、その始点をフレーゲに求めるのであれ前期ウィトゲンシュタインに求めるのであれ、この「転回」をいわゆる分析哲学の論脈に限定しないことにする。言語論的転回は美術におけるモダニズムに比せられるある種の「自意識過剰」であり、絵画が対象志向的あるいは表象的な「イリュージョン」を捨て、自身の固有性としての平面性を過剰に気にするようになったように、哲学はおのれの語るところのものに素直に向かうのではなく、おのれが用いる言語のありようを過剰に気にするようになった。

その余剰分を「論理」によってなだめようとすることと、ハイデガーが『存在と時間』の冒頭部で、自身が用いる造語のキメラ的な「醜さ」についてエクスキューズすることのあいだにそれほど距離はない。[1] ある日ふと自分の容貌を気にし始める子供のように、哲学はある時期から自身の不透明な体のリアリティに囚われてしまう。

それをフーコーのように西洋のインテレクチュアル・ヒストリー全体に敷衍して、ニーチェとマラルメが先んじて拓いて見せた〈言語〉の不透明な厚みに哲学がひきずり込まれたと見るか、イアン・ハッキングのようにネオ・プラグマティズムから遡行的に整理するかたちで表象的「観念の世紀」から言語的「意味の世紀」への移行とするのかはここで問題ではない。[2]

問題ははたして、二〇世紀を終えて、哲学はこうした「自意識過剰」をくぐり抜けることができたのかということだ。

この問いにイエスと言うことを試みる、ここ五〇年ほどのあいだに哲学が編み出してきた方策はいくつか思いつく。

(a)〈言語の物質性〉の名のもとに、分析的言語の超越性を唯物論的領野へと押し潰すこと。

(b)あるいはその逆側から〈実在の放縦〉を言い募ることによって、それを捉え損なう言

1 「以下の一連の分析の中での表現がぎこちなく「醜い」ということに関して、一言、付け加えさせていただきたい（…）」（ハイデガー『存在と時間』、五四－五五頁）。

2 フーコー『言葉と物』、三二四頁。イアン・ハッキング『言語はなぜ哲学の問題になるのか』、第一三章。

語の非超越性をネガティブに示すこと。

(c)〈社会的なもの〉あるいは〈政治的なもの〉という、新たに実在という領野に格上げされ、かつそれを占領するものを立ち上げ、そこにすべてを還元すること。

(d)〈大きな物語〉の終焉や〈人間の死〉とセットで多元論的・相対主義的な価値を言うことに哲学、あるいは広く人文科学の価値を託すこと。

デリダ？　フーコー？　リオタール？　ド・マン？　ラトゥール？　バトラー？　たしかにこれらの方策はそれぞれにぼんやりといくつかの「ポストモダン」な固有名を喚起するが、誰をどの立場に押し込めるかが重要なのではない。ドゥルーズのテクストから四つそれぞれに適合する箇所を抜き出してくることだってできるだろうし、結局のところこれらは表層的な雰囲気を色分けしているにすぎない。

いずれにせよこれらの方策はある種の急場しのぎであり、というのも、〈言語の物質性〉、〈実在の放縦〉、〈社会的なもの〉、〈人間の死〉はいずれも、**論じられる**内容の側からそれを**論じる**言語の普遍性・透明性・超越性を免責する挙措だからだ。そこで温存されているのは**語用論的な、あるいはパフォーマティブな領野に匿われたシニフィアン的体制**であり、われわれはこれまでそれを〈超然と内在を言うこと〉という、いくぶん据わりの悪い言葉で呼んできた。

時計を今世紀まで進めるとどうだろうか。たとえば「思弁的実在論」の旗手であるカンタン・メイヤスーは、言語論的転回とは結局のところカント的な主体と表象の相関関係、そしてそれとセットになった〈物自体〉からの退却のバリアントなのだとしたうえで、カント以降の哲学全体を「相関主義」の名のもとに問いに付している。

表象であれ言語であれ、メイヤスーにとっては「相関メディア」であることに変わりないのであって、主体‐客体の相関の外にある実在へのアクセスは相変わらず話の埒外に置かれている。というか、そうした追放の操作によってしか哲学はおのれの存在意義を確保できなかったのだ。科学に対して、君らがあつかっているのは実は「物自体」ではないのだよと言うことによってのみ、二〇世紀の哲学はまだ自分にも何か言うべきことがあると思うことができた。[3]

言語論的転回そのものをひっくり返すことを試みるメイヤスーの「思弁的転回」は、〈批判〉と呼ばれるカント以降の禁欲的な傾向のグレート・リセットであると同時に、「独断論のまどろみ」からの目覚めをその就寝前まで逆再生することで再度哲学を〈大いなる外部〉、グレート・アウトドアへと開く。

このグレートな感じが開放的な雰囲気をたたえていたことは確かだとしても、メイヤスーの『有限性の後で』をあらためて――「思弁」にとって言語とは何なのかという観点から

3　Quentin Meillassoux, *Après la finitude*, p. 176［一九七頁］.

——読んでみると、導入部で彼がしきりに「言明」という語を用いているのが目につく。つまるところ実在への「アクセス」とは、具体的には科学的言語による「言明の意味」の基礎づけなのであり、思弁的転回はそれを再‐言語論化してみるならもとより意味論的な企図に導かれている。[4] メディウムとしての言語は廃位されるのではなく正しく透明なメディアになるのであり、そのために存在論の側にこれ以上のものはちょっと思いつかないほどの多大な負荷——〈すべてが偶然的であることだけが必然的である〉——をかけることすら彼はいとわない。意味論的ないし認識論的な正当性のために他のすべてを犠牲にしているようですらあり、ある種のエクストリーム・スポーツのように、実在が起伏に富むほどにそれをくぐり抜ける正当化に価値が宿るかのようだ（どれほど実在がめちゃくちゃで、明日にも太陽が各人に配布されて身分証になり、代わりに首都高の景色が地球の周りを回り、そこに映る夕日の美しさに落涙する者だけが〈首都高〉に召し上げられ、それ以外の者は天蓋を覆う交通状況の波を時間の基準にする世界が到来するとしても、もし**それ**を科学者が観測し、「いくつかの項が役割を交代させただけで系自体にたいした変わりはない」と言明するなら、その言明を私は基礎づけることができる……）。

　メイヤスーにとって永遠性とは自然法則にあるのでも個別の言明（炭素の放射性同位体による年代測定や $E=mc^2$ のような）の正当性にあるのでも、あるいはまったく存在しないのでもなく、任意の系の状態における**そのつどの**科学的言明**一般**の正当性**だけ**にあるのであり、この一般化された意味論的正当性だけのために、偶然性の必然性というテーゼは言わば捨て石として置かれる。
そうして哲学は科学の意気を削ぐポジションから科学的言明の正当性を基礎づけるポジションに移行し、正しくメターフィジカルなものとなる（これを実際の科学者がどれくらいありがたがるのか、あるいは大きなお世話だと思うのか私にはわからないが）。したがってこれもまた〈超然と内在を言う〉こと、哲学の〈について性〉を護ることに向けられている。しかしそうだとするといったい何が「転回」されたのか。

ポストモダン思想においてはデリダのエクリチュール論に顕著なように必然的に不純であるメディウムを、メイヤスーのように実在の側の必然的偶然性によって——他所で大袈裟な爆発を起こして獲物の警備を手薄にする泥棒のように——純化したところで、〈について性〉の保護という基本的なスタンスは変わっていない。つまり、記号の側に「可能性の必然性」を見るか、実在の側に「偶然性の必然性」を見るかが変わっただけで、いずれも記号の「接地」の逆説的な保護という中心に対してきれいな対称をなしている。

〈超然と内在を言うこと〉をめぐる問題は、**〈超然と〉という副詞的スタンスを切り離すこと**ができるかという問題であり、われわれが前章の後半で見たドゥルーズのコンスタティブ／パフォーマティブにまたがる「外延性」への批判は、このような視座のもとに置きなおす

4　*Ibid.*, p.59［六三頁］.

ことができる。

あるいはこうも言える。**問題は言語論的転回を乗り越えることではなく、それをやり抜くこと**だと。論理による言語の統語論的な整備、エクリチュールによる言語の不純さのパフォーマティブな暴露、意味論的直接性への実在の従属、これらはどれも哲学が言語実践であることをまっすぐに受け止めずに済ませるための口実として機能しており、言表行為に内在する定立という、ともすればこれ以上ないほどに「自閉的」なテーゼは、批判的制限や自己韜晦といったネガティブな身振りによってではなく、哲学が言語実践であることをポジティブに引き受けることを企図している。

とはいえ同時に、哲学者は「口先だけ」の存在ではないのであって、本書は能力の複数性を実践の条件とすることから出発したのだった。前章の最後にわれわれはそれを〈直面して－眼を逸らして－書く〉能力間のスイッチというかたちで見出しなおした。

しかしこんどは、**この複数性の側から見て、ひとはどのように「哲学者」になるのか**ということが問われなければならないだろう。つまり、人間は喋るだけでなく見たり触ったり考えたりするものだという経験的事実に寄りかかることなく（それだと共通感覚論に逆戻りしてしまう）、複数の能力が交差する場として「哲学者」がいかにして、書くことを通して生み出されるのかということを明らかにする必要がある。つまり、哲学者が書くのではなく書くことが哲学者を作るのだとして、その発生は書かれたもののうちにどのように刻まれているのか。

すでに一九六二年に、フィンランドの分析哲学者、ヤーッコ・ヒンティッカは「コギト・エルゴ・スムは推論かパフォーマンスか」という論文において、デカルトのコギトは決して論理的推論とは言えず、それがいかにして一方で「私は歩く、ゆえに私は存在する」のような同形の言明から、他方で「考える者は誰でも存在する」のような一般化された言明から区別されるのかということを論じていた。

ヒンティッカは文そのものの――オースティン的に言えば「発語行為」のレベルにある――論理的整合性とは異なる、文とその発話者との関係によって構成される「実存的自己確証性 existential self-verifiability」という観点を導入したことにコギト・エルゴ・スムの本質を見ている。コギトにとっての「懐疑」という契機は、思考しながら存在しないことはできないという「実存的不一致」の不可能性を感得する契機であり、コギトとスムの関係は「前提と結論」の関係というより「過程と所産」の関係にある。[5] なぜならスムの不可疑性は、**各人がそれを実際に疑う**ことなしには真たりえないからだ。だからこそコギト・エルゴ・スムは論理的推論ではなく、当の言明において〈私〉の思考と存在を一致させる**行為**ないし**パフォーマンス**である。

5　Hintikka, "Cogito, Ergo Sum: Inference or Performance?", p. 16〔二七頁〕.

デカルトのコギト・エルゴ・スムにおけるコギトという語の機能は、それを通して「私は存在する」の実存的自己確証性がそれ自体によって表明されるような思考－行為 the thought-act を指し示している。したがってこの文の不可疑性は、正確に言えば、思考することによっては by means of（証明可能な真理がそう言われるようなしかたでは）知解されない。むしろそれが不可疑なのはそれが現に actively 思考されるから because、そしてその限りにおいて in so far as のことである。[6]

実存的自己確証性はそれを疑う－思考する行為に依存しており、それを離れて存在しない。ここでヒンティッカは奇しくものちにドゥルーズが用いる「思考－行為」というハイフンでつながれた語を先取りしている。それは半面偶然の一致だろうが、両者がいずれも哲学的思考、とりわけその「開始」に広い意味でパフォーマティブな行為を不可欠な要素として見ることは共通しており、その意味でこの一致は自然なことだ。

常識においてそうであるように思考と行為を対立させる（ぐずぐず考えてばかりいないで行動しなさい……）のではなく、思考自体をひとつのポジティブな行為とするものとして哲学的実践はあり、コギトとしての、あるいは一切の知識を前提としない「白痴」としての〈私＝哲学者〉はそのような運動のなかでこそ生み出される。デカルト的な「思考－行為」の連結が指し示しているのは、思考より前に哲学者はいないということだ。

あらためて本章が取り組む問題を整理しておこう。

（1）ドゥルーズの言語論およびその哲学における実践を「言語論的転回」以降という歴史的なパースペクティヴのなかで位置づけること。
（2）二〇世紀後半のポストモダン思想、あるいは二一世紀に入ってからここ二〇年で最大の哲学的ムーブメントのひとつである思弁的実在論が、いまだに哲学の〈について性〉に絡め取られているとして、そこからの出口を考えること。
（3）思考－行為としての言表行為から構築される哲学的主観性の発生過程を辿り、そのプロセスにここまで本書全体を通して見てきた能力論および言語論がどのように統合されうるか考えること。

これらの問いをあつかいやすいようにリサイズするために、『哲学とは何か』における哲学の構築主義の文脈に差し戻しておこう。ドゥルーズはひとつの哲学は「概念」、「内在平面」、そして「概念的人物」という三つの構成要素によって形作られると述べている。このうち概念については前章で、内在平面については第三章でそれがどのように作られるか検討した。『千のプラトー』の言語論の語彙を用いるなら、概念は「言表」に、内在平面は「前提」に対応する。では概念的人物が何に対応するかと考えると、いちばんに思い浮かぶのは

6　Ibid.

「固有名」論だ。『千のプラトー』では人称性ならざる個体性を示すものとして固有名が論じられ、『哲学とは何か』で概念的人物は一人称的な著者性＝権威 authority に依らない哲学的主観性を示すものとして導入される。したがって先の一群の問いを、ここでは概念的人物の問いに集約させることにしよう。概念的人物は、言語行為としての哲学的実践のエージェントとして、〈内在的に言う〉者であり、思考のただなかでなされる哲学者への生成のマーカーであり、先の三つの問いがクロスする地点にある。

ところが困ったことに、『哲学とは何か』における概念的人物についての議論は、プラトンにとっての「ソクラテス」、デカルトにとっての「白痴」、ニーチェにとっての「ツァラトゥストラ」あるいは「ディオニュソス」といった哲学史上の事例が豊富に挙げられこそすれ、きわめて図式的な説明に留まっていると言わざるをえない。数々の概念をひとつのシステムのもとに組み上げる「構築主義」的な手法はドゥルーズに一貫してあるものだが、ここではそれがご都合主義的になされており、概念的人物が担うはずの特異なエージェンシーが、**実際の哲学の構築において、つまり哲学のテクストにおいて**どのように作動するか具体的に辿られることはない。ひとことで言えばそこでは、哲学的テクストにおいて構築された主観性が哲学者の固有名に跳ね返るのだという話がされるのだが、それをたんなる主張以上のものとして受け取る手がかりが少なすぎるのだ。

そこで、以下に続くいくつかの節では、ベルクソンの『物質と記憶』における「私」という語の用法を分析しつつ、それをドゥルーズの概念的人物についての議論と照らし合わせることで、後者の内実を埋めていくことにする。言ってみればそれは、使い道のわからない器具の用途を使いながら見つけていくようなものだ。使い道が合っている保証もなければ、使っている途中で器具がひん曲がってしまうかもしれないが、重要なのは問題に応答することだ。そしてここで問題とは、哲学における非超越的な主観性の問題である。

なお、これからなされる『物質と記憶』読解はひとつの独立した議論であり、実際いちど別の機会に論文として書かれたものだ。それはここまで述べてきたような問いとは別に、ベルクソン研究としてのより直接的で固有の問題に取り組んでいる。そこで以下では、第一節から第五節までをひとつの「論文」と呼ぶことにする。それは本書全体の番外編のようなものであるが、「応用」というような後発的なものではなく、むしろ本書全体の探究にとってひとつの重要な素材を提供している。「補遺」と呼ぶのがいちばん穏当な気もするが、それもやはり事後的・補足的なものを喚起してしまう。近いのは自然科学における「実験」だと思うが、ともかくここでは中立的に「論文」と呼ぶことにする。

5-1 哲学的自我と直観

本論文では、『物質と記憶』の「イメージ」概念の構築において、「私」という語がどのように用いられているかという観点から考察する。この「私」は、文字通り「私 je, me, moi, mon」とテクスト上に現れている語そのものを示すものであり、著者としてのベルクソンや、一般観念としての自我や、読者がそこに身を置くよう促される仮想的な人格といった、当の語の意味あるいは指示対象からさしあたり区別されている。「私」という語が担うものが誰なのか・何なのか、それはいかにして概念構築のなかで機能するのかということ自体が問いである以上、安直な想定から離れたところでテクストに沿ってその機能をあぶり出していくことが必要だからだ。

他のものでなくイメージの議論――おもに『物質と記憶』第一章でおこなわれる――において「私」という語に着目するのは、この議論が「私」という人称を導入したうえで、つねにそれを用いながらなされるものだからだ。『物質と記憶』本論冒頭の二文は、そのあいだに「われわれ」から「私」への移行を刻んでいる。

われわれ Nous は当面のあいだ、物質や精神についての諸理論を少しも知らず、外的世界の実在性ないし観念性にかかわる議論についてなにひとつ知らない、ということにしておこう。すると私はそこでイメージの一群を前にするが Me voici donc en présence d'images、ここでイメージという語はできるだけごく漠然とした意味で捉えられており、それは私が感官を開けば知覚され、私が感官を閉じれば知覚されないものだ。

（MM11/33）

「私」の導入は「イメージ」という語の初出と同じセンテンスのなかでおこなわれる。それはここで装うよう促される無知を体現する〈私〉であり、外界の物質的な実在を疑わない「常識」の〈私〉でもある。[7] ベルクソンはこの無知を梃子にして実在論と観念論のいずれもが同じ誤った前提に立っていることを暴き、イメージ（＝物質）と記憶（＝精神）の二元論を独自に立ち上げるが、この論証とテクストのなかでの〈私〉の彫琢は表裏一体になっているというのが本論文の作業仮説だ。

こうした仮説によってふたつの問題に応えることを試みる。ひとつめの問題は、ベルクソン哲学の方法としての「直観 intuition」はいかにして言語によって実現されるのか、というものだ。ベルクソンの著作のなかで繰り返し論じられる空間に対する持続の優位は、知性と直観、科学と哲学、物質と生命といった一連の対立に通じており、このなかで言語はつねに空間的なものに割り振られる。しかし哲学が言語を用いた営みであり、ベルクソン自身が書くことによって哲学した以上、**持続に棹差すものとしての直観は、空間的なものである言語によってしか実現されない**という逆説をはらんでいる。

この問題に対してわれわれは、直観を〈方法〉として抽象的に定式化したり、あるいはベルクソンの言語論からポジティブな側面を抽出したりというアプローチは採らない。こうしたことはすでに試みられているうえに、そもそもわれわれが問うているのは彼が直観ないし

7　テクスト上の語句としての「私」を指す場合には「私」と表記し、そこから導かれる機能としての人称性を指す場合には〈私〉と表記することとする。

言語〈について〉何を言っているかということではなく、直観の言語による実現そのものの具体的なプロセスだからだ。[8] エリー・デューリングとポール＝アントワーヌ・ミケルは、今後のベルクソン研究が進むべき方向について述べた「われらベルクソン主義者——京都宣言」において、ベルクソンにおける空間概念をたんにネガティブなものとして切り捨てるのでなく現代の数学、物理学の知見を踏まえて再読するべきだと提言している。[9] ここで試みるのはベルクソン哲学の空間性について、イメージ論における「私」の用法に着目しその言表行為という側面から考えることだ。

したがって言語による直観の実現という第一の問題にとって、イメージ論はひとつの事例であるのだが、同時に、「私」の用法という観点はイメージ論そのものに内属すると思われるある問題へアプローチすることも可能にするだろう。これが本章であつかう第二の問題であり、ここではそれを「イメージの二重帰属」の問題と呼ぶことにしたい。

ベルクソンが物質に取って代わるものとして案出したイメージ概念の要諦は、イメージをふたつの「システム」のもとに考えることにあると言える。[10] 一方の「科学」のシステムに中心はなく、あらゆるイメージが自然法則に従い、たがいに作用し反作用を受ける。他方の「意識」のシステムにおいて、イメージは身体に中心化されており、身体は作用を受けるイメージを選択し（＝知覚）、作用を返すイメージを選択する（＝行動）。この選択の中心は「不確定性の中心」（MM33/71）であり、つまり、科学のシステムは自然法則による否も応もない確定性を、意識のシステムは選択による不確定性を原理にしている。イメージは外的世界の実在（科学のシステム）を措定したうえで意識的な知覚（意識のシステム）がそれと連続的であることを演繹するための概念であり、その限りではふたつのシステムには論理的な前後関係があると想定できる。科学のシステムから意識のシステムに引き継がれるのが同じ「イメージ」である以上、イメージの外を想定する必要などなく、知覚表象を非物質的な蜃気楼のようなものとみなしたり、知覚を生み出しはするがそれと本性において異なる物質としての脳を想定したりする必要もなくなる。

しかしベルクソンは、「同じ」イメージがふたつのシステムに「同時に」帰属するとも述べている（MM21/50）。ふたつのシステムは論理的な前後関係で考えられる一方で、**同じイメージがふたつのシステムにダブルブッキングされているかのようでもある**ということだ。とはいえひとつのイメージが中心のあるシステムと中心のないシステムに同時に帰属することは、システムがあくまで認識論的なものであるならば可能だろう。「見方」によってあるイ

8　方法としての直観についてはベルクソン自身の『思考と動き』の序論（第二部）、およびドゥルーズの『ベルクソニズム』第一章を参照。ベルクソンの言語論については三宅岳史「ベルクソン哲学における言語の消極性と積極性」を参照。

9　エリー・デューリング＋ポール＝アントワーヌ・ミケル「われらベルクソン主義者」、三五〇－三五一頁。

10　「直接実在論を維持したまま認識論的な相対性を説明することを可能にしたのは、ある種のシステム論的な手法であった。単独の項としては一つの同じものが、それが属するシステムに応じて識別される。物理世界と知覚という二つのシステム、また同一物理世界についての複数の知覚システムは、同時に同じ場所に、しかし区別されたものとして輻輳して共存するのである」（平井靖史「現在の厚みとは何か？」」、一八一頁）。

メージは、ひとつの中心に紐付けられたものとして、あるいは均質で普遍的な作用／反作用のなかのひとつの要素として考えられる、というように。しかしそうすると即自的ないし存在論的には、イメージにいかなるシステムも備わっていないということになりはしないかという別の疑問も立ち上がってくる。イメージとそのシステムはいかなる関係のもとにあるのだろうか。

以下ではこの「イメージの二重帰属」の問題に対して、それぞれのシステムに対応するふたつの〈私〉のありかた、そして両者を関連づける第三の〈私〉のありかたを抽出することで応答することを試みる。「私」の用法に着目することで、イメージとシステムがテクストのなかでどのような関係のもとに差異化されているかということを見ることができるだろう。[11]

実在論や観念論の言説についてまったく知識をもっておらず、見えるものの実在性を素朴に肯定する「常識」の人である〈私〉の措定は、客観的な「事物」とその主観的な「表象」のあいだに本性の差異を設けないことを核とするイメージ論の構築と切り離せない。とはいえ、たんにこの〈私〉がいかに論述において修辞的な機能を果たし、イメージ論の提示に寄与しているのかという問いに終始することにはあまり意味がない。なぜならそうした問いは、哲学的なテクストの形式と内容のあいだにあらかじめ分断をもちこみ、イメージ論という内容＝理論が形式＝テクストから独立に存在するという不確かな前提のもとにわれわれを置くからだ。まさにデュクロが述べていたように、「修辞的成分」のみにコンスタティブな〈理論〉から離れたパフォーマティブな側面をあてがうのは、理論というものについての十分に抽象的でない前提を折り込んでいる。

反対に、われわれが身を置くべき仮説的な前提は、『物質と記憶』のイメージ論は「私」抜きではありえない、というものであるだろう。哲学は言語的な実践であり、概念は言表行為の「定立」によって構築され、そこから抽象的な〈理論〉を遊離させることなどできない。そして言語実践である以上、哲学的テクストがある種の人称性を抱え込むことは避けられず、しかしそれは否定的な条件でなくむしろそこにこそ哲学の創造性を見出すことができるだろう。

新たな哲学的自我を構築するという企図は、『物質と記憶』初版に付された序文における「哲学」の定義にも明白にあらわれている。

〔前著『意識に直接与えられたものについての試論』で用いたのと〕同じ方法が、それをさらに拡張しながらわれわれが本書で取り上げなおすものであり、今回はそうした方法を携えてたんに精神の内部に身を置くばかりではなく、精神と物質の接触点に自身を置く。このように定義された哲学とは、直観に与えられたものへと意識的に反省し立ちかえることにほかならない。(MM445/14)

11　著者あるいは単一の語り手から切り離された「私」の多元性という観点からテクストの読解をおこなう優れた研究として、大江健三郎の作品を「擬似私小説」として読む山本浩貴の試みがある（山本浩貴「新たな距離」）。

精神と物質の接触点に身を置き、直観の与件へと反省的に遡行する主体こそが、ベルクソン的な哲学的自我であり、哲学とは一面ではそのような自我の構築それ自体である。テクストを通して実現される主観性を頼りに読解を進めるというわれわれが設定した観点は、実のところベルクソン自身が宣言するものから遠いものではない。そしてここにも、直観という持続的なものと反省という空間化の衝突が確認できる。

さらに、上記の引用で「方法」と呼ばれているものについてより詳しく言及している第四章でも、ベルクソンが哲学的自我の操作に強く自覚的であることが確認できる。彼は経験論、独断論、批判哲学のいずれもが「われわれの本源的な直観の統一性」（MM204/358）へのアクセスから自身を締め出してしまうと断じたうえで、残された唯一の方策について次のように述べている。

それは、経験をその源泉にまで探しにゆくことであるだろう。あるいはむしろ、経験がわれわれの有用性のほうへと屈折して、固有な意味での人間的経験となる、その決定的な曲がり角を越えて、探求することであるだろう。（MM205/360–361）

ベルクソンの方法は「無媒介的なものから有用なものへの移行」（MM206/362）が起こる地点であるこの「曲がり角」に定位することで、過去の哲学が経験と形而上学の曖昧なアマルガムによって「語」あるいは「対象」(MM204/358)という名のもとに不連続なものとした直接的経験の統一性、連続性を恢復することにある。

しかしここで導入されている「屈折」というフィギュールは、無媒介的なものと有用なものを貫く一本の「線」が存在することをその前提として折り込んでいる。『物質と記憶』第一章で展開されるイメージ論とはつまるところこの「線」の存在証明であり、これがベルクソン的な「内在」を可能にしている。そこで〈私〉が果たす機能は決定的であるように思われる。なぜなら、イメージ論とは「イメージにとって、存在することと意識的に知覚されてあることとのあいだには単純な程度の差異だけがあるのであり、本性上の差異などない」(MM35/74-75)ことの論証であり、同時にそれは、〈私〉と〈非-私〉としての物質が連続的であることを、ほかならぬ〈私〉が感得するにいたる道筋だからだ。

5-2 コルニベールによるイメージ論の読解

ニコラ・コルニベールは『物質と記憶』のイメージ論を考察するなかで、「これほど執拗に現れる「私」の身分とはどのようなものか」[12]という問いを発している。彼がこの問いにいたったのは、イメージ論が想定するあらゆる物質の潜在的な知覚可能性としての純粋知覚と、

12 Cornibert, *Image et matière*, p.69.

われわれが現実に経験する限定された知覚とを架橋するためには、そのような架橋を可能にする哲学者の視点とはどのようなものなのかということを明確にする必要があるからだ。したがってわれわれの議論は「私」に着目すること、そして〈中心なきシステム＝イメージの総体＝純粋知覚〉と〈中心のあるシステム＝限定されたイメージ＝意識的な知覚〉の関係を考察することというふたつの主要な観点においてコルニベールの議論を引き継ぐものであると同時に、その批判的検討という側面を備えている。彼の議論を再構成しつつ概観しておこう。

「この哲学者〔＝ベルクソン〕はどこから話しているのか。彼自身は可能なアクセスをもたないはずのイメージの宇宙の描写において彼に正確であることを可能にしているものは何なのか」[13]。この問題に対してコルニベールは、イメージ論の領分を、相関するふたつの観点から限定し再画定することによって対処しているように思われる。ひとつはイメージが論じられる『物質と記憶』第一章から「存在論」という身分を免除し、それはあくまで本書第四章のトピックであると捉えること、そしてもうひとつは、イメージを「行動の図式」と相互前提的な関係にあるものとして考えることだ[14]。

『物質と記憶』第一章が存在論ではないとコルニベールが述べるのは、その議論が持続を括弧に入れたうえでなされる「静的な」[15]ものであるからだ。たしかにベルクソンは純粋知覚の議論で持続を捨象し、それを「物質の直接的であると同時に瞬間的なビジョン」（MM31/68）として考えており、それに対して第四章では持続の多様なリズムによって構成される実在的な運動が考察されている。[16]

そしてイメージが行動を必要とし、行動がイメージを必要とすると考えられるのは、全面的な知覚である純粋知覚があくまで「権利上」の知覚である以上、事実としての知覚はつねに限定をこうむるからだ。限定された知覚は行動の有用性によって方向づけられており、イメージはつねに行動の対象として現れる。

このふたつの想定によって、純粋知覚が「思考の経験[17]」へと切り詰められるということが帰結する。それは持続を勘案していないという点で存在論的なものではなく、あくまで行動の（無力の）権利上の「極限」ないし「地平」にあるという点で実在的な経験ではない。しかしそうであるなら、いかにしてイメージという概念にその物質としての意味、つまり「知覚されることなく存在することができ、表象されることなく現前することができる」（MM32/69）ものとしてのありかたは確保されるのだろうか。あらゆるイメージは、知覚－行動の回路に資するものに還元されてしまったのだろうか。

13 *Ibid.*, p. 35.

14 『物質と記憶』第一章と第四章の差異については *Ibid.*, pp. 222-227 を、第一章におけるイメージと行動の関係については *Ibid.*, pp. 66-70 を参照。

15 *Ibid.*, p. 222.

16 しかしベルクソン自身は『物質と記憶』のなかで一度も「存在論」という言葉を用いていないということは注記されておくべきだろう。

17 *Ibid.*, p. 129.

コルニベールが「私」の議論を持ち出すのはこの地点においてだ。彼は『物質と記憶』第一章の「私」は、「たんなる受動的な観客ではなく**役者** [*a*]*cteur*」[18]であると述べ、著者であるベルクソン自身の「行動＝演技 action」がテクストのなかで果たす機能を分析する。彼はベルクソンの行動を「パフォーマティブな矛盾」[19]として定義するが、これが意味するのは第一章の論述の「内容」としての「哲学者自身の身体的な行為にとってと同様に、空間化されたイメージの環境に置かれ、生き、行動する身体」と、「形式」としての「イメージの宇宙に初めから開かれている」身体とのあいだにある矛盾のことだ。[20]つまり彼は経験的な知覚を内容の側に割り振り、純粋知覚を形式の側に割り振っているのだが、この割り振りを正当化するのは純粋知覚が「思考の経験」でしかないという、先に見た彼自身の読解だ。宇宙としての「イメージの総体」を措定するベルクソンの身振り＝発言は、「自己正当化するメタ言説」[21]と呼ばれ、この行動の担い手としての「私」＝ベルクソンが位置づけられる。しかしここでは、コルニベールの議論にあるように思われる循環と、彼がベルクソンに（ポジティブなものとして）見る循環とが、それこそ「輪をかけて」循環してはいないだろうか。

　議論が込み入ってきたが問いは次のように整理できる。まず、コルニベールはベルクソンの議論に「イメージと行動の好循環」[22]を見ている。これが「悪循環」でないのは、それが純粋知覚という極限へと拡張するポテンシャルをもっているからだ。純粋知覚はその極限でイメージの総体であり、経験的知覚の物質とのコンタクトを保証している（とベルクソンは一人称のもとに述べる）。コルニベールが「メタ言説」と呼ぶのは、事実として自身が身体へと拘束されたベルクソンがまさにこのように「言う」ことであり、その意味でこれは「メタ循環」でもあるだろう。しかしこれもまた「好循環」であるのだろうか。仮にそうであるとするならそれは、彼自身があらかじめ特権的に「存在論」とみなした持続の実在性というバックドアが用意されているからではないだろうか。

おそらくこの困難の源は、存在論／認識論、パフォーマティブ／コンスタティブとしての論述の修辞的形式／論理的内容といった読解格子が『物質と記憶』を読むうえではたして適切なものなのかという点にあるだろう。[23] 以下ではこうした困難を取り除くために、哲学的な言表行為の性質とその人称性についてのドゥルーズの議論へと一度迂回し、そのあとで『物質と記憶』における〈私〉の三人称性について見ていくことにする。

18 *Ibid.*, p.47.
19 *Ibid.*, pp.78–80.
20 *Ibid.*, p.77.
21 *Ibid.*, p.71.
22 *Ibid.*, p.117.
23 そもそも「パフォーマティブな矛盾」とは、矛盾というものがふたつのコンスタティブな命題（へと翻訳されたもの）の論理的関係としてしか考えられない以上、それこそ矛盾した観念なのではないだろうか。

ドゥルーズは『哲学とは何か』において、哲学という営みを「概念を創造すること」と定義するが、概念の創造は「前概念的な平面」としての「内在平面」の構築と切り離しえない。内在平面は「思考のイメージ」とも言い換えられるが、これは、権利上思考に属するものと事実上（偶発的に）思考に属するにすぎないものを腑分けする「篩」であると定義される（QP39–48/65–81）。彼の説明によれば、たとえばデカルトの「コギト」という概念は、その前概念的な前提として「すべてのひとは思考するということが何を意味するか知っている、すべてのひとは思考する可能性をもっている、すべてのひとは真理を欲している」といったことを折り込んでおり、それ以外のものを偶発的なものとして斥ける。しかしひとつの哲学的なシステムは諸概念と内在平面だけからなるのではない。ドゥルーズはさらに「いささか神秘的な別のもの」が存在すると述べているが、それこそが概念的人物だ。コギトの例で言えばそれは、あらゆる知識を忘却し自分自身で思考する「白痴」だ（QP63–64/108–111）。

ひとつの哲学は諸概念の創造であり、内在平面の構築による「思考すること」の意味の変容であり、新たなタイプの概念的人物の発明であり、そしてこれら三つの相互前提的な循環である。とりわけ概念的人物を考えるにあたって重要なのは、第一に、ドゥルーズが哲学者の名を、彼もしくは彼女が発明する概念的人物の「偽名」としていることだ（QP65/113）。

「概念的人物は哲学者の代理などではなく、むしろその逆であり、哲学者はその主要な概念的人物およびそのほかの概念的人物たちの外皮にすぎず、彼らはその哲学の仲介者もしくは真の主体なのだ」（QP66/113-114）。デカルトの「白痴」がデカルトなしには存在しえないことも確かだが、哲学史に「デカルト」という固有名とともに登録されるのは白痴による思考の開始だ。その限りでは「デカルト」とは白痴の偽名であり、ここには産出関係の逆転がある。

そして、第二に重要なのは、概念的人物は著者としての哲学者にもっとも接近する「私」という主語にさえ宿ると考えられていることだ。

隠れた三人称を実際は証し立てているいくつかの社会心理学的な類型を、日常生活における発話が指し示している。たとえば、「私は、共和国大統領として動員令を宣告する」、「私は、父親としてお前に話しているんだ」というように。同様に、つねに概念的人物が三人称において〈私〉と語る場合の、三人称における発話行為は、哲学的なシフターだ。（…）哲学的言表行為においては、何事かを言うことによってはその何事かをおこなうことにはならず、むしろ、概念的人物を仲介者として、運動を思考することで運動をおこなうのである。したがって概念的人物は言表行為の真の動作主だ。〈私〉であるのは誰か。それはいつでも〔著者でも読者でもない〕第三者＝三人称だ。（QP66/113-114）

まず、オースティンがパフォーマティブな発話の明示的な条件として一人称の主語を挙げたのに対してデュクロ、そしてドゥルーズは、そこにはつねに三人称性が暗示されて＝折り込まれていると指摘した。引用文における「父親として」、「大統領として」はその「隠れた三人称性」を指し示している。しかし哲学的言表行為は、このようなパフォーマティブを成立させるための三人称的領野をもたない。たとえばベルクソンが「精神と物質の接触点に自身を置く」と書いたところで、それが「私は岡山と広島の県境に立つ」という指示的な言表とは本性上異なるのはもちろん、「私は約束する」という言表によって約束という行為を実現するようには精神と物質の接触点に立つことなどできないのであり、まさにある哲学的な言表行為の動作主としての〈私〉を仲介者とし、思考を運動させることによってしかそのような言表は意味をもたない。

パフォーマティブな発話における三人称性がデュクロの言う「法的人称性」であるなら、哲学的言表行為は指令語をパスワードに変換することで、既存の社会的ネットワーク（父親であること、大統領であること……）に収まらない固有の三人称的領野として概念的人物を構築すると言えるだろう。つまり、社会構造そのものであるような三人称的な領野に対して、そこから自由な一人称的な孤高の哲学的言表があるのではなく、むしろ前者を内在的に組み換えるためにこそ哲学は言表行為の定立性を必要とするのだ。

コルニベールは論理的な「内容」を救うためにパフォーマティブな「形式」を一人称的で

超越的な著者性に仮託するが、それはベルクソンの「言表行為」ないし「行動」という次元を勘案すると言いながら、それは相変わらず言表に対して外在的な命題という次元を取っておくための方便になっている。

『物質と記憶』というテクストには上述のような観点を採用することによってその機能を説明できるような表現が数多く存在する。そうした表現はたんなる事実の指示とも、理論的な命題とも異なり、ましてやパフォーマティブに言うことによっておこなうのでもなく、ある特異な三人称的主観性を彫琢することによって機能する。イメージ論の〈私〉に埋め込まれた三人称的な「仲介者」としての役割とはどのようなものだろうか。そこには三つのタイプがあるように思われる。

5–4　イメージと常識──〈持つ私〉と〈在る私〉

ベルクソンはイメージという概念を導入するにあたって哲学的な立場をめぐる論争について無知な、新たな「白痴」として〈私〉を設定する。しかし、どうして実在論と観念論の対立について直接に論駁するのではなく、一度その対立を「忘れる」（MM2/19）という迂回路を通る必要があるのだろうか。それは両者がともに住まう「同じ地盤」、両者に「共通する公準」こそがそこで標的になっているからだ。この公準は「知覚には完全に思弁的な関心がある。知覚は純粋認識である」と定式化される（MM24/56）。

実在論者は自然法則に支配された物質的な宇宙を第一に置く。そのときある〈私〉にとっての中心化された知覚は、脳の内部に生じた延長をもたない表象とされるが、ひとつの物質である脳がその内部に非物質的なものを生じさせるという脳の「二重化」（MM23/54）は、ひとつの神秘でしかない。

反対に観念論者は〈私〉の中心化された知覚を第一のものとするが、知覚は〈私〉の物理的な移動に合わせてめまぐるしく変化するので、客観的な法則は実在的なものに関わるのでなく知的な「象徴的な表現」（MM24/56）の次元に帰せられ、ある種の主観化を被ってしまう。

実在論と観念論が反対の方向から突き当たっている「同一の障壁」とは、知覚を思弁的なものと考えることであり、つまり**物質世界からの〈私〉の締め出し**だ。イメージが「内在平面」であるのは、イメージはその外を必要としないからであると同時に、それがイメージへの〈私〉の埋め込みを実現するからだ。「意識「への」内在があるではなく、反対に意識が内在にある」（QP52/88）。

『物質と記憶』が常識から始まるのは、まさしく常識において、われわれは知覚対象の実在を素朴に信じているからだ。「常識にとって、対象はそれ自体で存在しており、同時に、対象はそれ自体において、われわれが認知するとおりに彩られている」（MM2/17）とベルクソンは述べているが、これは観念論が対象を主観的な表象へと還元したこと、そして実在論が対象から量的な延長以外のものを取り去り、対象と知覚表象とのあいだに本性上の差異を持ち込んだことへの批判に対応している。知覚される対象は〈私〉とは独立した実在であり

（知覚されずに存在することができ）、〈私〉が感覚する色彩や抵抗をそれ自体において備えている（対象とその知覚には本性上の差異はない）という考えはまぎれもなく常識的であり、この意味で常識の導入は批判的な意味をもっていると言えるだろう。

しかし別の箇所では、同じ「常識」という語によって、まったく異なる事態が示されている。

（…）われわれとしてはたんに、常識がもつ素朴な確信へと立ちもどっているにすぎない。われわれの誰もが初めは信じていたところによれば、われわれが対象そのもののうちに入りこんで、対象のうちでそれを知覚するのであって、みずからのうちでそれを知覚しているわけではない。（MM41/85）

前述の「常識」が対象の独立を、つまり〈私〉と対象とのあいだにある種の距離を前提としているのに対して、この一節においてベルクソンは〈私〉と知覚される対象との完全な空間的一致を示している。これはおよそ常識的な考えとは思えないが、いずれにせよ「常識」という語の用法には明白な分裂があることが確認できるだろう。[24]

24　この第二の用法の「非常識」さについて岡嶋隆佑は、ある種の「異常知覚」のあらわれとして分析しており、この異常知覚のありかたは「俯瞰」「没入」「拡散」に分類されると述べている（岡嶋隆佑「ベルクソンにおける知覚の諸相」）。

「常識」の第一の用法、つまり知覚対象との距離をともなうような〈私〉のありかたを〈持つ私〉と呼ぶことにする。『物質と記憶』には「私の身体」、「私の知覚」、「私の表象」、「私の現在」といった、一人称の所有格を付された概念が頻出するが、この〈持つ私〉によって示されるのは、いずれも当の〈私〉のもとへ中心化されたイメージのありかただ。〈持つ私〉にとってイメージは「可能な行動を反射する」（MM16/41）という特徴をもつ。高さ三〇センチの段差が「登られうるもの」として、あるいは「腰掛けられうるもの」として現れるように、〈持つ私〉の住む世界は行動の世界であり、有用性の世界だ。そしてこの世界は身体の現存によって基礎づけられている。身体という「ここ」と対象という「そこ」のあいだに距離があるからこそ、知覚されるものを可能な行動の対象として見ることができるからだ。

そして、「常識」の第二の用法、〈私〉と知覚対象が全面的に一致するような知覚のありかたはベルクソンが「純粋知覚」として概念化するものに対応する。純粋知覚とはあくまで権利上のものとして想定される知覚であるが、それについてベルクソンは次のように説明している。

> むしろ知覚とはここでは純粋知覚、すなわち事実においてではなく権利において存在する、ある知覚である。その知覚は、私の存在する場所に置かれ、私が生きているように生きていて、現在のうちに没入しており、あらゆる形態の記憶の消去によって、物質についての無媒介的で瞬間的なビジョンを得る。（MM31/67-68）

ここで依然として「私」という語を手放さないのは驚くべきことだ。純粋知覚は「あらゆる事物がもつ潜在的な知覚」(MM36/78)とも言われるが、いかにしてそのような境位で「私」と言うことができるのだろうか。穏当な書き方をするならば、純粋知覚から経験的な〈持つ私〉を導出することを個体発生モデルにならって〈前－私〉から〈私〉への移行とすることもできたはずだ。

しかし、〈私〉を物質的世界と連続的なものとするためには「知覚と実在のあいだに部分と全体の関係を打ち立てる」(MM258/447)と言わねばならないのであり、したがって潜在的にはあらゆる物質がほかならぬ〈私〉であらねばならない。コルニベールのようにトータルな知覚(＝イメージの総体)と部分的な知覚のあいだに形式と内容という分割を挟むことは、物質と意識的な知覚の全体／部分関係がまさに「コンスタティヴに」要請されるものであることを看過させてしまう。ひとことで言えば、純粋知覚とは〈私＝非－私〉という境位を──たとえ権利上のものとしてであれ──認めるものである。こうした想定は「意識と科学はその瞬間においては一致する」(MM39/83)という言葉にも見て取ることができる。このような〈私〉のありかたを、〈在る私〉と呼ぶことにしよう。〈持つ私〉が主体と対象の分離を条件とし、「私はそれを使う」と言うのに対して、〈在る私〉はつねに「私はそれである」と言い、いかなるものも対象化することがなく、他者なき世界に住んでいる。

ベルクソンはふたつの〈私〉の関係性を、イメージの「縮減」(MM32/70)によって〈在る私〉から〈持つ私〉が、つまり純粋知覚から経験的な知覚が導き出されると説明する。これが無媒介的なものから有用なものへとつながる「線」だ。縮減によるイメージの選択とは、人間の可視光線や可聴音域が限定されているように、身体が現実的に受けている作用を部分的に捨象することによって意識的な知覚が発生することだ。しかしここにはひとつの論理的な困難があるように思われる。選択される当の作用が潜在的にはすでに〈私〉であるのなら、そもそも端的な〈非－私〉であったはずの物質とは何なのか。もはや物質から知覚を演繹することが問題なのではなく、物質を〈私〉ではないものと言うことこそが問題なのではないだろうか。

物質から意識を演繹することが問題となっている限りでは、純粋知覚論によって物質と意識の権利上の一致を認めればそれで済むだろう。しかしベルクソンは他方で、端的な〈非－私〉としての物質の存在を認め、そして科学がそれに実在的に関わることも認めているはずだ（物質の現存あるいは科学の対象を知性的・象徴的なものとするなら観念論に逆戻りする）。したがって問いは、いかにして純粋知覚からの縮減による経験的な知覚の発生と、科学の対象の実在を同時に肯定するのかというかたちで定式化できるだろう。それが同時でなければならないのは、〈持つ私〉にいたったあとで知性的・科学的に物質が導き出されると言うだけでは、その実在性を肯定することにはならないだろうからだ。

こうした問いに答えるには、演繹でも発生でもなく、それらの「以前」と「以後」が圧着される平面がいかにして描かれているのかという観点からイメージ論を読まねばならないだろう。[25] これはつまり、一方ではひとつの〈在る私〉からもうひとつの〈持つ私〉への移行が連続的であること、そこに一本の「線」があることを看取する〈私〉の持ち場を、そして他方では、端的な〈非‐私〉という境位としてイメージ＝物質の持ち場を要請するということだ。このようなことが可能になる平面は、第三の〈私〉によって開設されているように思われる。

5‐5 〈呼ぶ私〉へ

われわれの問題は、「イメージの二重帰属」をどう説明するかということに帰着する。

さて、いかなる哲学的な学説も否定しないこととして、同じイメージ群がふたつの区別されたシステムに同時に入り込むことができるが、その一方は科学に属し、そこにおいてそれぞれのイメージはおのれ自身にだけ関連づけられ rapportée、ひとつの絶対的な価値を保持するが、他方は意識の世界であり、そこでは一切のイメージがわれわれの身体である中心的なイメージに沿って整序されている（…）。（MM21/50–51）

25 「以前」と「以後」を圧着する内在平面については本書3‐7を参照。

先にも述べたように、実在論も観念論も中心化された知覚表象と中心をもたない自然法則が存在することは否定しない。しかし両陣営はそのどちらを第一の基底に据えるかということにおいて対立する。ベルクソンの提案する解決は科学と意識が一致する極限としての純粋知覚を導入することで、物質と知覚の差異を本性の差異ではなく程度の差異として捉えるというものであった。これによって物質世界からの〈私〉の締め出しは乗り越えられるが、あくまで確保されなければならないのは、物質の世界と〈私〉の世界の両立であり、イメージの二重帰属だ。

最初に思い当たる解決は、イメージは存在論的なものであり、その「システム」は認識論的なものであると階層を腑分けすることだが、平井靖史はこうした解決の一種として、ふたつのシステムには「論理的な独立性」があるとしている。なぜならふたつのシステムのうち一方を基底的なものとしてしまったとたんに実在論ないし観念論に逆戻りしてしまうからであり、「仮に一方のシステムが他方のシステムの「構成要素」のすべてを（外延的に）「含む contenir」場合でも、一方のシステムは他方のシステムを（内包的には）「含んで impliquer いない」」からだ。[26] システムはイメージをその「関連づけ rapporter」のしかたにおいて規定するものであり、その限りにおいてあるひとつの特権的な中心をもつシステムと、中心をもたないシステムはどこまでいっても論理的に独立である。それは仮に、純粋知覚において「科学と意識の一致」にまでいたり、内包としてのふたつのシステムによって指示されるイメージが同一である――「明けの明星」と「宵の明星」がともに外延としては金星を指示するように――としても、やはりそうなのだ。

平井はこうしたシステムのありかたを「多重構成の原理」と「独立性（導出不可能性）の原理」のふたつの原理によって整理する。[27] ひとつのイメージは同時に異なるシステムの構成要素として考えることができるが、一方のシステムから他方のシステムを導出することはできず、それぞれはあくまで独立している。論理的な内包のレベルで二重帰属の可能性を担保することによって、「中心」としてのイメージは「環境に対する特有の有限数の反応可能性のセット」として規定されうるものであれば任意の事物によって担われ、何であれそれを「身体」としてあつかうことができるようになる。[28] 選ばれた対象によって中心化のされ方、縮減のされ方は異なるので、知覚の実在性を確保したままに多様な認識論的な差異を考えることもできるのだ。

注意しなければならないのは、システムの独立性が論理的なものであるというのは、それ自体が論証されたものであるというよりは、論証をおこなううえでの仮説的な前提として置かれたものだということだ。事実として宇宙には生物が複数存在しており中心も複数存在する以上、中心がひとつしかないこともまったくないこともありえず、平井自身もシステム概念を説明するうえでそれを「システム論的な手法」として評価しており、ある種のヒューリ

26 平井靖史「現在の厚みとは何か？」、一八三頁。
27 同上。
28 同論文、一八二頁。

スティックな思考法として考えているように思われる。[29]

しかしそれは誰の論理なのだろうか。この「誰か」はすでにイメージに対して外在的なポジションに立っていないだろうか。この問いに答えるには、形式的には両立不可能な異なるシステムの共存を思考可能にする主観性は、『物質と記憶』というテクストのなかでいかにして編み出されているのかという観点から読解しなければならないだろう。

「いま、他のイメージには手をつけず、私が私の身体と呼ぶところのイメージに少しの変更を加えてみよう」と始まる段落では、脳脊髄系の求心性神経をすべて「思考によって」切除する「手術」がおこなわれる（MM16–17/42–43）。「メス」がなす仕事は宇宙のスケールのもとではとるにたらないものだが、それによって「私の知覚」のすべて、「私の宇宙」のすべては消し飛んでしまう。しかしとうぜん宇宙が消し飛ぶわけではない。イメージを第一に置くこと、知覚とその対象を連続的なものとすることという『物質と記憶』の主眼がこのアレゴリーのうちに含まれているが、ここからさらに「ふたつの定義」が導き出される。

私が物質と呼ぶのはイメージの総体であり、私が物質についての知覚と呼ぶのは、この同じイメージが、特定のイメージ、つまり私の身体の可能な行動に関連づけられたものなのである。（MM17/43）

「手術」によって消える「私の知覚」と術後に残存する「イメージの総体」。この一節の内容は先ほど引用したふたつのシステムを説明する一説とほとんど対応しているだろう。しかしここには第三の〈私〉、つまり〈呼ぶ私〉が現れている。ふたつのシステムの存在は、〈呼ぶ私〉による「手術」によって導かれる。この手術室にこそ、〈持つ私〉の経験的な知覚とその身体の物質性、物質と知覚の連続性、そしてふたつのシステムが同時に配置されているのではないだろうか。

『物質と記憶』には「私はAをBと呼ぶ」、あるいは「私が私の身体と呼ぶところのこの特殊なイメージ」（MM13/36）といった「私がBと呼ぶところのA」という構文が数多く用いられているが、〈呼ぶ私〉はイメージ論においてきわめて重要なふたつの役割を果たしていると思われる。[30]

第一に、〈呼ぶ私〉はふたつのシステムをともに呼ぶ対象としているように、両者に対してニュートラルだ。したがって〈呼ぶ私〉だけが、ふたつのシステムに「同時に」入り込む

29 同論文、一八一頁。

30 岡嶋「ベルクソンにおける知覚の諸相」（六五頁）では「私はAをBと呼ぶ」という構文が頻出することが指摘されている。彼はこうした構文を「俯瞰」的な知覚として位置づけている。われわれの議論は彼の整理にしたがえば「没入」あるいは「拡散」としての〈在る私〉と「俯瞰」としての〈呼ぶ私〉、そして一般的な意味で「通常」の知覚経験である〈持つ私〉について、テクスト内でこれらの〈私〉がいかなる関係のもとにあるか、そしてその関係がいかにしてイメージ論を成立させるかを問うものとして考えられるだろう。

イメージが「同じ」であることを看取することができる。つまり、〈在る私〉と〈持つ私〉の関係は両者のうちで考えるなら発生的な時間のなかでしか捉えられないが、〈呼ぶ私〉だけがある種の非時系列的な平面のうちに両者を配置することができる。

第二に、〈呼ぶ私〉によって、呼ばれる対象とそれを呼ぶ名とのあいだにある種の距離が穿たれている。先の引用では「物質」が名であり呼ばれるものが「イメージの総体」であるが、「物質的世界という名をもつイメージを消去してみるなら、それと同時に、その部分をなす脳も脳内の振動も消え去るだろう」(MM13/38)という表現に見られるように、イメージをそれを呼ぶ名の水準であつかうことによって〈持つ私〉の拠点である身体もまた物質として考えることが可能になっている。

ここで重要なのは、〈私〉が呼ぶ名、つまり「私はAをBと呼ぶ」という構文におけるBに対応するのは「私の身体」、「脳における振動」(MM13/7)、「物質(的世界)」(MM16/43)、「宇宙」(MM12/36)、「自然法則」(MM11/33)、「物質についての知覚」、「宇宙についての私の知覚」(MM19/47)、「物質的対象」(MM32/70)といった概念群であり、呼ばれるもの(=A)はつねにこれらに対応した――中心化されていたり、非中心的であったり、対象化されていたりする――イメージの様態であるということだ。**物質や身体はつねに名=概念の水準であつかわれており、あたかもイメージは「呼ばれるもの一般」であることによって内在平面としての機能を果たしているかのようだ。**つまり、システム=概念=名の水準と、イメージ=内在平面=呼ばれるものの水準の区分け自体が、〈呼ぶ私〉によってもたらされている。

〈呼ぶ私〉によって非時系列的な平面が開設されることで、〈在る私〉から〈持つ私〉への移行を、同じイメージの同時的な二重帰属として捉えなおすことができるようになる。〈持つ私〉は対象と身体とのあいだに物質的な連続性を見ないが、それは潜在的に〈私〉でありうる同じイメージだ。他方で、〈呼ぶ私〉によって概念とそれに対応するイメージの様態というふたつの水準が敷かれることで、〈在る私〉において不在である端的に〈非-私〉である物質の実在を、概念として確保することができるようになる。システムの独立性および端的な〈非-私〉としての物質の確保は、論証的にというよりは定立的になされている。同じイメージが異なるシステムに同時に入りこむように、〈私〉のもとにイメージがさまざまなありかたで帰属し、それらが互いの背後を取り合うように交代する。システムの重ね合わせの裏側には〈私〉の重ね合わせがある。

『物質と記憶』のイメージ論は、〈持つ私〉、〈在る私〉、〈呼ぶ私〉の三つの〈私〉を、まさに「仲介者」である概念的人物として配置することによって成立している。たしかにベルクソンの議論の眼目は「物質から知覚への移行」(MM32/69)にあり、その限りで両者の権利上の一致を想定する純粋知覚論とそこから身体を導出するイメージの選択の議論はきわめて重要だろう。しかしわれわれがここまで見てきたのは、イメージ論をこのふたつの〈私〉の時間的な関係だけで考えることはできないということだ。内在平面としてのイメージとそれを分有する概念群の区別によって初めて、イメージへの〈私〉の内在と、端的な〈非-私〉としての物質の実在は同時に肯定される。

われわれは決して、ベルクソンを「唯名論者」にしたいのではない。「直観に与えられたものへと意識的に反省して立ちかえる」という哲学の定義を思い起こそう。ここで直観の与件が〈在る私〉から〈持つ私〉への移行に、意識的な遡行が〈呼ぶ私〉に対応すると考えられないだろうか。「われわれを純粋持続のうちに置きなおすこと replacer」(MM207/363) という表現には持続の対極に位置するはずの空間化の作用が同居している。こうした逆説的な「遡行」は、たんに持続における無媒介的なものから有用なものへの移行を逆走するのではなく、移行するものと移行を可能にするものをひとつの平面に哲学的な言表行為によって配置することを意味するだろう。

コルニベールはコンスタティブ／パフォーマティブの分割を意識的な知覚／トータルな知覚の分割に重ね合わせていたが、それによって純粋知覚が「思考の経験」へと切り詰められ、実在から撤収されていた。同様に、平井はふたつのシステムを論理的な内包として捉え、即自的なイメージへのアクセスからわれわれを締め出してしまう。両者に共通する問題は、システムをイメージに対して外在的なフレームとするがゆえに、イメージ論のそもそもの課題であったイメージへの〈私〉の埋め込みがスキップされるという点にあるだろう。一方で無批判に想定される著者の一人称的な権能に依存した「言う」と「行う」の短絡によって、他方でシステムの二元性を、あれこれのイメージの指示を成立させる論理的な内包にすることによって。

ドゥルーズは内在平面における思考と実在、「思考のイメージ」と「存在の質料」の関係について以下のように述べている。

> 内在平面は〈思考〉と〈自然〉、あるいは〈ヌース〉と〈ピュシス〉というふたつの面を備えている。だからこそ、一方が回帰すると瞬時に他方が投げ返される限りにおいて、たがいに一方が他方のうちに取り込まれ、一方が他方のうちに折り込まれる pliés ような無限運動が存在する。その結果として内在平面が織り上げられる。それは巨大な杼《シャトル》だ。（QP42/70–71）

ベルクソンのイメージにおいて、外在的なフレームなしには自然に属するものから思考に属するものを引き剝がせないのは、思考のイメージとしての思考（権利上の知覚）と存在の質料としての自然（知覚されずに存在する）を往復する杼の無限運動こそがイメージであるからだ。

そしてこの無限運動において、ふたつのシステム、脳、純粋知覚といった諸概念が創造されるのであり、これらの平面への配分が再び〈一者〉としてのパフォーマティブないし論理的な意識の超越のもとへ吸着されないためにこそ、〈私〉の多元性は要請されている。三つの〈私〉が実現するのはその特異な三人称的布置であり、われわれが「ベルクソン」という固有名に帰属させるのは「常識」の内在的書き換えを遂行するこの布置だ。

以上が「論文」である。われわれは『物質と記憶』における「私」の機能について、パフォーマティブな権能が宿る一人称性として解釈するコルニベールに対して、哲学的言表行為の三人称性を対置した。そしてふたつのシステムを論理的な「内包」とし、イメージをそれによって指示される「外延」として解釈する平井に対しては、そうした「システム論的」視座を可能にする主観性がイメージに対して外在的にあるのではなく、むしろイメージ＝内在平面の彫琢に内在して描き出されることを示した。そして、こうしたパフォーマティブ／コンスタティブにまたがる「外延性」の思考への批判を可能にするものとして参照したのが、ドゥルーズの「概念的人物」についての議論だった。

とりわけ哲学的言表行為のパフォーマティビティについて言えば、コルニベールの立論とわれわれが本章の冒頭に見たヒンティッカのデカルトのコギト論はいずれも、一人称的なパフォーマティビティに超‐論理的なものを見ている点で共通している。

ヒンティッカは、コギトを論理的な推論として理解することはできず、それは誇張的懐疑における実存的不整合（存在せずに思考することはできない）の主観的かつパフォーマティブな契機によって導き出されるのだと指摘した。

ここで着目したいのは彼が、これは必ずしも外面的な「発話」である必要はなく、内面的な思考こそがコギトの要件であるとしていることだ。[31] ここにデリダが批判するような「自分が話すのを聞く」主体の循環構造を見ることもできるだろうが、ともかく、デカルト－ヒンティッカにおいて思考を基礎づけているのは、内発的かつパフォーマティブな〈私〉の確実性である。デカルトは「良識はこの世でもっとも公平に分け与えられているものである」と述べているが、この〈私〉の起源的主体性こそが良識であり、それによって〈私〉は物質世界から切り離された、「思考するもの res cogitans」としての存在を獲得する。

他方で、コルニベールは『物質と記憶』第一章の「私」の機能について、ひとつの身体に縛り付けられた哲学者が「あらゆる物質は潜在的には知覚である」と「言う」そのパフォーマティブな矛盾に〈私〉の「役者」としての機能を見たのであった。しかしこのとき、当のベルクソンが破ろうとしていたはずの存在論／認識論の分割が回帰し、純粋知覚は「思考の経験」に切り詰められ、ベルクソンも〈私〉も実在から締め出される。こうなってしまうとわれわれは、『物質と記憶』第一章をイメージの実在性の探究としてでなく、イメージを「口実」としてなされる作業仮説の設定としてしか読めなくなってしまう。

ヒンティッカとコルニベールに共通する、〈一人称性－パフォーマティビティ－起源的主

31　「他人に何かを信じさせようとする場合、私は、聞いてもらえたり、見てもらえたり、感じてもらえる何かをしなければならないのが普通である。しかし、私自身に何かを信じさせようとする場合、声に出して何かを言ったり紙に何かを書いたりする必要はまったくない」(Hintikka, “Cogito, Ergo Sum: Inference or Performance?”, p. 24［二四頁］).

体性〉という前提が、いずれも思考と自然の分断に帰着するのはきわめて象徴的である。ふたりの議論は本章の冒頭で「パフォーマティブな領野に匿われたシニフィアン的体制」と呼んだものの具体的な作動形式として読むことができるだろう。つまり彼らにとって哲学のパフォーマティビティとは、一人称的な著者性＝権威をシニフィアンとし、それによって語られるところの内容を不活性なシニフィエの地位に押し込めるものなのだ。

それに対して、われわれはドゥルーズの「概念的人物」についての議論を手がかりに、『物質と記憶』における〈私〉の三人称的なはたらきを辿ることを試みた。それが「三人称的」であるのは、ひとつにはそもそも「言うことを行う」理想的なパフォーマティブが実際は「大統領として私は……」、「父親として私は……」というように三人称的な領野（＝「法的人称性」）を前提として初めて成立するからだ。

加えて、『物質と記憶』の〈私〉は、ふたつの「常識」から出発することで、三人称的領野を組み上げる「指令語」を内在的に書き換えていくものであるという意味で、起源的な主体性を示すものではない。われわれは〈持つ私〉と〈在る私〉の非共約性を確認したうえで、両者を**非発生論的で非演繹的な**空間に配置する〈呼ぶ私〉を見出したのだった。〈呼ぶ私〉とはこの非共約性それ自体である。

概念的人物が思考の「仲介者」と呼ばれるのは、文字通り彼が思考の起源的主体ではないからであり、むしろ「常識」としてすでに実現されている思考を辿り、それを内在的に書き換え、そこに運動を吹き込む者だからだ。この主体の後発性こそがイメージから導かれるものであり（＝無媒介的なものから有用なものへいたる「線」の存在証明）、同時に、その演繹的・時間的な隔たりを発生論に還元せずにふたつのシステムを両立させる空間性を担うものとして〈呼ぶ私〉が導かれる。〈呼ぶ私〉とは、〈在る私〉からの純粋知覚の縮減による〈持つ私〉の発生という発生論的機序のうちでは取り逃される、〈非－私としての物質〉と〈私と物質の連続性〉との両立を言語的に配置するのであり、そこには「われわれを純粋持続のうちに置きなおす」この置きなおしの空間性があらわれている。そうして権利上の全面的知覚としての思考のイメージと、知覚されずに存在する質料としてのイメージがひとつの内在平面として織り上げられる。

概念、内在平面に並ぶ「いささか神秘的な別のもの」としての概念的人物は、ひとつの哲学における〈思考すること〉の意味の変容を哲学者の起源的主体性に帰すことなく、むしろ哲学者の名をその「偽名」とするような言表行為の特異なアレンジメントを指し示すために要請される。その意味で構築されるのは哲学者のほうである。同時に概念的人物は、概念と内在平面だけではなぜダメなのかという問い、つまり、**非**人称的な領野への内在を超然と語る、いかにも「ドゥルージアン」な構えの限界という問題への応答にもなっているだろう。このことは私の知る限りまともに顧みられることがなかったが、ドゥルーズにおける哲学することの意味を考えるうえで、ひとつのクリティカルな分水嶺となると思われる。

たとえば哲学全体に反旗を翻して「非哲学 non-philosophie」を提唱するフランソワ・ラリ

ュエルは、一九九五年、ドゥルーズの死を受けて書かれた「私、ザ・哲学者は嘘をついている」[32]という論文で、『哲学とは何か』はあるパフォーマティブな矛盾を犯しており、それは哲学に内属する欺瞞の典型であると断じている。しかしそれは私には、概念的人物の問い、哲学的言表の三人称性の問いをスキップしているからこそ成り立つ批判であると思われる。ラリュエルは『哲学とは何か』をそのパフォーマティビティという観点から批判し、同時にその中核をなすと思われる哲学の人称性の理論については触れずに済ませているわけだが、彼の批判と突き合わせることでわれわれの議論の意味と強度をテストすることができるだろう。

さて、この論文は『哲学とは何か』のいくつかの註でなされたラリュエルへの遠回しな批判への応答として書かれた。全体として問題となっているのはドゥルーズとラリュエルの「非哲学」観の相違であるが、ここでは哲学のパフォーマティビティ、そのなかでの人称性の問題にフォーカスしてこの論文を読んでみよう。

ラリュエルは『哲学とは何か』は「絶対的な書物」であると述べる。なぜなら「本書は哲学の中心にあると同時に本書の中心は哲学にあ」り、とりわけコミュニケーションへの一貫した批判にも表れているように、本書は「一冊の本、とりわけ一冊の哲学書に何ができるのか」という問いに、「それ自身を書くことができるだけだ」と答える」、どこまでも自己完結した書物だからだ。[33]

この自己完結性は『哲学とは何か』の内容において、ドゥルーズによるスピノザの特権視として反復されている。われわれも3-7でスピノザとキリストの同一視にあらわれているような神秘化は、哲学と非哲学が干渉する余地が潰れ、内在平面の多元性がスピノザを頂点とする序列に置き換わってしまうという理由で切って捨てることにした。ラリュエルも同様に、「哲学者の信仰告白は内在の預言者であるスピノザの模倣によって完遂され、スピノザに一目まみえた者は哲学をそのまったき栄光において見ることになる」[34]と述べ、スピノザ-ドゥルーズ的な〈内在〉に宗教的なものを嗅ぎ取っている。

したがってラリュエルのドゥルーズ批判は、われわれの〈超然と内在を言うこと〉への批判という同じ動機を共有している。実際彼が狙いを定めるのは『哲学とは何か』における「内在を言うこと saying-of-immanence」の地位であり、口先だけに留まっている内在を「実践すること」こそが、彼が自身の非哲学というプロジェクトによってもくろむことである。[35]

なぜ哲学は内在を言うばかりでおこなわないのか。ラリュエルによれば、イデアやコギト「への」内在を批判し「それ自身への内在」を言祝《ことほ》ぐドゥルーズは、この言行不一致を正すことからほど遠く、むしろそれをもっとも純粋な形式にまで高めている。[36]どういうことか。内在を「それ自身への」ものとすることによって、スピノザ-ドゥルーズは、「人間主体」

32　François Laruelle, "I, the philosopher, am lying".
33　Ibid., p. 41.
34　Ibid., p. 43.
35　Ibid., p. 42.

を超越の錯覚として糾弾する。**しかしそのようなシステム自体が、人間主体という劣った項の存在に依存している。**「それ自身への」の空虚な「への」は、人間主体を一方で超越の錯覚の座として批判しつつ、同時にそれを普遍的な生成に沈め込む無限の反転の形式として機能する。つまり人間主体は、〈内在に対する超越〉と〈内在そのもの〉に同時に記入され、「それ自身への」はこの二重記入からその権能を引き出している。

> この二重記入は重要である。スピノザはたしかに内在の哲学者である。しかしその内在は人間主体によって超越的なものとして生きられ、または受け取られる限りでのものだ。内在は彼または彼女にとって外的なものであるだけでなく——この点に留意しよう——彼または彼女にとっては大きすぎるものなのだ。(…)結果として、ここにはもはや人間の本質や絶対的に自律的な形態は存在しない。後者は結果＝効果のシステムであり、人間が含むもの、すなわち情動と知覚に基づいて構成される。[37]

内在は人間主体にとって外的なものである限りにおいて彼らにとって超越的であり、しかし内在の哲学の側から見れば人間主体こそが超越的なものである。この遠近法的な内在／超越のすれ違いは、内在そのものを人間主体にとって「大きすぎる」ものとして考えるときに解消される。人間主体はすでに非人間的なものを巻き込む知覚と情動のシステムとしての内在に浸っており、その見かけ上の自律性は非本質的な結果＝効果の側に割り当てられる。ラリュエルは別の文章でニーチェ、ハイデガー、ドゥルーズ、デリダに代表される「差異の哲学」を「構文」としての差異と「実在」としての差異を交差させる戦略によって特徴づけているが、ここで内在の「超越論化」は実在としての内在的生成と錯覚としての超越的存在者を**仕分ける**操作に対応し、「理念化」は両者の循環を最終的に**包括する**〈内在そのもの〉の措定に対応していると言えるだろう。[38]「それ自身への」は、この〈序列的二元化↓内在への繰り込み〉の絶えざる反復の自己完結性を示している。

内在／超越、動物になること／人間であること、非人称的情動／人称的意識、リゾーム／ツリーといった序列化された〈二〉を経由しなければ〈一〉を措定できないにもかかわらず、〈一〉の卓越性を僭称することこそ、ラリュエルが哲学全般に見出す欺瞞であり、ドゥルーズは「操作を変えずに概念を変え続ける」[39]哲学の欺瞞を克服しているのではなく、むしろそれを、〈神〉や〈自我〉などの定項を必要としない、純粋な形式にまで高めている。だからこそドゥルーズは「ザ・哲学者」であるわけだ。ドゥルーズはだいぶ分が悪いように見える。

36 「「何か他のものへの内在ではなくそれ自身への内在」という規定は、実際には命令であり、しかしそれはある未規定なもの、ある究極の曖昧さを隠している。「事物」、つまり物象化された超越を再導入することはないが、距離や関係、あるいは表面や普遍的平面として超越の純粋な形式を再導入する「それ自身への」の「への」にこそ曖昧さが宿っている」(Ibid., p. 57)。

37 Ibid., p. 60.

38 Laruelle, *Les philosophies de la différence*, chap. 2 および Rocco Gangle, *Francois Laruelle's Philosophies of Difference*, chap. 3.

39 Laruelle, "I, the philosopher, am lying", p. 46.

興味深いのは、内在の哲学における人間主体の両義的な地位についての議論のなかで、ラリュエルがそれを「哲学者」と「白痴」の関係としてパラフレーズしていることだ。

人間は〔スピノザ的〕実体の統一性によって引き裂かれ、締め出されるだろう。そこにはつねに一般的で特徴のない人間と、哲学者がいる。もちろんこれはもはや二元論ではなく、生成途上の主体としての限りない白痴への生成あるいは哲学者への生成だけがあるのであり、結局のところ両者は同じものである。言い換えれば、われわれはまたもや、限りない生成のソフトな形式として、人間と哲学者の分割、そのヒエラルキーに帰着する。哲学者はシステムと白痴を構築するが、哲学者によって語られる白痴のほうはと言えば、決まってシステムのねじれに躓くばかりで、システムと適合することがない。結局のところ哲学者は白痴を望んでいるのではなく、白痴を制限するのだ。[40]

哲学者と白痴の分割は単純な二元論ではない。なぜならつねに一方は他方に生成する途上にあるからだ。しかし哲学者はそのような生成のシステムと白痴を同時に語る特権に浴す一方で、白痴はシステムに疎外されつつ／繰り込まれるという不一致を運命づけられている。ラリュエルが哲学の「嘘」と呼び、「私は嘘をついている」というクレタ人のパラドックスをもじって論文のタイトルとしている事態は、このような〈語る者＝哲学者〉と〈語られること＝内在〉のあいだにある齟齬を指している。「私は嘘をついている」が言表行為と言表のあいだの不一致を示しているのと同様に、哲学者は内在を語りつつそのシステムをはみ出す白痴としての人間主体に依存している。

ラリュエルはドゥルーズの「私」をパフォーマティブな矛盾の座とし、そのような矛盾が放免される言説体系として哲学全体を批判している。これはわれわれがヒンティッカとコルニベールを、哲学的言表行為を一人称的なパフォーマティビティの権能に回収していることを批判したロジックと同形である。

しかしラリュエルは、三人称的領野の内在的な書き換えとして論じられる概念的人物の存在には触れず、にもかかわらず、その主要な類型のひとつとして取り上げられる「白痴」という語を自身の議論に組み込んでいる。実際のところラリュエルの「白痴」概念の用法は『哲学とは何か』に忠実であるとは言い難い。なぜならこの本において白痴は、哲学者と白痴を前者の一人称的なパフォーマティビティによって疎外／包摂することで、人称的領野＝超越と非人称的領野＝内在の懸隔を維持しつつ前者を後者に繰り込むための生け贄などではなく、哲学者をその運動のたんなる「名義人」とするような言表行為の集合的アレンジメントの仲介者であるからだ。

したがって哲学者が白痴を構築するのではなくその逆であり、そのような跳ね返りを辿る

40　Ibid., p.61.

ためにこそ、哲学的言表行為の三人称性は要請される。ラリュエルの「私、ザ・哲学者は嘘をついている」という揶揄に対して、われわれはランボーの「私はひとりの他者である Je est un autre」をもじって「私、ひとりの哲学者は他者である」と言おう。この「私」と「哲学者」の他者性は、何が思考であるかわれわれは知らないという知と思考の不一致であり、ドゥルーズがデカルト的な白痴に見出したのもこの不一致であった。白痴と哲学者が隔てられているとしたら、後者が前者を構築しつつ排除するからではなく、それを思考として受け取ってくれるもうひとりの哲学者が現れるまで、私は多少の知と常識をもってはいても何が思考であるか知らない白痴として書くよりほかないからだ。

「経験論は出来事と他者しか知らない」という前章の最後に引いた文は次のように続く。「経験論は出来事と他者しか知らない。それはまた、概念の偉大な創造者でもある。経験論の力は、ひとつのハビトゥスとして、ひとつの習慣として、あくまで内在的な領野における習慣として、「私は……」と言う習慣として主体を定義する瞬間から発動する」(QP51/87)。内発的なものとしてではなく、たんなる習慣として「私」と言うこと。それは指令語としての習慣への服従ではなく、指令語をパスワードに書き換えるための条件である。

第6章　非美学

6—0 振り返り

本章が本書の最後の章になる。

いちどここまでの議論を簡単に振り返ってみよう。

「非美学」は第一に、美学の実践的な含意に対する批判として構想された。哲学的な理論に芸術作品を包摂したり、哲学と芸術とを共通の場に置くような調和的媒介を導入したり、あるいは哲学にはなしえないことをなす芸術にひれ伏してみせるような哲学の芸術に対する態度は、どれも私には欺瞞的なものに思われた。なぜならそれらはどれも、芸術の他者性と哲学に固有の実践性を同時に逸する行為だからだ。それはもっとも抽象的なレベルでは理論＝哲学と実践＝芸術の分割としてあらわれる。

本書が問題にしているのは最初から芸術**に対する**哲学**の**関係であり、これは関係および関係する両者から身を離して第三者的に検討するのではなく、**あくまで哲学の側に立ちながら**別の関係を見出すことを試みることを意味する。言うなればこれは哲学の「奥行き方向」の実践性を考えること、つまりある他者が私に跳ね返ってくることの哲学にとっての意味を考えることである。あるいはこれは、哲学をなにか普遍的・中立的なものとすることによって自身を透明な場に匿おうとする心性を挫くことに向けられた、ある意味で悪意に満ちた試みである。

第二に、「非美学」は、ドゥルーズの哲学における美学との距離を示すものとして、あるいはいったん美学から分離したうえで彼の哲学実践にとっての芸術の意味を考えるためのものとして構想された。だからこそわれわれはドゥルーズの能力論というトピックから出発し、『カントの批判哲学』で再構成されたカント美学の体制が『差異と反復』でどのように転覆されているかを検討した。しかしわれわれが第一章の後半で見たのは、それが転覆でしかないがゆえに挫折するという事態だった。

構想力あるいは図式論を媒介とした感性的なものの統御としての思考というカント的な枠組みをひっくり返して、感性からボトムアップ的に思考を起動する『差異と反復』の能力論は、両者の媒介として図式論を温存することを余儀なくされていた。問題はカントにおいては認識の不活性な質料を提供するものにすぎなかった感性に積極的・構築的な役割を与えることだけではなく、芸術と哲学の非媒介的、非図式論的な出会いを思考し、実践することである。

それに対して、われわれが第二章で『シネマ』に見出したのは、そこでは反図式論的な枠組みが映画〈の〉概念の発明として実演されているということであり、そのような批評的受容論が、諸能力の組み換え装置としての映画との対照のなかでなされるベルクソンの「イメージ」概念の鋳なおしからまっすぐに導き出されているということだ。理論と実践の分割を超えて、映画における「イメージに内在的な思考」を「映画が喚起する概念」の実践によって取り出すことがなされ、そしてこの方法論自体が当の実践から帰結する。他の言葉が見つからないので「方法」と言ったが、それは実践の後にしか見出されないものである以上適切な呼び名ではないだろう。「非美学」という語は、そのような後発的な思考、あるいは思考の本源的な後発性を指すものとして採用されている。その意味でやはり、本書はドゥルーズの「超越論的経験論」の探究である。

『差異と反復』で未遂に終わった共通感覚批判を組み込んだ非美学的実践が、『シネマ』ではなされている。本書のその後の議論は、おもに『シネマ』とその前後に書かれた『千のプラトー』と『哲学とは何か』という三つの著作を行き来しながらこの達成の理論的内実を明らかにすることに向けられたものだと言えるだろう。われわれはさしあたり独立した各章の枠組みと章をまたぐトピックの反復がもつれ合うジグザグとした道を辿ってきたが、そのなかで試みられていたのはひとことで言えば**非美学の条件を哲学の言語行為論として組み立てること**だ。

第三章では『千のプラトー』の言語／物体の二元論が『シネマ』においては映画を〈見て、書く〉ことの奥行き方向の二元性に組み換わっていることを見た。これは第二章の結論を別の枠組みで再構成したものだと言えるだろう。これによって本書全体の議論は能力論から言語論へと重心を移し、第四章では言語行為論一般についての議論と、哲学的な実践の言語行為論をブリッジした。第五章ではそれを「言語論的転回」以降という歴史的なパースペクティブに開きつつ、哲学的言表行為の人称性という観点から、ドゥルーズがいかにして〈超然と内在を言うこと〉に抗したのかということを考察した。

それにしても、われわれは『差異と反復』における〈能力の異質性〉と『哲学とは何か』における哲学と芸術の〈非〉の関係としての〈諸分野の異質性〉をつなげるという、それだけ見ればきわめてシンプルな方針から出発したはずなのに、これほどまでに話が込み入ってきたのはどうしてだろうか。そのおもな要因は——議論がときとして細部にはまり込んでしまうのを別にすれば——言語と他者というふたつの主題がせり上がってきたことにあるだろう。その過程は次のように整理することができる。

(i)『千のプラトー』においても『シネマ2』においても、たとえば「経験的行使」と「超越的行使」の対立という能力論のボキャブラリーが言語論に移植され、(ii)かつ、その言語論は物体的なものとの二元性という枠組みのもとで構想されている。(iii)そして『シネマ2』の大地＝視覚的イメージと天空＝音声的イメージの二元性は「ましてやわれわれ自身が著者であるとき」という言葉によって、ドゥルーズ／映画の他者関係に、つまり奥行き方向の「こちら」と「あちら」の二元性にスイッチされる。これが映画〈の〉概念の創造としての哲学実践の条件であった。

ここから導き出されるのが、哲学を固有の機序をもった言語実践として捉えることと、その芸術に対する関係を「眼を逸らさなければ書けない」分離の運動として捉えることは不可分であるということだ。したがって能力間の関係から分野間の関係へという枠組みは、実際のところ本書において**能力論（共通感覚批判）→言語論（言語と物体の二元論）→他者論（芸術に対する哲学の関係）**という三つの主題をまたいで展開したことになる。

以下、本章では、この三つの主題のつながりとそれぞれの射程について、ここまで論じてきたことをやりなおす。つまり本章全体が振り返りであり結論であり再試行であり、したがってやはり新たなひとつの章でもある。

6-1　ポスト構造主義と否定神学批判

ところで私は、ドゥルーズ、フーコー、デリダといった哲学者を「ポスト構造主義」とラベリングすることは、たんなる教科書的な整理の便宜としてだけでなく、理論的に見て妥当だと考えている。

ここではさしあたりポスト構造主義について〈構造主義と現象学を同時に乗り越えることを試みる思想的潮流〉という、わりあい穏当な仮説的な定義を目印にしつつ、その内実を考えてみよう。

一方で構造主義は、ドゥルーズ自身が「構造主義はなぜそう呼ばれるか」においてレヴィ＝ストロースやラカンの理論を参照して定式化したように、「象徴的なもの＝象徴界 le symbolique」の優位によって特徴づけられる（ID240/下 62）。他方で現象学は、たとえばメルロ＝ポンティにおける「肉 chair」概念に顕著に見られるように、可能な経験の条件としてそこに主体をアンカリングさせ、異質な能力を（そしてそれと同じロジックで間主観性を）縫合する図式論的なモチベーションを保持している。[1] 一方は〈シニフィアン〉の規定性に寄りかかり、他方は共通感覚の座としての〈身体性〉に寄りかかる。一方はしばしば「科学」を僭称し、他方は間身体的な、あるいはひとつの身体の間能力的な「コミュニケーション」の基礎づけに哲学の価値を見出している。

ポスト構造主義哲学とは、このふたつの戦線に同時に参画し、一方で象徴的〈シニフィアン〉の秩序を突き崩し、他方で現象学的身体性を切開しそれを政治や歴史の場に還すことをもくろむ思想潮流である。このふたつのモチベーションが交差する地点に共通感覚批判がある。つまり**ポスト構造主義哲学とは共通感覚批判の哲学である**。これを時代性・地理性や人的ネットワークを含んだムーブメントとしての広い意味での定義とは別に、ポスト構造主義哲学の**狭い**定義として採用することにしよう。

1　「諸器官の連合作用がひとつひとつの有機体のなかで可能だとすれば、どうしてそれが異なる有機体のあいだにも存在しないわけがあろうか。それらの風景は互いに縺れ合い、それらの能動と受動は完全に適合し合う。そのことは、感覚作用を同じ「意識」への所属ということで第一義的に定義することをやめ、むしろ逆に、それを見えるものへの自己帰還として、また感覚するものの感覚されるものへの、感覚されるものの感覚するものへの肉的癒着として理解するならば、すぐにでも可能なことであろう。というのも、そうした癒着の関係は、覆い合いと分裂、同一性と差異として、私の肉だけでなく、すべての肉を照らすような自然の光の放射を生じさせうるからである。」Maurice Merleau-Ponty, *Le visible et l'invisible*, p. 187［一八七頁］.

デリダの「脱構築」は、パロールの特権化にあらわれるような自己同一性や意識の明証性といったカテゴリーに寄りかかる秩序がエクリチュールに依存すると同時にそれによって汚染されていることを示すが、この実践自体が「目と耳のあいだの空間」、つまりエクリチュールとパロールの距離を必要とする。あるいは別の言い方をすれば、エクリチュールは「自分が話すのを聞く」口と耳の自己完結的な回路を（必然的に）切開しつつ（可能的に）埋めるものであり、それ自体共通感覚に支えられた、自己に対する自己の現前を突き崩すものである。

フーコーはカントの批判哲学に代表されるような、知の主体であると同時に対象であり、そこで言葉と物が結び合わせられる「人間」という形象が近代のエピステーメーの根幹にあることを示した。これはそうした形象が普遍的なものではなく、一定の歴史的場に依存していることの「考古学」的論証であり、そのエピステーメーの延長線上にある構造主義的な人類学や言語学の科学性を支える共時性（＝非歴史性）への批判とひとつながりになっている。

しかし先にも述べたように、われわれが採用しているポスト構造主義の定義は「狭い」ものであり、通常そこに数え入れられるような哲学者には当てはまらない場合もある。たとえばジャン＝フランソワ・リオタールは、『言説、形象』に顕著であるように結局のところ言語的記号の機能を身体性によって説明する企図に従っており、「現象学者」である。ルイ・アルチュセールやスラヴォイ・ジジェクは明白に「構造主義者」である。

あくまでわれわれの「定義」は限定的な目的に照らしてなされており、その目的はドゥルーズにおける能力論↓言語論↓他者論という主題の連関から最大限の批判的な意味を引き出すことである。そうするとやはり気になるのはいずれの論者にあっても、共通感覚批判、つまり能力の分離という作業に取りかかる際に言語が重要な位置を占めていることだ。

構造主義においてすでに、言語は構造のモデルを提供する特権的なものであった。神のように対象化されるわけでもなく法律のように成文化されるわけでもない奇妙なステータスのもとで開設され、にもかかわらず実効的に作用し、そしてそこで一定の科学的操作がおこなわれるところの「構造」は、言語というモデル、あるいはモデル化された言語によって組織化される。だとするならポスト構造主義者が言語をそのような理念的な場から引きずり下ろすのは必然的であり、実際にデリダのエクリチュールもフーコーの言表も、そしてとうぜんドゥルーズ＆ガタリのプラグマティックも、「実地の」言語からその哲学的帰結を引き出すこと、つまり**言語の具体相の抽象的な力**を診断することに向けられている。

すると次のような問いが生まれてくる。われわれがドゥルーズに見出したような言語的なものと物体的なものの二元論と同様のものを、右の二者にも見出すことができるのだろうか。あらかじめ私の回答を述べると、フーコー－ドゥルーズとデリダはふたつの異なる系列として分けて考えるべきであり、前者は言葉と物の**分離**を批判的方法論としているのに対して、後者は言語がつねに物質的な**有限性**に依存することに立脚した議論を展開していると考えている。

ポスト構造主義には共通感覚批判という共通のモチベーションを見て取ることができる。

そしてそのとき標的となるのは言語の地位であり、構造主義においてモデル化－理念化された言語の具体相から批判的な力を引き出すという戦略もまた共通している。しかしその言語の具体相なるものをどこに見出すかということについては立場の違いがあり、ドゥルーズやフーコーはそれを「非物体的変形」や「言表的出来事」として言語記号の物理的存在とは区別されるものに見出し、デリダは観念的な「意味」なるものがつねに言語記号の物質性に必然的に依存しつつ可能的に毀損されることを示す。前者は声や文字なしに言語がありうると主張しているのではなく、そこに還元不可能な力の存在を主張しており、後者は意味なしで済ませるべきだと言っているのではなく、エクリチュール――つまり記号の発信者や受信者の不在の可能性、あるいは記号の物理的毀損の可能性――がないのであれば意味は可能でなく、言語は必要ですらないと主張している。

さて、われわれは序論で、「非美学」の「非」は東浩紀の「**誤配**」、平倉圭の「**失**認的**非**理論」、そして千葉雅也の「**非**意味的切断」に共通する否定の接頭辞の機能に触発されて構想されたと述べた。彼らの〈非〉には距離のポジティビティと呼べるようなものが宿っており、いずれも「理論」を一方的な適用可能性という地位から引きずり下ろし、他者に触発されることの実践性を思考する概念である。しかし彼らの〈非〉は、有限性の謂でないだろうか。「否定神学批判」――これを彼らの戦略の総称として用いよう――とは、**デリダ的な有限性の日本における特異な展開**であるとするなら、非美学はどこかで、それと決別することになるだろう。しかしそれはどこなのか。

実際われわれは第四章で『シネマ2』における「叫び」の位置づけをめぐって、平倉とは別の道を選択することにした。この分岐を否定神学批判一般に対するわれわれの態度として敷衍することはできるだろうか。この問いに移る前に、平倉の議論との対峙において何が問題になっていたのか簡単に振り返っておこう。

そこでは「連続的変奏」という概念をめぐるジレンマが問題になっていた。一方でドゥルーズのプラグマティックは、言語を抽象的なラングとその個別的適用として考えるのではなく実際に発された言葉から出発することに重きを置いている。すると目に入ってくるのは、言語学的文法にも論理学的命題にも収まらないような分散的言表であり、「指令語」はそうした分散を冗長性の形態において組織するものを指す。連続的変奏とはさしあたり、指令語の体制から切り離されたユートピア的な形象ではなく、むしろその内在的な書き換えを導く「統制的理念」のようなものとして導入されている。

しかし他方で、連続的変奏をシンセサイザーや叫びといった、語を溶解させる特権的な事例によって代表させてしまうと、実地の分散的言表それ自体のうちに変奏＝逃走の線を見出すというモチベーションからは逸脱してしまう。この両義性はドゥルーズのテクスト自体に埋め込まれているように思われ、われわれは平倉の議論との折衝を手がかりにしてそこに切断線を引いたのだった。

ドゥルーズはゴダールの映画を誤想起している。平倉は一方で存在しない切断を映画に持ち込む哲学者の欺瞞をそこに見出し、他方でその誤想起をドゥルーズ自身の叫びとして捉え返している。哲学は映画に巻き込まれ、天空は大地へと押し流され、その受苦のさなかでのドゥルーズ自身の叫びとして『シネマ』のテクストが捉え返される。それは書くことを叫ぶことに無邪気に同一視するのではなく、書くことの**有限性の**叫びである。

しかしそうすると、書くことそのものにポジティビティはなく、大地＝普遍的生成変化がそれ自体〈死＝形象〉となり、まだ死んでいないアンデッドとしてしか書けなくなり、内在の座が私を「巻込」むところの特権的対象にすり替わってしまう。われわれはそれに対して、一方で連続的変奏という概念を、分散的言表を〈反‐実現〉するものとして捉え返し、他方でドゥルーズと映画のすれ違いを天空と大地のすれ違いが跳ね返った〈見て、書く〉ことの読点のポジティビティとして、つまり〈眼を逸らさなければ書けない〉ということを条件とする実践として捉え返すことを試みたのだった。

見ることからの書くことの剝離を認めなければ、つまり、**巻込まれないもの**のポジティビティを認めなければ、平倉のテクストが叫びのパフォーマンス以上のものとして機能する契機を考えることができなくなってしまう。われわれが否定神学批判における有限性から距離を取るのは、そこでは実践が有限性のパフォーマンスの枠を出ないからである。われわれがあくまで〈触発の自由〉と〈仕事の自律性〉の両立を言うのは、ある他者との「巻込」の関係とそこからの剝離の運動は、**すでに平倉の実践をも条件づけている**はずだからだ。有限性は、それを「受苦の力能」のパフォーマンスとしてしか見ず、その酷薄な条件を素通りして自分の仕事に帰ってこないための口実として機能する。**非美学は他者から〈眼を逸らす〉ことの意味を思考する試みである。**

この批判はひとことで言えば、実践あるいは思考の条件としての**デリダ的な〈フィジカルな有限性〉をドゥルーズ - フーコー的な〈言葉と物の分離〉に書き換える**操作である。願わくばそれが外在的な批判というより内在的な書き換え、というか、彼らの仕事をより〈内在的にする〉作業であれかしと私は思っているが、それについては読者の判断を仰ぐよりほかない。

次節以降の議論の仮説ともくろみを述べておこう。

まず仮説として、私は否定神学批判は**〈有限性 - 複数性 - 偶然性〉**のコングロマリットとして組織されていると考えている。フィジカルな有限性、他者の複数性、主体化の偶然性はそれぞれを単体で見るならば「現代思想」的なるもののそこここで出くわす危なげないテーゼである。しかし東、平倉、千葉が際立っているのはこの三つがきわめて緊密に撚り合わされていることであり、だからこそ私はひとつの潮流としての否定神学批判をこの三者に代表させている。これはポスト構造主義に施したのと同様の「狭い」定義であり、実際のところ平倉については『存在論的、郵便的』を参照してすらいないのだが、すべてはわれわれ自身の議論をテストするための手段である。

もくろみは、〈非〉のポジティビティを有限性としてでなく、諸能力の異質性、言葉と物の二元論、そしてそれを哲学的実践に埋め込む他者論の複合として捉え返すことによって、われわれがドゥルーズのテクストから引き出すことを試みてきた、しかしいまだはっきりとした輪郭のない非美学というアイデアにかたちを与えることである。

6-2　東浩紀の線と面、あるいは言葉と物

「否定神学批判」のポジティブな名としてもっともふさわしいのは、『存在論的、郵便的』で郵便的システムを特徴づけるものとして言われた「複数的な超越論性」であるだろう。しかし超越論性が複数で何が嬉しいのか、複数であることがどのようにして「超越論性」なるものに新たな何かをもたらすのか、ということについて、私はずっと考えあぐねてきた。引っかかっていたのは、超越論性が**複数であると言う**ことと、そのような理論自体が当の複数的な超越論性の**ひとつである**ことのあいだがどのようにブリッジされているのかということだ。そしてこの、複数的な超越論性の「パフォーマティビティ」を問うこと自体が、『存在論的、郵便的』の議論がパフォーマティブ／コンスタティブの識別不可能性を確認することから出発している以上、初めからなにか肩透かしをくっているような収まりの悪さを感じてきた。

複数的な超越論性を言う場は、超越的な著者性としての単数性ではなく、内在的で不定冠

詞的な「ひとつ」であるはずである。その「ひとつ性」はしかし、『存在論的、郵便的』のテクストのうちで示されているというより、**突然の中断によって終わるこの本のキワ**においてのみ示されているように思われる。

それゆえ突然ながら、この仕事はもう打ち切られねばならない。[2]

この「それゆえ」に至る帰趨を簡単に再構成してみよう。

第一に、外在的な事情として、デリダがすでに「作品」の統一性を問いに付し、自身のテクストの「完成」を拒否する実践を繰り返していることから、『存在論的、郵便的』の中断もその流れのなかで見ることができるだろう。しかし一般的に言って、インクの有限性がテクストを中断させることが事実だとしても、それと「インクが切れたからもう書けない」と**言う**ことはまったく別のことである。それは「金の切れ目が縁の切れ目」であることが事実であるとしても、金がないのならもう会わないと言うべきではないのと同じことだ。それを言うことは、なんというか、ショーマンシップに反することだと私は思う。

第二に、この本は、七〇年代以降のデリダの実験的なテクスト群について、それ以前に理論化されたものの実践として見ることを斥け、そこにある固有の理論を取り出すというもく

2　東『存在論的、郵便的』、三三五頁。

ろみとともに出発する。そしてこの理論／実践の区別（できなさ）はコンスタティブ／パフォーマティブの区別（できなさ）と重なりあっており、この（不）可能性自体が『存在論的、郵便的』の主題と方法をまたぐ回転扉として機能している。中断はこの循環構造への自覚としてなされる。つまり、デリダが張り巡らせる諸々の隠喩を固有名＝概念としてドライに――デリダ派によく見られる私が論じているのではなくデリダに語らせているのだという「腹話術」的な移入の様式から離れて――あつかうという表面上非デリダ的なスタイルが、その実**デリダの**「郵便」に専心する「デリダ派の欲望」、「保守的な欲望」にからめ取られてしまっていることへの自覚として、『存在論的、郵便的』は中断される。[3] ありていに言えば、「郵便」あるいは「誤配」とは、コンスタティブには言説が固有（名）化を逃れ、様々な文脈や主体のあいだを漂流することを示すものであるはずなのに、東はパフォーマティブにはそれを固有（名）化してしまわざるをえない。彼は**「郵便」の郵便化**に失敗してしまうのだ。

第三に、より直接的には、中断はその直前で論じられる「転移切断 tranche-fert」の実演としてなされる。[4] この語は精神分析理論における「転移 transfert」の地口としてデリダが造語したものであり、彼はこの語を、当時四つのグループに分裂していた精神分析業界の閉塞性を批判する文脈で用いている。[5] そこで問題となっているのは、分析家と分析主体の転移関係とフロイトという「絶対的知」をめぐる分析者たちの競合関係との循環であり（分析家は分析主体にとって「知を想定された主体」であり、フロイトは分析家にとってそうである）、転移切断はそれを側方的に発散させるものとして提案される。それは具体的にはグループをまたいだ分析実践の提案であり、転移切断は精神分析という制度に対する批判であると同時に、「父の名」へと中心化されるラカン的な無意識の理論への批判である。したがって『存在論的、郵便的』が「中断」として閉じられる意味は、ここでもやはり理論と実践を貫通するものとして考えられる。デリダという固有名への転移関係を切断することによって、『存在論的、郵便的』という書物はそれ自体「ひとつの切片 un tranche」となり、誤配に満ちた郵便的無意識をそれとして開いておくことができる。

　これら三つのいずれの側面においても、中断という身振りはコンスタティブなレベルで失敗することによってパフォーマティブに成功するねじれた構造をもっている。〈後期デリダのパフォーマティブなテクストをコンスタティブに読む〉という出発点は、その終わりにおいて〈郵便的なものの理論のコンスタティブネスを救うためにパフォーマティブに中断する〉というかたちで反転する。この反転は、たんなる切り替えや推移というより、コンスタティブな形式化の実践が**はじめから**ひとつのパフォーマンスとしてなされていたの**かもしれない**という、まさに郵便的な不安を引き起こす二重化されたパフォーマンスである。われわれはデリダに対する東と同じように、『存在論的、郵便的』を前にしてふたつのレベルの識

3　同前。
4　同書、三二九頁。
5　Jacques Derrida, *La carte postal*, p. 531［II－三二九頁］.

別不可能性のうちでたえざる反転のめまいに囚われるほかないのだろうか。だとするなら、それこそが「転移」であり、終わりなき分析に勤しむ「否定神学的共同体」への参画ではないだろうか。

しかし失敗は失敗であり、中断は中断である。とするなら、この中断は、デリダの「憑在論 hantologie」に引っかけて言えば、たんにデリダという**憑きものが落ちた**だけのことであり、はじめからデリダと東は別のことを語っていたのだという解釈もまた開かれることになる。

われわれははじめからではないにせよどこかからやりなおさなければならない。この再開の地点として私が提案したいのが能力論であり、デリダ－東の言葉で言えば「目と耳のあいだの空間」である。

そしてこの再開は、われわれが平倉の「巻込」に対して、巻込まれないもののポジティヴィティを認めなければ彼のテクスト自体が叫びのパフォーマンス（のネガ）としてしか受け取れなくなってしまうと述べたのと同じ動機でなされる。転移切断としての中断をパフォーマンスとして受け取ることは『存在論的、郵便的』に転移し、コンスタティヴ／パフォーマティヴの決定不可能性に感じ入るだけで済ませてしまう口実になってしまう。だからこそわれわれはこの切断を、デリダと東を切断するものとして、そして『存在論的、郵便的』とわれわれを切断するものとして読み替える、というより、文字通りに読んでそのようにする。東はデリダという「憑きもの」から離れ、われわれは本を閉じる。それだけのことだ。

しかしこの剥離はやはり、「郵便的」なものとして見る限りどこまでいってもネガティブにしか語れない。そのデッドロックの理由は、東における「目と耳のあいだの空間」についての、つまり彼の「言葉と物」についての議論に見出されるように思われる。

A．面の二元性――イメージとシンボルのキアスム

さて、東は、『存在論的、郵便的』刊行直後の対談で、「郵便空間」という概念について、「空間」という隠喩を温存してしまったことに対する後悔を口にしている。[6] どうして郵便的なものが「空間」であってはいけなかったのだろうか。

同時期に執筆された「サイバースペースはなぜそう呼ばれるか」では、「空間」という隠喩への批判が主題的に論じられており、その後悔の内実についての手がかりを与えてくれる。彼が「サイバースペース」という隠喩を標的にするのは、即物的にはコンピュータと通信網の寄せ集めにすぎないものと、そこから生み出される「空間」という錯覚＝隠喩とのあいだで起こっていることに介入するためだ。そしてそれは隠喩としての空間を拒絶するというより、その意味を変えるためになされている。

サイバースペースはユートピア的な幻想を生み出すが、実際にはそれはたんなる通信インフラの集積である。つまり、一方で現実の外にある別なる「空間」が見出されるが、他方で

6　東『郵便的不安たち』、四二六頁。

それは現実のなかのたんなる演算である。サイバースペースがひとつの「空間」であるためには、一方で現実が「悪魔払い」される必要があるが、同時にサイバースペースはどこまでいっても現実のネットワークに依存している。東が「インターフェイス的主体」という概念によって試みるのは、こうした「一方で、他方で」という二重化の構造それ自体をメディア論的でもあれば存在論的でもあるものとして理論化することである。したがってサイバースペース批判は唯物論的現実にもとづくイデオロギー批判というより、むしろ**ネットワークとインターフェイス、線的な空間性と面的な主体性の懸隔**において惹起されるものの分析である。そしてそれは「不気味なもの」と呼ばれる。

『存在論的、郵便的』に戻ってみると、東はフロイトに由来する「不気味なもの」の議論をデリダにおける「目と耳のあいだの空間」というトピックと接合していることが目につく。フロイトは不気味なものを、意識と無意識のズレの経験として説明する。たとえば、ある友人のことを考えながら街路を歩いているまさにそのときに、その人物が向こうから歩いてくる。この不気味な経験は、そもそもその人物のことを（意識的に）考えるより前に彼を目にしており、しかしその視覚情報は意識に上らない（無意識的にその人物を嫌っているという感情的理由により）ということから引き起こされる。[7] 目の端から無意識に入ったものがその由来を消去しつつ意識化され、さらにそれが眼前に現れることによって、われわれはそこに不気味な偶然を見出す。

東はこの議論をデリダが『絵葉書』で描写したあるエピソードにスライドする。デリダは恋人への書簡のなかで、彼女と電話していたときのことを書く。彼は電話ボックスから電話をかけており、その声の響きに近接性を聴き取るが、同時に、彼はガラスの向こうにいる酔っ払ったイギリス人の男と見つめ合っている。[8]「電話は目の場所と声の場所、目の前（pré-）と耳の前とを切断する。これは現**前**性（*présence*）の分割を意味する」。あるいは、電話において「目と耳とは近接性を別々に知覚する」[9]。

サイバースペース論において、グラフィカル・ユーザー・インターフェイスは、ゴミ箱やフォルダのアイコンといったイメージと、テクストやプログラミング言語といったシンボルが共存する場として考えられている。「インターフェイス的主体性」とは、イメージへの想像的同一化を馴致するシンボルへの象徴的同一化というラカン的な図式に収まらない、**イメージへの象徴的同一化とシンボルへの想像的同一化**を交差させる新たな主体のモードである。[10]主体化の場は象徴界に空いた穴から、イメージとシンボルのあいだのキアスムへと移設される。

フロイトにおける意識と無意識、デリダの電話における目と耳、インターフェイスにおけ

7　フロイト『日常生活の精神病理』、四五二－四五三頁。
8　Derrida, *La carte postal*, p. 14-15〔I－二〇頁〕.
9　東『存在論的、郵便的』、一七六頁。
10　「この新しい主体性において、私たちは、イメージと象徴的関係を、シンボルと想像的関係をばらばらに結んでいる」（東『サイバースペースはなぜそう呼ばれるか＋』、九三頁）。

るイメージとシンボル、これらの事例につねに「不気味なもの」という同じ概念がともなっているのは、いずれにおいても自己同一的な意識を脱臼する、ふたつの秩序のあいだのボタンの掛け違いが問題となっているからだ。そしてそれによって、そのズレをたんなる破綻とするのではなくむしろそこから新たな超越論性を構想することこそが試みられている。

「郵便空間」がなぜ「空間」であってはならないのかという問いに戻ると、その理由は、言葉と物――われわれは二元的な秩序をこの対によって代表させることにしよう[11]――のあいだのズレ自体を実体化してしまうなら、それはたんなる逆説的な共通感覚へと逆戻りしてしまうからだ。インターフェイス的主体性とは、二重化された面のカップリングそのものであるが、その「背後」には原理的に不完全なネットワークが広がっている。その意味で不気味なものにおける主体化とはネットワークの効果であり、面の二元性は線の複数性によって担われている。

B. 線の複数性――確率から速度へ

東における線的なものは、「ネットワーク」、「経路」、「回路」、「通路」といったフィギュールとして、『存在論的、郵便的』に限らず彼のテクストに頻出する。そして« transfert »は、「転送」とも訳せるように、それ自体が郵便的な含意をもっており、さしあたりこうした線的なものが担う空間性がそのまま「郵便空間」であると理解してよいだろう。しかし先にも述べたように、それはただ漠然とコミュニケーションの物理的有限性を指し示しているわけではない。むしろ問うべきは、コミュニケーションの有限性を線的な空間性のもとで思考することにおいて、**コミュニケーションのどのようなディティールに有限性が託され、概念化されているか**ということであるだろう。それは第一に**確率的なもの**であり、そこにこそデリダと東の差異がもっとも明白に刻まれているように思われる。[12]

『存在論的、郵便的』の読解を導くもうひとつの添え木として、東のデビュー論文である「ソルジェニーツィン試論——確率の手触り」[13]を取り上げよう。そこではスターリニズムにおける無作為な暴力に囚われた者の実存的問題が論じられる。なぜこの者は逮捕され別の者は逮捕されないのか、なぜこの者はこのタイミングで別の収容所に移送されるのか。それはランダムネスによって収容者の結束を阻み、互いに対する猜疑心を増幅することができるからであり、「この者」であらねばならない理由はない。しかし「この者」はその理由を問わずにいられない。そのような世界で倫理的であること、転向を拒み誰かを売らずにいること

11 東自身がデリダとフーコーの親近性を説明するなかで、言葉と物の分離（そしてその先にある線の複数性としてのミクロ権力論に相当する「郵便的政治学」）という図式を用いている（東『存在論的、郵便的』、二五五－二六〇頁）。

12 東はデリダの《peut-être》はハイデガー的な「現存在」に取って代わる「確率存在」であると述べており、『存在論的、郵便的』における「確率」は直接的にはデリダの《pouvoir》あるいは《possible》といった語の用法から導き出されている（九六、一六八頁）。しかし「可能 possible」であることと確率的であることのあいだには大きな隔たりがあり、この読み替えが以下に見るような複数的な線の思考を準備しているように思われる。

13 東『郵便的不安たち』、七一－九六頁。

とはどういうことなのか。東のキャリアはこうした、言わば「確率論的実存主義」の問題から出発した。
同様のフレームは『存在論的、郵便的』にも引き継がれている。アウシュヴィッツの悲劇について、その名を表象不可能性のもとに絶対化する論者を批判して、東は次のように述べる。

あるひとは生き残り、あるひとは生き残らなかった。ただそれだけであり、そこにはいかなる必然性もない。そこでは「あるひと」は固有名をもたない。真に恐ろしいのはおそらくはこの偶然性、伝達経路の確率的性質ではないだろうか。ハンスが殺されたことが悲劇なのではない。むしろハンスは誰でもよかったこと、つまりハンスが殺されなかった**かも知れない**ことこそが悲劇なのだ。[14]

「あるひと」が死んだり死ななかったりする、「ただそれだけ」であるという乾いた事実性と、事実として死んでしまった「この者」の固有名に張り付いている「かも知れない」の位相。確率的な暴力においてこのふたつは分かちがたく圧着している。それは収容所の「大量死」と団地の「大量生」がたえず反転し合う二〇世紀の世界のひとつのマケットであり、デビュー論文から近年の論考まで、ひとつのオブセッションとして東の思想を貫いているように思われる。[15]

東にとって、線の複数性とはまず「伝達経路の確率的性質」であり、「郵便的思考とは確率についての思考であり、同時にまたメディアの唯物論的条件から主体の構成を考える思考でもある」。[16]「郵便空間」が実体化して考えられてはならないのは、それが唯物論的条件としての伝達経路の確率的性質が生み出す——それ自体は実在しない——効果＝結果であるからだ。「郵便」と「幽霊」という『存在論的、郵便的』におけるふたつの根本的な概念は、前者が経路の確率的な有限性を指し示し、後者はそれが「かも知れない」という形態のもとに引き起こす主体化の要請（この本でそれは「呼びかけ」と呼ばれる）に対応している。

14　東『存在論的、郵便的』、六一頁。

15　「大量死」と「大量生」の時代としての二〇世紀については東「悪の愚かさについて、あるいは収容所と団地の問題」を参照。
なお、ひとつ付言しておきたいのは、東における確率的なものとは実際のところつねに**等確率的なもの**であり、その暴力は無作為抽出 random sampling の暴力であるということだ。しかし無作為抽出が、サンプリングされるところの母集団 population の統計的特徴を保持するためになされるように、等確率的なものは統計的偏差を均さない。実際のところ、われわれが言語について見たように社会的秩序はそもそも等確率的なものというよりむしろ蓋然性の偏りとしての冗長性の総体としても捉えることができ、現代の統治技術はむしろ統計的な偏差を拠り所にしている。とはいえ、収容所に二〇世紀世界の裸型を見る限りで等確率化はたしかにひとつの極限であっただろう。したがって等確率的なものというある種の「理想化」ないし「物象化」は、たんなる東自身の性向に還元することはできず、近代社会自体に備わるひとつの（悪）夢であるだろう。

16　東『存在論的、郵便的』、二〇三頁。

『存在論的、郵便的』における有限性の唯物論は、伝達経路の確率的性格としての線の複数性に託される。しかし確率的な複数性は一方で、〈空間の線形化〉を前提としている。つまりありていに言えば、確率は原理的に不完全なものであれネットワークが敷設されたあとの空間を前提としており、経路の敷設のプロセスは話の埒外に置かれている。そして他方で、確率的なものによっては〈線の異質性〉を説明することができない。つまり、先に取り上げた面の二元性に想定されている言葉と物、目と耳、意識と無意識の異質性は複数的な経路のなんらかの性質から説明されるべきであろうが、経路の等質性を前提とする（等）確率的なものにそれを望むことはできない。

このふたつの確率的なものの限界は、線の複数性を「速度」あるいは「リズム」の複数性として捉え返すことによって同時に乗り越えられているように思われる。とりわけ『存在論的、郵便的』第三章以降、線の複数性は速度・リズムという概念に託されるようになり、「不気味なもの」の経験は、「情報を処理する複数の回路（目－意識と目－無意識、さらに耳－意識）の衝突、あるいは**速度のずれ**の効果」[17]として考えられる。

コミュニケーションの物理的有限性の作動形式は確率から速度へと移される。そしてこの移行によって初めて線の複数性と面の二元性がブリッジされ、郵便＝経路における有限性と幽霊＝不気味なものにおける主体化は、等確率的なものの無慈悲さというある種の「理想的」なケースに寄りかかることなく、まだ相手に届いていない手紙について電話で話すこと、「既読」がついているのに返信がないチャットにやきもきすること、いま目の前の相手に言っていることがいつか誰かに言い損ねたことであることといった、コミュニケーションの具体的かつ一般的な事実に結びつくようになる。「精神分析は郵便に等しい」[18]という断言は〈転移＝転送〉の等号を背景になされており、それはメディア環境と無意識のモデルをともに複数的な速度とその衝突の場として形式化することから導かれている。

そして「速度」と並置される「リズム」という語彙の導入によって、空間の線形化のプロセスそのものが説明可能になる。この議論の鍵になっているのは、フロイトにおける外界からの刺激の通り道としての「φニューロン」（＝意識）と刺激によって状態が変化する「ψニューロン」（＝記憶）の区別を宙づりにし、デリダのフロイト読解をそのような区別を生み出す「リズム」を論じたものとして捉えるという操作だ。[19]〈もしフロイトがふたつのニューロンを区別していなかったら？〉という「もし」の探究として郵便的精神分析の可能性が位置づけられ、むしろ刺激の通過と記録というふたつの能力の異質性が発生する現場として、リズムが見出される。

東―デリダ―フロイトの議論において、リズムとは幼児が経験する母の在／不在の反復としての「あちら―こちら fort : da」のリズムであり、「マジック・メモ」における一方で痕跡を保存し他方でリフレッシュするふたつの層の接触／剥離のリズムである。[20]とりわけ後者に

17　同書、一八八頁。
18　同書、一九四頁。
19　同書、一九一―一九二頁。フロイト「科学心理学草稿」、二三六頁。

ついて束は「マジック・メモの隠喩は、Daの二枚重ね性をモデル化するのみでなく、**その二枚重ね性自体の産出**、シニフィアンとエクリチュールという二つの層が「周期的にperiodisch」接触／剝離を繰り返すことでDaが産出されるさまをもまた示すことになる」[21]と述べており、周期的なリズムによって経路の異質性＝面の二元性の発生そのものを語ることが可能になっている。ハイデガー的な「現Da」ないし「こちらda」への中心化の可能性そのものが、シニフィアンのエクリチュールへの剝落を前提としているのだ。

　こうして有限性の唯物論は、「言葉と物」の問題へと帰着する。

> 声《フォネー》＝意識の平面、Da、形式体系、あるいはソシュール的記号体系、何と呼ばれてもよいがそれらはすべて、各シニフィアンを裏打ち＝二重化する（doubler）エクリチュールとその亡霊的彷徨、無意識的郵便空間への物表象の崩落（tombe）を消去してはじめて成立する（…）。現存在の二重襞性が「先駆する」より前に、つまりゲーデル的亀裂が走り出すより前に、〔クラインの壺の〕円錐底面の一層はつねにすでに物表象の群れへと散種されている。[22]

晦渋なパッセージだが、確認しておきたいのは束にとって「言葉と物」（フロイトの用語では文字通り「語表象」と「物表象[23]」）の問題がシニフィアンとエクリチュールの距離として考えられているということだ。「Daの二枚重ね性」とはすなわち、〈**あらゆる**シニフィアンは**必然的に**エクリチュールをともなう＝**いくつかの**エクリチュールがシニフィアンから剝落し彷徨し無意識を形成することが**ありうる**〉という、「可能性の必然性」としての複合的な様相性を指し示している。「メディアの唯物論的条件から主体の構成を考える」郵便的思考は、言葉が物に**なってしまう**という有限性から引き出される二重化された主体の論理である。

本節の冒頭の問題提起に戻ろう。『存在論的、郵便的』は、それ自体複数的な超越論性の「ひとつの切片」であるために、中断というネガティブな身振りに訴えかけるほかなくなったのではないかとわれわれは問うた。ここまでの議論をふまえるとこの問いは、『存在論的、郵便的』自体をエクリチュールへと剝落させることによってしか、郵便的なものの領分を護ることができなかったのではないかという問いに変換できる。しかしそうするとこんどはわれわれのほうが、本書をシニフィアンとエクリチュールのあいだを行き来する「リズム」へと「巻込」まれるという転移をパフ

20 フロイト「快楽原則の彼岸」、『自我論集』所収、一二六頁および「マジック・メモについてのノート」、同書所収、三一一－三一二頁。
21 東『存在論的、郵便的』、三二四頁。
22 同書、三〇四頁。
23 フロイト「無意識について」、一一一頁。

ォームし続けるよりほかなくなる。

こうして、『存在論的、郵便的』の中断を中断として、失敗を失敗として捉えるということと、否定神学批判においてシニフィアンの物質性に託された〈有限性〉を言葉と物の〈分離〉で書き換えることは重なりあう。すなわち、**言葉（シニフィアン）が物（エクリチュール）になって「しまう」という自動的で受動的な有限性においてひとはものを考えるのではなく、言葉は言葉であり物は物であるその酷薄な懸隔においてひとはものを考える**のだ。フーコーはその懸隔を「非-場所 non-lieu」と呼び、ドゥルーズはその「非-場所」をフーコーの思考の中心として捉え返した。すぐにでもその考察に移りたいのだがその前に、否定神学批判に並んでもうひとつのわれわれの「分身」であるスピノザの並行論的二元論との距離を明確にすることを試みよう。

6-3 非並行論——ひとは身体が何をなしうるか知らないことも知らない

ドゥルーズといえばスピノザである。スピノザといえば実体の一元論と心身の並行論的二元論である。

ところが、われわれは一方で、スピノザを哲学の「キリスト」とさえ呼ぶドゥルーズは内在平面の多元性を均してしまうとして切って捨てることにした。しかし他方で、内容と表現の二元論的システムとしての「地層のシステム」は、スピノザ的な二元論にきわめて近いように見える。実際、内容と表現の異質性を形容する「実在的区別」という概念はスピノザが異なる属性の区別について用いているものであり、地層のシステムはドゥルーズ的なスピノザ主義のひとつのかたちとして構想されている。

するとわれわれはスピノザとどのような距離を取っていることになるのだろうか。片手でスピノザ的な〈一者〉を斥け、もう片方の手でスピノザ的な二元論を採用すること、それも『エチカ』のような緊密な体系を構築した哲学者に対してそのような態度を取ることはアンフェアであるようにも思われる（スピノザほど部分的否定が似つかわしくない哲学者もいないだろう）。しかし実際のところ、問題はわれわれの態度であると同時にドゥルーズ自身の両義性にあるだろう。われわれはここで「スピノザ」という名をその両義性を際立たせるためのマーカーとして用いている。重要なのは「モデル」としてのスピノザにドゥルーズがどこまで適合しているか判断することなどではなく、スピノザをひとつの「問題」としてドゥルーズのテクストに投げ込んだときに何が出てくるかということだ。

まずはスピノザの心身二元論の構成を辿りながら、問題の所在を絞り込んでいこう。「並行論」とは何だろうか。これはスピノザの心身二元論に対する立場を表しており、しばしばデカルト的な「相互作用論」との対比によって説明される。

相互作用論において、精神が能動的であるとき身体が受動的になり、逆もまた然りであると考えられている。そこでは精神と身体は永遠の闘争状態にある。精神は命令し、身体は服従する。身体は欲望し、精神は屈する。しかしデカルトはあらかじめ精神に肩入れしており、身体に対する精神の優位は、感情に対する理性の優位、動物に対する人間の優位といった諸々の価値序列の雛形として機能する。

並行論とは、精神の能動／受動と身体の能動／受動を文字通り並行するものとして考えることを指す（SP28–33/33–41）。身体の触発とぴったりと並行する感情がスピノザにおける精神的能力の基礎的な形態（＝第一種の認識）であり、それは理性によるいわゆる客観的認識（＝第二種の認識）と比べていささかも価値において劣るものではない。たとえば私にとって太陽がせいぜい二キロくらい先にあるように見えるとき、それはそれで〈太陽－身体〉と〈私－身体〉の本質を含んだ表象であり、それ自体にはいささかも否定的なものはない。

相互作用論において精神と身体は相互に反転する原因／結果の関係にある。そしてそれは精神による身体への命令という思考のイメージに依存している。それに対して**並行論においては精神と身体のあいだの因果関係が完全に廃絶されている**。これはひとつの物体である脳が非物体的な表象を生み出すとは考えられないというベルクソンの議論を想起させるが、同様に、スピノザにおいても物体に作用するのは物体だけであり、精神に作用するのは精神だけである。

ここで注目したいのは、**ふたつの属性の実在的区別と両者の並行性は、さしあたり別個の議論である**ということだ。精神と身体は絶対的に異なる属性のもとにあることと、精神と身体の並行性の両立は、**実体の唯一性をブラインドしておくなら**保証されない。『エチカ』は実体の定義から出発する。だからこそひとつの実体をそれぞれに表現する属性間の並行性はあらかじめ保証されている。しかしこれは、「共通概念」としての実体を獲得した地点から事後的に再構成された証明の秩序である。[24]つまり、身体の触発にともなう感情の変様は、それ自体としては第一種の認識として生起することであるが、それが感情の体制として幾何学的に描き出されるのは、第二種の認識の観点からである。

だからこそ人間の「自然的」認識においては精神と身体の不一致が平然と認められる。「ひとは身体が何をなしうるか知らない」（SP28/33）[25]という有名なフレーズにもあらわれているような精神と身体の不一致はあくまで局所的で派生的なものであり、実体における並行性の認識の欠如として位置づけられることになる。非十全な認識もそれ自体として見れば否定的なものは含まれておらず、「欠如」とは言えないということが事実だとしても、その事実自体があくまで別種の認識から顧みられたものであることもまた確かである。つまり、生活の実状に即して言えば、第一種の認識において、**われわれは身体が何をなしうるか知らない**

24　「全『エチカ』が、第三種の認識に関するこの第五部の一連の定理にいたるまで、一貫して共通概念の視点から書かれている」（SP130/108–109）。このことについてのスピノザ自身の発言は以下の通り。「私は第一部において一切が（従って人間精神もまた）本質ならびに存在に関して神に依存することを一般的に示したわけだが、その証明は正しく、疑いの余地のないものであるとはいえ、神に依存するとわれわれが言う任意の個物の本質そのものからこのことが結論される場合ほどにはわれわれの精神を変状させない」（スピノザ『エチカ』、第五部定理三六備考）。ドゥルーズはこの「一般的」な説明を「共通概念」にもとづく説明とみなしていると思われる。

25　スピノザ『エチカ』、第三部定理二備考。

ことも知らないのだ。この事態を、身体の未知の力能の開発と並行してゆくゆくは知として現働化されるべき「無意識 inconscience」[26]に対して、現働化に無頓着な「非意識 aconscience」あるいは「非－知 non-savoir」と呼ぶことにしよう。

われわれは前章でラリュエルが、スピノザ－ドゥルーズ的な「白痴」としての人間主体はつねに哲学的システムの周縁に追いやられており、同時にそのシステムの存立は白痴に依存しているという両義性を批判しているのを見た。同様に、精神と身体の非並行は後続する別種の認識においては解消されるものとして位置づけられている。実体の一元論に接地したグローバルな並行論と、実体から剥離した白痴におけるローカルな非並行。スピノザとの距離におけるドゥルーズの動揺は、このように言いなおすことができる。

論点の目星がついたので、次に、これをたよりに地層のシステムにおける二元論を振り返ってみよう。

スピノザにおいては身体と精神、物体的なものと非物体的なものとの隔絶が「実在的区別」と呼ばれ、ドゥルーズ&ガタリは『千のプラトー』でそれを「内容」と「表現」の区別を指す概念として用いている。

あらためて確認すると、内容／表現の二元性はソシュール的なシニフィアン／シニフィエのオルタナティブとしてイェルムスレウによって考案されたのであった。ここでソシュールとイェルムスレウの関係は、デカルトとスピノザの関係と類比的である。デカルト＝ソシュールは精神＝シニフィアンの身体＝シニフィエに対する優位あるいは規定性を想定し、スピノザ＝イェルムスレウは身体と精神の、内容と表現の並行関係を想定している。イェルムスレウが「スピノザ主義者」と呼ばれるのも故なきことではない。

しかし、「道徳の地質学」においては、地層の三つのタイプが内容と表現の関係のバリエーションとして考えられている。**実在的区別そのもののタイプ分け**がなされているのだ。鉱物においては分子の微視的配列という内容が結晶の巨視的形態という表現を規定する。生物の細胞においてはDNA・RNAの塩基配列としての表現とアミノ酸の配列としての内容はそれぞれ別個の系列として分離されたうえで、そのストカスティックな対応としてあれこれのタンパク質が生み出される。そして人間は、〈手－道具〉としての内容と〈口－言葉〉としての表現を生み出すことで物理－化学的地層、生物学的地層に人間形態的地層を上書きし、社会を構成する。

それぞれの地層のタイプにおける内容と表現の関係を見ていくなかで、われわれは地層の

26 「身体をモデルにとりたまえと言うスピノザは、それによって何を言おうとしているのだろうか。それは、身体はわれわれがそれについてもつ認識を超えており、**同時に思考もまた、われわれがそれについてもつ意識を超えている**ということだ。（…）言い換えれば身体というモデルは、スピノザによればなんら延長〔属性〕に対して思惟〔属性〕をおとしめるものではない。はるかに重要なことは、それによって意識が思考に対してもつ価値が切り下げられることだ。ここに無意識が発見され、**身体にある未知の部分**とおなじくらい深い**思考にある無意識の部分**が発見されるのである」（SP29/34–35）。

システムの批判的な核心を、**人間中心主義と人間形態主義の分離**に見ることにした。

人間中心主義とは、言語に「超コード化」の機能が宿ることを示している。ひとつの語が様々な発音・表記によって実現される言語において、表現の形式は表現の実質に対して自律的に機能する。超コード化とはこの剝離した表現形式の組織が〈シニフィアン〉として、内容をすべて〈シニフィエ〉に切り詰める事態を指している。〈シニフィアン〉としての超コード化の言語と、地層の多様性を均す「物質」という〈シニフィエ〉の両端から挟み込まれることで、人間の「世界」が生まれる。

それに対して人間形態主義とは、**表現における形式の分離を内容における形式の分離によって裏打ちすること**を指している。言語は表現における形式と実質が自律的に機能する場であり、道具は内容面でそれを実現する。道具の形式は実質（＝素材）から独立に考えられうる。とうぜん事実上、言葉も道具も実質をともなわなければ現実に存在しえないが、私がここで言いたいのは、そのような現実的条件を**あたかも無視できるかのようなものとして機能する**こともまた言葉／道具の条件であるということだ。つねに必然的に存在する実質の微細な差異に対する形式の無頓着＝無差異 indifférence こそ、言語と道具に共通する条件であり、これは先行するタイプの地層には存在しないものである。

言語の君主制 monarchy であるシニフィアン的体制に対して、**言語と道具の双頭制** *diarchy* を言うこと。これが人間中心主義に対する人間形態主義的な批判のかたちであり、それはまた大枠で、デカルトに対するスピノザの批判のかたちを踏襲している。しかしそこで価値転換を担うのは、**身体の未知の部分ではなく言葉と道具のあいだに広がる非‐知**である。そしてこれは、実質に対する形式の分離に加えてもうひとつの人間形態的地層に固有の特徴である、「異種形成性」を指し示している。

生物学的地層を支えるのは細胞レベルでも個体レベルでも同じ種の異なるものの再生産であり、これが「同種形成性」と呼ばれる（もちろんヒトも同種形成的に再生産される）。しかし人間は、言葉や道具といった自身と種において異なるものを生産し、それによって人為的環境としての社会を構築する。これが「異種形成性」と呼ばれる。

ヒトの直立化は前脚を地面から脱領土化させるとともにそれを手として道具とともに再領土化させ、頭部を重力から脱領土化させるとともにそれを引き伸ばされた咽喉として言葉とともに再領土化させる。手に生まれたお椀状の空洞、口蓋と声門のあいだに生まれた筒状の空洞のそれぞれに、道具と言葉が嵌め込まれるのだ。道具は手から、言葉は口から離れることで初めて機能する。道具は道具であえてハイデガー的に言えば「道具連関」というシステムを、言葉は言葉であえてソシュール的に言えば「ラング」というシステムを形成する。しかしもちろんハイデガー‐ソシュールの曖昧なハイブリッドが問題なのではない。

問題は、機械状アレンジメントと言表行為の集合的アレンジメントというふたつの異質なアレンジメントによる挟み込みの帰結として人間の主体化が捉えられることだ。これはある意味で、**「人為的」なものによる「自然的」な人間性の疎外の肯定**である。しかしソシュール的な「脳」において、あるいはチョムスキー的な「言語能力」として、言語を内面的なものとして自然化＝生得化するシニフィアンの帝国主義こそが二元的なアレンジメントの標的である以上、これは必然的なことでもある。あとで詳しく見るように、ふたつのアレンジメントはいずれも「外在性の形式」として考えられている。つまり、言語／道具はなんらかの主体性のモデルにもとづいた内発的なものではなく、反対に、分散的な言語／道具のアレンジメントのほうが人間に内面らしきものを穿つのだ。アレンジメントは文字通り「疎」であり「外」である。

そしてこの「人間の条件」としての〈疎－外〉が、言葉と物の適合を切り裂き、その非並行から力を汲み出す端緒にもなる。人間形態主義を人間中心主義から分離することは、生物学的な自然からも人為的に仮構された「自然」からも疎外されたものとして人間の主体化を考えることである。しかし同時にその疎外の場は、人間の非意識としての疎－外にチャンスを与える場でもある。なぜなら疎－外とは内面性の、そして言葉と物の適合の後発性を他のタイプの地層に差し向けることなく――たとえば〈動物になること〉を経由することなく――どこまでも人間形態的な非－知において捉えることを可能にするからだ。フーコーとドゥルーズが「外の思考」と呼んだのは、そうした疎－外の力能ではないだろうか。

6－4　ドゥルーズとフーコーの言葉と物（2）

ドゥルーズはフーコーという人間について、次のように回想している。

フーコーはいつも言表することを楽しみ、他者の言表を発見することを楽しむ。しかしそれは彼が同じように、見ることへの情熱をもっていたからだ。何よりまず彼自身を定義するのは声であり、眼だ。眼、声。フーコーは見者であるのをやめなかったし、同時に彼は哲学に新しい言表のスタイルをもたらした。（F58/96）

『フーコー』はフーコーの死の二年後の一九八六年に刊行された。にもかかわらず――いかにもドゥルーズらしく、そして非デリダ的に（！）――一切の弔いの言葉を欠いた本書にあって、唯一この箇所は、フーコーの人となりについて語っている。しかしこれが仮に「喪の仕事」であるとして、これほど奇妙な弔辞はあるだろうか。ドゥルーズはフーコーは眼であり声であったと「定義」しているのだ。あたかもそうすることによって彼の「死を減少させ死それ自体をひとつの変奏にする」かのように。

そして実際、ドゥルーズは『フーコー』が「喪の仕事」であることを明示的に否定している。

これ〔＝『フーコー』〕は喪の仕事 travail de deuil ではないし、非‐喪 le non-deuil のほうがはるかに骨が折れる仕事 travail なのです。（PP117/172）

続く文で、「喪の仕事」以上の「非－喪」に賭けられているのは、フーコーの「分身double」として「別のもの」（Ibid.）を生み出すことであると言われる。しかしどのような意味で、『フーコー』はフーコー自身とは別のものであるのだろうか。大枠から絞り込んでいこう。

　まずおよそ一般的に言って、フーコーは言葉のひとであって眼のひととは思われていなかっただろう。そもそも彼が唯一自身の探究の方法論とその理論的前提について一冊の書物を通じて書いた『知の考古学』で論じるのは、もっぱら言表とそのまとまりとしての言説についてである。しかしドゥルーズはあくまでフーコーを眼と声のひととして定義し、彼の方法論を眼と声、可視性と言表の二元性という枠組みで書き変えていく。ドゥルーズは一方で『知の考古学』で与えられた言説的なものの優位につねに留保をつけつつ、他方で一貫して、古典主義時代なり近代なりについての個別の議論の内容よりそれを支える方法論的なレベルに重心を置いて論じている。その意味で『フーコー』とは、フーコーを〈眼と声〉として定義したうえで**『知の考古学』を勝手にやりなおす書物**なのだ。「非－喪」における「別のもの」であることは、さしあたりこの勝手さとして考えられるだろう。

　ところで、ドゥルーズはガタリの死に際して、「私はフェリックスから盗んだ。そして彼が私に対して同じことをしたのであればよいと思っている」（D24/35）と語っている。同様のことはフーコーとの関係についても言えるだろう。ドゥルーズはガタリとの協働でさえそれをコミュニケーションあるいはインタラクションとしては語らず、こちらは勝手に盗んだだけだ、あちらも勝手にそうしてくれたのであればよいと思っていると述べる。この「そうであったのであればよいと思っている」より先にいかないことこそがドゥルーズ的な慎ましさであるだろう。それは信頼関係ですらない。このある種の「不信」としての友人関係、そこに垣間見えるドゥルーズ的な二者関係の倫理についてはあとでまた論じることになる。ここではドゥルーズがフーコーを「可視性」と「言表」の二元性という枠組みのもとで読解したことの意味を考えよう。

この議論においてわれわれにとってもっともプロブレマティックであると思われるのは、ドゥルーズがフーコーの方法を「フーコーに特有な一種の新カント主義」（F67/113）と呼んでいることだ。彼はフーコーの方法論の核心に言葉と物の二元論を見出しつつ、それをカント的な悟性と感性（とそれを媒介する図式論）の共通感覚との距離のなかに投げ込んでいる。とはいえもちろんそれはフーコーが超越論的な主体性において経験的なものの分散を縫合しているからではなく、むしろ彼が主体性＝内面性と経験＝外在性の関係を裏返す、転覆的な方法を発明したからだ。

フーコーはしばしば、言説的なものの形式、非言説的なものの形式を引き合いに出す。しかし、これらの形式は何も監禁しないし、何も内面化しない。それらは「外在性の形式 formes d'extériorités」であって、それらを通じて言表、そして可視的なものは**分散する**。それは方法一般についての問いだ。見かけ上の外在性から本質的であるような「内面的な核心」に向かうのではなく、言葉と物を、それら自体を構成する外在性に還すた

めに、内面性という錯覚を斥けなければならない。(F50/85)[27]

言表も可視性も、始原的な内面性から発するものではなく、反対に外在的に分散する言表や可視性のほうが、個人にその内面を穿つ。ここで「外在性」という語は、主体に対して外在的であるということと、言説的なものと非言説的なものが相互に「無 - 関係」(F69/116)[28]であり、さらにそれぞれの構成要素が分散しているということを同時に指している(この点についてわれわれは3 - 4で〈言表の分散〉と〈機械の故障〉という観点から整理することを試みた)。そしてこの外在性は、外在的なものの統一としての主体の後発性を示している。主体から始めるのではなく外在的なものから始めること、言表と可視性をとりまとめる統一性(学問分野、歴史的発展、著者性等)ではなくその分散から始めること、このふたつは背中合わせになっている。この両立がフーコーの方法論であり、彼の哲学である。

ここまでは『千のプラトー』でのフーコーの位置づけにも共通する話だ。しかし『フーコー』において、ドゥルーズは言表/可視性の二元性に「自発性」と「受容性」の二元論というカント的な枠組みを重ね合わせており、能力論と言語論というふたつの論脈がここでも交差している。あらためて確認すると、カントにおいて「自発性」とは構想力、悟性、理性といった構築的な能力を形容し、「受容性」とはつねに外部入力に依存する感性を形容する語であった。それをドゥルーズは、〈自発的な言表と受容的な可視性の二元性〉というかたちで、フーコーとカントをマッシュアップしている。

ここで問題となるのは、第一に自発性／受容性の**非対称性**をどのように考えるかということだろう。というのも、たとえばこの非対称性がたんに自発的な言葉が受容的な物を「規定する」ということであるのだとしたらそれは〈シニフィアン的体制〉に逆戻りするだろうからだ。第二に、一点目がクリアされたとしても、異質な両者の関係をなんらかの第三者性に

27　この引用文に対応するフーコー自身の記述に以下のようなものがある。しかしここでフーコーがあくまで「言表分析」を話題にしていることからも、ドゥルーズがそれを言葉と物の二元論のもとに組み換えようとしていることがわかる。「言表分析にはもうひとつの特徴がある。それは、言表を、外在性のシステマティックな形態においてあつかうということである。通常、語られたことに関する歴史的記述は、内部と外部との対立によって全面的に貫かれている。そしてその記述は、外在性から（…）内面性の本質的な核に立ち戻るという任務によって、全面的に制御されている。こうして、創設的主体性という核が解き放たれることになる。（…）ここにはつねに、歴史的かつ超越論的なテーマが充当されている。言表分析が試みるのは、こうしたテーマから自らを解放することだ。それは、言表をその純粋な分散へと還すためである。」Foucault, *L'Archéologie du savoir*, pp. 158–159［二二九–二三一頁］.

28　「マグリットにおいてかくも明白な、文字表記と造形表現との外在性は、無–関係によって象徴されており、（…）そこでひとは同時に読む者であり見る者であることが妨げられている。そしてこの無–関係が言葉の水平的なつながりの上方への、イメージの出し抜けの出現を可能にしている」（Foucault, *Ceci n'est pas une pipe*, p. 47［五七–五八頁］）. なおここでは「外在性」は言葉と物の（無–）関係について用いられている。第三章註28でも述べたが、『これはパイプではない』はフーコー自身によって明示的に言表と可視的なものの二元性が主題的に展開された唯一の著作であると思われる。ドゥルーズはこの一九七三年のテクストについて、フーコーの歴史学的研究における方法を転用した「ユーモア版」（F69/116）であると述べているが、実際はあたかも『これはパイプではない』**をもとに**他の著作を読んでいるかのようだ。

よって「予定」してしまうと共通感覚論に逆戻りしてしまう。このふたつは『フーコー』において、言表の可視性に対する「優先性」の問題として、そして両者の「図式論」的媒介の問題として論じられている。順に見ていこう。

さて、ドゥルーズはフーコーの『知の考古学』がもっぱら言説的なものを主題としていることは認めつつも、あくまで二元論的な枠組みでこの本を読もうとしている。その論拠は可視性に対する言表の「優先性は決して還元を意味しない」(F57/94)ということである。つまり、言説的なものの非言説的なものに対する優先性は、後者が前者によって説明され尽くすということを意味しないということだ。しかし同時に、それは言説的なものの「ネガ」として、つまり言説的なものの「幻想ないし残滓」(Ibid.)として否定的に位置づけられるのでもなく、非言説的なものには固有の機序がある。ドゥルーズは「**言表に優先性がある**のだが、〔言表と可視性の〕ふたつのあいだに**同形性、画一性はない**」(F68/115 強調引用者)という、**非常に微妙な線を引こうとしている**。シニフィアン的規定性と図式論的予定調和を同時に斥け、並行論的な同形性にも寄りかからないという態度がここにも見て取れる。

二元論の構成について見る前に、言表と可視性それぞれについて、そしてその二元化の意味について確認しておいて、言表の優先性と可視性との非同形的な関係についてはそのあとで戻ってこよう。まず「分ける」ことの意義を見たうえで、どのように「つながる」のかを見ようということだ。

言表とは、言語学的な「文」や「語」といった単位とも、論理学的な「命題」という単位とも同一視されない、特異な発話のユニットを指し示している。フーコーはフランス語のタイプライターのキーボードに並ぶAZERT（英語ではQWERTに対応する左上のキーの配列）という文字列は言表ではないが、それがタイプライターの説明書に印刷されたとたんに言表になると述べている。あるいは、乱数それ自体――もしそんなものが存在すれば、だが――は言表ではないが、実際に「乱数表」として実現されるものは言表である。[29] 一方でAZERTも乱数も、およそ論理的‐文法的形式を満たすものではない。他方でいずれもそれぞれのケースにおいて「読める」ものであり、意味を欠いてはいない。あらゆる発話を支える非文法的、非論理学的な「何か」があり、それによって可能になった発話が言表と呼ばれる。

可視性とは、「対象や事物や感覚的性質」（F65/108）と同一視されない、見えるものと見えないものを同時に配置するある光学的なシステムである。『言葉と物』冒頭の《ラス・メニーナス》の分析は古典主義時代の可視性を明るみに出し、『監獄の誕生』における「パノプティコン」の分析は規律権力における可視性を明るみに出す。可視的なものはある種の「明

29　Foucault, *L'Archéologie du savoir*, p. 114［一六二頁］. なおここでフーコーは言表をその形式性の観点から「最小限の蓋然性をそなえた文字列」と定義しているが、ドゥルーズ&ガタリの「冗長性」についての議論はこの点を展開したものとも考えられるだろう（4‐3）。

白性」においてわれわれに引き渡されるが、その可視性の場自体は物や対象——つまり、言葉と癒合した対象性——を切開しなければ見出されない。とりわけ隔たった時代における可視性は、文字通り「考古学」的に復元されなければ見えないままに留まる。《ラス・メニーナス》がどのような意味で見えるものであったか、何がこの絵画において見えるようになっているのかということは《ラス・メニーナス》をある光学的なシステムに還すことによって初めて明らかになる。それは非感覚的な「何か」において見えるようになっていたのであり、言表と同様に可視的なものにも、それが与えられるところのものがある。

　そして、言表が言表として、可視的なものが可視的なものとして与えられるところの「何か」、それがそれぞれ「言語のイリヤ」ないし「言語–存在」、そして「光のイリヤ」ないし「光–存在」と呼ばれる（F65/110）[30]。ハイデガーの「存在論的差異」がぱかっとふたつに割られたかのように。存在と存在者の垂直的な差異を保存しつつ、それを異種的で外在的な言語と光へと水平に二分すること。この操作にどのような意味があるのだろうか。

　実際に〈言語–存在↓言表〉と〈光–存在↓可視性〉という2×2のシステムはフーコーの「存在論」として考えられており、ドゥルーズはフーコーの二元論を、フッサールからハイデガーあるいはメルロ＝ポンティへ、そしてフーコーへという現象学的存在論の系譜において評価している。フーコーは現象学から二重に隔たったところに位置づけられるわけだ。フーコーのエピステモロジーは、内面性の形式を外在性の形式へとトポロジカルに裏返し、かつ、それを非同形的な二元性のもとに引き裂くことで、「存在論の全体を変形する」

（F120/210）。

第一に、フッサール的な現象学における「志向性」との関係において、フーコー的な二元論は次のように位置づけられる。「「通俗的な」現象学」は、「エポケー」によって主体－対象関係を純化して取り出し、それを「志向性」として認識の条件の座に据える。しかしこのとき、意識が狙いを定めるところのものはあらかじめ「物の状態」、つまり言葉と物の癒合した形態において考えられている。実際になすべきは、そしてフーコーが実際になしたのは、現象学が唱える「エポケー」を「**言表**に向かって語と文を超え、**可視性**に向かって物と物の状態を超える」（F116/203）ことに置き換えたことである。これは**エポケーの座を主体ではなく異種形成的で外在的なものの側に移し替える**操作である。言表は物や物の状態を志向せず、もっぱら言語－存在と関わる。可視性は前言語的で全体的な「無垢の体験」において開かれるのではなく、あくまで存在の半身である光－存在において展開される。

第二に、ハイデガーとメルロ＝ポンティは、「襞」を発明することによって志向性を乗り越えたとして評価される。「ハイデガーにおいて、またメルロ＝ポンティにおいて、志向性の乗り越えは〈存在〉に向けて、〈存在〉の襞に向けておこなわれた。志向性から襞へ、存在者から存在へ、現象学から存在論へ」（F117/205）。彼らは、「露わにすることと覆い隠すこ

30　フーコーは言表の「イリヤ」については触れているが、可視性の「イリヤ」については論じていない（Foucault, *L'Archéologie du savoir*, p.112［一六〇頁］）。

との一義性」を構成する襞としての〈存在〉を、右手で左手を触り／触られるキアスム的な反省＝反映の最小回路のもとに折り畳むことで、「無垢な体験」を現象学から追い払った。

しかし他方で、ドゥルーズは彼らが襞を考えるのは志向性を別の次元に温存するためだと述べている。襞の展開としての〈開け＝明るみ Lichtung〉は何かを見させると同時にそれについて話すことを可能にする。主体から対象に向かう志向性は乗り越えられたが、それは言葉と物のあいだに移設されるのだ。[31]襞はひとつの同じ世界としてはためき、物と言葉はその表地と裏地を構成する。ドゥルーズはそれに対して、言葉と物は裏と表の関係ではなく、互いに異質である縦糸と横糸の関係として、「プラトン的な織物のモデル」（F119/210）として解すべきだと述べる。つまり、**襞の前には縦糸と横糸という異質なもののもつれ合いがあり、はためく生地の前にはこちらでほつれあちらでほどける糸の交錯がある。**[32]「志向性」の解体を見出すべきところはその糸においてであり、即座に「もつれ合いや〈ふたつのもののあいだ〉を襞と同一視する」べきではない。「すべてはフーコーが、ハイデガーとメルロ＝ポンティに対して、あまりに性急に事を進めたことを非難するかのように展開するのだ」（F119/210）。

現象学的な志向性が批判されるのは、共通感覚的な言葉と物の一致によって成立している志向性を無垢な体験として超越論的領野に「引き写し」てしまうからだ。言語と光の二元性はそれを引き裂くためにこそ要請される。そしてその二元性は、襞において裏と表を、存在と主体を交差させるのでもない。それは言表と可視性によって担われる「知」ないし「エピステーメー」に内属する二元性であり、その機能はふたつのもののキアスムではなくすれ違いによって定義される。そしてそこにはまだ主体さえいない。以下の引用では「現象学」と「エピステモロジー」が対置されているが、これは大ざっぱに言って、経験の条件を非歴史的で普遍的な主体性として捉える立場と、あくまでそれを歴史的なものとして考える立場の対立であり、経験的な知の背後に超越論的な真理を据える立場と、それ自体をひとつの外在的な知の形式として批判的に捉え返す立場の対立であるだろう。

ここまでの議論は次の一節に集約される。

光の「イリヤ」と言語の「イリヤ」において考えなくてはならない。どんな志向性も、

31 「襞は、言語の〈自己に話すもの〉を構成することなしには、視覚の〈自己を見るもの〉を構成することがない。そのため、言語において自己に話すのと、視覚において自己を見るのとは、まったく同じ世界である。ハイデガーとメルロ＝ポンティにおいて、〈光〉は見ることだけでなく話すこともまた開く。あたかも意味作用が可視的なものにつねにつきまとい、可視的なものが意味をつぶやくかのように。フーコーはそのようには考えない。彼にとって、光－存在は可視性に関わるだけであり、言語－存在は言表に関わるだけである」(F119/208)。

32 興味深いことに、ここでドゥルーズが論じるハイデガー－メルロ＝ポンティ／フーコーの差異は、『存在論的、郵便的』(第四章第四節)におけるハイデガー／フロイト－デリダの差異と類比的である。つまり、メタレベルとオブジェクトレベルを循環させる「クラインの壺」のモデルは襞に対応し、フロイト－デリダ的なエクリチュール(言葉)とシニフィアン(物)が接触／剝離するモデルは縦糸と横糸の交錯に対応する。だとするならなおさら、言葉と物の分離をエクリチュールの有限性の側からではなく、言葉の自律性の側から考えるドゥルーズ－フーコーのラインは、「否定神学批判」を書き換える視点を提供するだろう。

ふたつのモナドのあいだの淵で、あるいは見ることと話すことの「無－関係」のあいだにおいては崩壊してしまう。これはフーコーにおける重要な転換である。つまり、現象学をエピステモロジーに転換したことだ。なぜなら見ることと話すことは知ることであるが、われわれは話すことを見ないし、見ることについて話すのでもない。そしてパイプを見ながら、われわれは（いくつかのしかたで）「これはパイプではない」と言い続けることだろう。あたかも志向性がそれ自身を否定し、それ自身崩壊してしまうかのように。すべては知である。そしてこれが無垢の体験が存在しない理由である。つまり、知より以前、知の下には何も存在しないのである。しかし知は、還元不可能なしかたで二重であり、話すことと見ること、言語と光である。（F117/204）

言い換えよう。われわれはふつう、話しているものと見ているものの共外延的な部分を「知」と呼ぶ。黒板に描かれたパイプの絵と教師の「これはパイプです」という言葉が**ともに**示すものを、われわれはふつう「知」と呼んでいる。しかしこの共外延性、共通の場（＝常套句 lieu commun）は常識（＝共通感覚 sens commun）であって、知のポジティヴな構成要素ではない。知のポジティビスムとは、言われたものと見られたものを、その共通の場を先取りすることなく、**つねにさしあたり**区別されたものとして取りあつかうことである。なぜならわれわれに与えられるのはそのつどの言われたこと、そのつどの見られたことだけであるからだ。だからこそ厳密に「知」と呼ばれるべきは見ること〈と〉話すことであって、話していることを見ることや、見ていることについて話すことではない。このふたつの知の形式の**あとに**共通の場を約束することが禁じられているのと同じように、ふたつの形式の**前に**原初的な相即を「無垢な体験」として当て込むことも禁じられている。それは知を知でない不確かなもののネガとしてあつかう身振りだからだ。したがって知という派生的で不純なものを純粋に取りあつかう必要がある。

　もういちど、こんどはわれわれが前節で使ってみた「非－知」という言葉を使いつつ言い換えてみよう。話すことは知である。見ることは知である。しかし一方と他方の関係はつねに非－知である。話していることを見ているのか見ていることを話しているのかわれわれはつねに知らず、同時に、知らないことも知らない。知っているのは、ときに話したり、ときに見たりしているということだけだ。知らないことも知らないからこそ話すこと、見ることができる。その意味で非－知は経験の条件である。それは経験を知に還元することと背中合わせの関係になっている。同時に、知のふたつの形式はたがいに還元不可能である。派生的なもの、無垢でないものに経験は還元される。しかしそれはふたつの知の形式の還元不可能性に立脚している。「すべては知である」。そしてこれが無垢な体験が存在しない理由である」。

　底知れぬ谷を挟むように隔たったふたつの知の形式へと、白痴は疎－外される。気付いたときにはもう、口には言葉が、手には道具が嵌め込まれている。気付いたときにはもうわれわれはその使い方を**知っていることも知らずに知っている**。しかしその異質な知の癒合の歴史もまた「常識」としてわれわれの身体に刻まれており、われわれは**知らないことも知らず**

に非－知を塗りつぶしている。白痴とは無知の者を指すのではない。白痴が知らないものがあるとしたらそれは知を常識のもとへ包摂・馴化する術であり、彼らはおのれの知が非－知へと滑落していくごとにその崖っぷちで体を強ばらせる。なぜか。その谷が彼らの体だからだ。

6－5　家具としての二元論、あるいは「非意味的切断」再考

しかし、「襞」によってすべてを撚り合わせようとしているのはドゥルーズ自身ではないか。実際、『フーコー』は全体として知（＝地層）、権力（＝地層化されざるもの）、主体（＝襞）という三位一体の構造をなし、ライプニッツとバロックについて論じた『襞』においては、物質的なものと精神的なもの、物体的なものと言語的なものが「不一致的一致 accord discordant」としての「新たな調和」を生み出すとされる（P179/226）。ハイデガーとメルロ＝ポンティが「あまりに性急に事を進めた」のだとしても、**遅かれ早かれ**、陰影を刻々と反転させる一幅の生地の柔らかなはためきに行き着くのであれば、いったい何が現象学的存在論とフーコーを隔てるのか。

ドゥルーズはつねに〈二〉を前に動揺する。一方でふたつの知の形式を隔てる〈ふたつのもののあいだ〉を「無－関係」あるいは「非－場所」（F46/76）と言いながら、他方でそれに先行する何かでその空虚を充填せずにはおかない。以下では『フーコー』における言表の優

先性と可視性との非同形性の両立の帰趨について、ドゥルーズにおける二元論一般の問題に敷衍しながら考えてみよう。

ドゥルーズのテクストは二元論で溢れている。定住と遊牧、ツリーとリゾーム、数的多様体と質的多様体、現働性と潜在性……このたぐいの二元論を動力にしていないパラグラフを見つけるのが難しいくらいだ。そしてここに挙げた一連の二元論の後者の項には、つねに存在論的でもあれば価値論的でもある優位が想定されている。前者は権威的な錯覚であり、後者は解放的で実在的なものである、というように。一方で後者は前者を批判する楔となり、他方で後者は前者を含み込むトータルな存在論を構成する。その限りでドゥルーズのテクストは「善悪」がはっきりしておりきわめて読みやすいものである。いやいや、それは道徳的な善悪ではなく倫理的でエソロジー的な「よい／わるい」なのだと言ってみても、それ自体が道徳／倫理というまたもや存在論的‐価値論的な二元論に絡め取られている。そして「よい」と「わるい」の関係も同様である。

ラリュエルが哲学の欺瞞の権化として批判するのも、こうした、一方で二元化しておいて他方でそれを優越的な項に折り込んで一元化するという操作であった。二元化と一元化の永遠の反転。それはプラトンのイデアにおいてすでに始まっていた哲学の「嘘」である。

とはいえわれわれはラリュエルのように「非哲学」的な〈一者〉に全権を委任しておいて、そこから哲学の後発性を言うつもりもない。われわれにとって「非哲学」とはあくまで**哲学にとっての**問題であり、われわれはあらかじめ哲学の外に身を置くのではなく、二元論を哲学とその他者の二者関係にスイッチさせることで当の二元論を救おうとしている。
とりあえずドゥルーズ自身による弁明を見てみよう。

われわれがひとつの二元論を援用するのは、たんに何か別の二元論を斥けるためだ。われわれがモデルの二元論を用いるのは、たんにあらゆるモデルを斥けるプロセスに到達するためだ。われわれは二元論を作りたかったのではなく、それを通過する passons だけだ。そのたびごとに、諸々の二元論を解体する脳的な訂正装置をもたなければならない。われわれの誰もが求めている等式、〈多元論＝一元論〉という魔術的な等式に到達するために、敵ではあるがまったく必要な敵であり、われわれがたえず動かし続ける家具〔＝可動的なもの meuble〕でもある、あらゆる二元論を通過すること。（MP31/上 51）

モデルとしての二元論からプロセスとしての〈多元論＝一元論〉というマジカルな等式へ。言うまでもなくこれ自体が二元論的な説明であり、二元論の乗り越えが二元論的に語られている。しかしこれは、家具という比喩を受けて言うなら、不動産（＝動かないもの immeuble）のなかで模様替えを続けているとそれが来るべき特権的な瞬間において引っ越しになるということではない。それこそが模様替えと引っ越しをふたつの「モデル」とする思考であり、「プロセス」を思考するということは、真に不動産であるものなど存在せず、あらゆる模様替えがつねにどこかしら引っ越しである、遊牧的転居であるということだろう。そしてそれはたしかにそうであるだろう。しかしこの説明を可能にしている、**それ自体はプロセスでもモデルでもない中途半端な身分を与えられた「家具」とは何だろうか。**あるいは、家具としての二元論はいかにして内在的書き換えとしての「パスワード」になるのか。

ここでの「家具」のような、ドゥルーズのテクストにときおり浮き島のようにあらわれる「中途半端な」モチーフの重要性を指摘し、そこからドゥルーズ哲学全体の相貌に跳ね返ってくる帰結を引き出したのは千葉雅也の功績である。

とりわけドゥルーズ的な二元論との関連で言えば、千葉もまた、イロニーとユーモア、サディズムとマゾヒズムといった二元論を主題として論じている。しかしそれは先ほど見たような存在論的-価値論的な二元論を転覆するクィア・リーディング的実践としてなされている。というのも、イロニーあるいはサディズムが潜在性方向に遡行するものであるのに対して、ユーモアあるいはマゾヒズムはドゥルーズ的な存在論において派生的である現働性方向に浮上するものであり、千葉は後者をこそ重視しているからだ。

潜在性／現働性という枠組みで整理すれば、千葉の戦略は、〈潜在的なものの現働化〉という発生のロジックのただなかに、個体化としての現働性と表象的同一性としての現働性とのあいだに種別性を設けることで、三層構造に読み替えることである。それは次のように定式化される。

一方で、唾棄されるべき表象的思考が拠っているのは、**潜在性の現働化のいわば川下と**してでの、現働化＝分化のみである。これに対し、ドゥルーズが推奨するのは、**潜在性の現働化のいわば川上**へと遡って思考することである。すなわち、(a)理念的には、潜在性それ自体へと向かって思考するにしても、(b)実践的には、潜在性の現働化の中間ゾーン、個体化寄りの現働化において思考する。(a)はイロニーであり、(b)はユーモアのことである[33]。

ここではドゥルーズの発生的システム論としての〈潜在的なものの現働化〉という枠組みと潜在性の現働化性に対する存在論的－価値論的な優越性を保持しつつ、現働化の運動の「川下」と「川上」のあいだに線を引くことが言われている。そして両者を隔てるのは見たところ、「理念的」なものと「実際的」なものの差異である。前提として、現働的な世界の表象的な同一性に安住するのではなく潜在的な差異に向かうほうが偉い。しかしその脱世界的な運動は**実際には**完遂されえない。だからこそ**理念的な**遡行を途中で打ち止めにするような何かこそが要請される。しかしこれは、理念は理念にすぎないのだから「現実」を見るべきだというナイーブなリアリズムではないことに注意しよう。

ここで真に警戒されているのは、「イロニー的潜在性への「くそまじめ」な動きすぎは、逆超越的な彼岸の措定になりかねない[34]」ということである。ドゥルーズのシステムにおいて、表象的な同一性はあくまで「唾棄されるべき」ものである。かといってひたすらに潜在的なものを追求するだけでは「**ドゥルーズ哲学それ自体のイロニー的還元**[35]」としての潜在的なものの「逆超越」化が帰結する。千葉はドゥルーズ読解につきまとうこの陥穽を「否定神学的システム」と結びつけており、また、われわれの言葉で言えばこれは〈超然と内在を言うこと〉の問題である。

「個体化寄りの現働化」を擁立する〈個体化の要請〉について「こうした実践的な指針は、存在論的指針でもある」と言われるのは、解離説における原子とはあくまで区別される中間的なスケールの存在者としての個体は、たんに原子によって構成されるだけでなく、それによって初めて原子の解離性が維持可能になるからだろう。つまり、諸々の原子のアドホックな関係束としての個体をポジティブに措定することで初めて、潜在的なものを〈**複数的な**差異〉の場として考えることが可能になり、それが〈差異なるもの〉の大洋に溶け合ってしまうのをブロックするのだ。「〈複数的な差異の哲学〉と〈変態する個体化の哲学〉の兼ね備え」、あるいは解離説と個体化論とは、たんに前者が基礎的存在論で後者がそれにもとづく実践の理論であることを指しているのではなく、文字通り「兼ね備え」によって初めて機能するようなひとつの哲学の相互前提的なふたつの側面であるだろう。言い換えればそれは、哲学の超然とした「くそまじめ」さの外でイロニーがイロニーであり、ユーモアがユーモア

33 千葉『動きすぎてはいけない』、三〇七頁。
34 同書、三〇九頁。
35 同書、三〇八頁。

であるための条件である。その意味でユーモアだけでなくイロニーもまた「動きすぎない」ことを要請するだろう。

一方で、われわれの考えようとしていることは、〈動き〉そのものであるようなプロセスとしての多元論＝一元論と動かないモデルとしての二元論のあいだにある、「動きすぎない」家具としての二元論を救うことだとでも言えそうである。現働的領野をふたつに（われわれの場合は人間中心主義と人間形態主義に）分割することで別なるシステムを引き出すという手法にしても、ドゥルーズをスピノザ主義から逸脱させるという哲学史的な戦略にしても、その限りで見れば『動きすぎてはいけない』の圏内にある話だ。

他方でわれわれは、「否定神学批判」における〈有限性－複数性－偶然性〉の複合から距離を取ることにした。東や平倉と同様、以下に見るように千葉においてもこの複合は個体化の理論の中核をなしている。

われわれは大ざっぱに見れば、千葉に対してこのような分裂した態度を取っている。とはいえ私はこの分裂を解決＝解消するつもりもなく、むしろそこからなにかポジティブなものを汲み出すことができるかということがここで試してみたいことである。つまり、この大づかみな分裂を、「評価」と「小さな差異」の主張といういかにも学的な身振りによってやり過ごすのではなく、クリティカルな分岐に差し戻すことはできるだろうか。

『動きすぎてはいけない』のエピローグの手前、最終章の最後の段落を引用しよう。あらゆる語句にこの本全体の議論の負荷がかかっているパッセージであり、『動きすぎてはいけない』が組織した冗長性がここに結晶している。

> 或る有限な環世界の**多様に有限な外部**が重なりあう、ひとつならざる中間のゾーンにおいて、動物的な個体たちのシャープな暴力は、**じかに対決すると同時にじかにすれ違っていく**のであり、そこで動物的な死は、その偶然性の非意味さと同じ非意味さで、宙づりになっている。[36]

「非意味的切断」とは、ある一定のゾーンに縮減された熱、匂い、光という三つの刺激からなる有限な環世界を生きる「哲学的動物」としてのダニを死なせる不意の一撃であり、同時に、ダニの生自体が「その偶然性の非意味さと同じ非意味さ」でアドホックに肯定されている。ダニはいつか、そのダニにとっては端的に外部である偶然によって死んでしまうのと同じ非意味的偶然性で、さしあたりいまは生きている。外部の複数性、主体の有限性、変化の偶然性はきわめて緊密に互いを支え合っている。外部が複数であるのは他の諸々の主体がそれぞれの有限性において引きこもっているからであり、それは世界から必然性を追い払うと同時に、偶然は主体にとって外部として作用し、だからこそ主体は有限であり……というよ

36　同書、四四五頁。

うに。

これをひとつのシステムたらしめているものはなんだろうか。『動きすぎてはいけない』における〈複数性－有限性－偶然性〉の複合は、邦訳書や日本のドゥルーズ研究の文脈では「非シニフィアン的切断」と訳されることが多い《rupture asignifiante》を「非意味的切断」と訳すことによってひとつの内在平面を構成しているように思われる。

まず、もっとも表面的なレベルにおいて、「非意味的」という訳語によって使用可能な文脈が拡張される。たとえば先の引用における「偶然性の非意味さ」を「偶然性の非シニフィアンさ」と言うことは、文章としても内容的にも無理がある。日常的な用法において「意味がない」は「理由・目的・利益がない」といった漠然とした意味で用いられるが、そのような広い意味にいったん拡張することで、「非シニフィアン的」というソシュール－ラカン批判の文脈に強く寄った訳語ではカバーできない論点にアプローチすることができる。ダニの議論はその典型である。

とはいえ、「非意味的切断」においてシニフィアン批判の響きが完全に蒸発しているわけでもない。むしろこの訳語には『動きすぎてはいけない』とラカンの精神分析理論との微妙な距離があらわれていると見るべきだろう。さきほど「いったん拡張する」という言い方をした理由もここにある。

というのも、『動きすぎてはいけない』において「非意味的」という措辞は、〈象徴界におけるシニフィアンの複数化〉と〈想像界における形態の分離〉とにまたがって用いられているからだ。[37] ここではそれぞれをツリーをリゾームに変換する「切断A」としての〈複数的な差異〉と、そのリゾームを「ひとつの」リゾームとして閉じる「切断B」としての〈変態する個体化〉に対応するものと考えている。「非意味的」の半分は「非シニフィアン的」であり、もう半分はそうではない。

つまり「非意味的」は象徴界と想像界、言葉の世界とイメージの世界を、解離説の場と個体化論の場として分割しつつ、その語の多義性のもとに縫合する特権的なタームとして機能している。とはいえ私は、そうしたマジックワード化自体が「否定神学的」だと言いたいのではない。むしろここには、否定神学**批判**が言葉と物の識別不可能性のゾーンを要請することのもうひとつの範例があらわれているように思われる。

平倉において「叫び」は、哲学的テクストもまた「形象」であること、「アースワーク」と「大地語」の識別不可能性のゾーンにあることを示し、東において手紙がいつかは必然的にフィジカルな有限性に落ち込むことと確率的にメッセージとして機能することのあいだに「郵便的不安」としての「思弁」が位置づけられる。同様に、千葉の「非意味的切断」は、言葉の原子化――言葉の、というのは、千葉において「〈メレオロジカルな切断のアナーキズム〉」はつねに名詞の非合理な乱立として例示されているからだ――とそのイメジャリーな仮固定とをひとつの語のうちに折り畳む。

37　同書、二三二、二三八頁。

否定神学が言語的伝達の不可能性を理念化する体制であるとすれば、否定神学批判は〈言語の物質性〉を言うことでその不可能性を理念的な場からアポステリオリな可能性の場に引きずり下ろす実践である。〈言語の物質性〉は、否定神学批判がポスト構造主義のデリダ的体制の特異な展開であることを示すと同時に、そこからわれわれが身を引き剝がす起点を与えてくれる。

そしてこの離反は、書き換えとしてなされる。彼らが言葉と物の識別不可能性としての〈言語の物質性〉を言うところで、われわれはまさにそれを「言う」ことの自己定立性を見出す。「転移切断」をコンスタティヴ／パフォーマティヴのたえざる反転から切り離し、形象の「巻込」をテクストの剝離によって裏打ちし、そして、「非意味的切断」における象徴界と想像界のソフトな連立を「家具」としての言葉と物の二元論に書き換える。別の言い方をすればこうした操作は、彼らがフィジカルな有限性によって〈実現〉されてしまう他律性・受動性において実践一般をそれぞれに概念化するのに対して、それらをまさに定立的な概念として〈反-実現〉することである。

つまるところ、ダニは自身が有限であることなど知らないことも知らないのであり、非意味的切断、いや、非シニフィアン的切断の線は、知らないことも知らないダニと「知らないことも知らない」と**言う**ことから思考を引き出す哲学者のあいだに走っているのだ。〈有限性〉はその厳然たる線を死という「共通の場」を先取りすることでぼやけさせてしまう。ドゥルーズが「哲学と非哲学の構成的関係」と呼ぶもの、それは文盲つまりア・ナルファベット analphabète、失語症者つまりア・ファジック aphasique、無頭つまりア・セファル acéphal、これらア、ア、ア……によって穿たれた距離を隔てて直面し、眼を逸らし、書くことに宿る。「物書きは死にゆく動物に責任がある」のは、動物と**同じように**われわれがいつかは非意味的に死ぬからではなく、「おのれをおのれの断末魔から引き剝がす」動物の非－知の尊厳を**人間として**書き、死から「喪」以上のものを引き出さねばならないからだ。ジャン・ルイ・シェフェールは映画は夢にではなく映画館を出たあとの雨に似ていると言ったが、哲学は葬式で詠まれる弔辞にではなくそのひとりぼっちの帰り道の喧噪に、翌朝の静かな明るさに似るべきである。

6－6　ドゥルーズとフーコーの言葉と物（3）

『フーコー』を「非－喪」の仕事と呼ぶドゥルーズは、一方でフーコーをその眼と声、両者の隔たりとして書き換え、他方で彼の「存在論」を地層としての「〈知－存在〉Sciest」、地層化されざるものとしての「〈権力－存在〉Possest」、そして襞としての「〈自己－存在〉Se-est」のトリアーデによって全体化し、この三つ組の存在論は「フーコーのダイアグラム」として図示されている。

〈知－存在〉、〈権力－存在〉、〈自己－存在〉は、明白にカントにおける認識、実践、美の三位一体を反復している。つまり、ドゥルーズにとってのフーコーの「新しいカント主義」は、

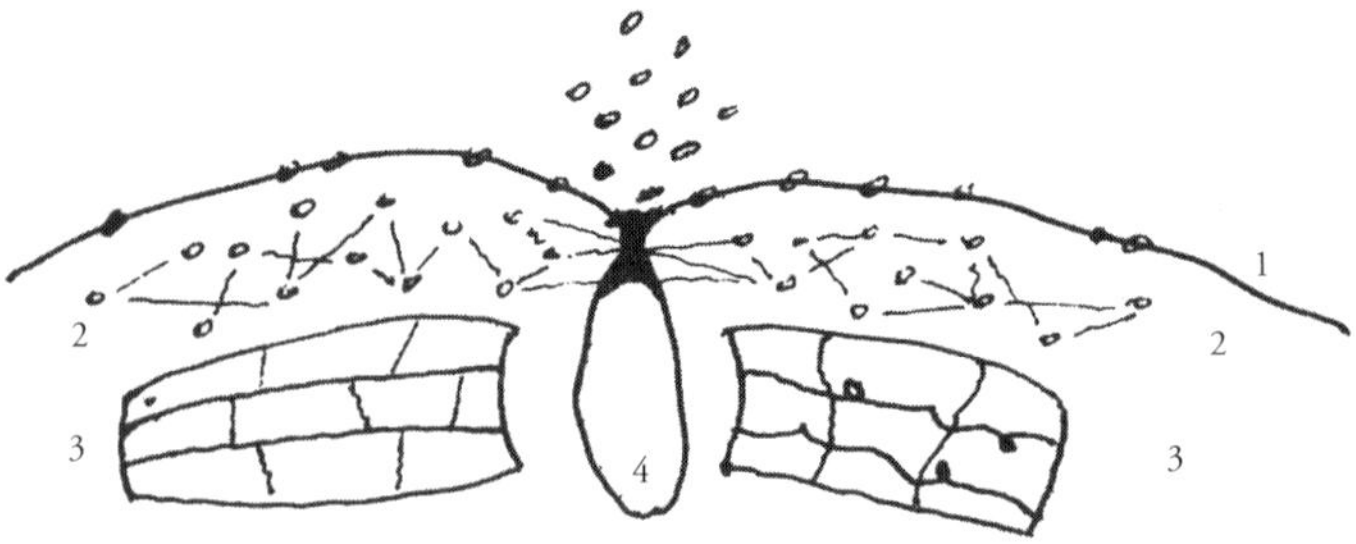

1. 外の線　2. 戦略的帯域　3. 地層　4. 襞（主体化の帯域）

図1　フーコーのダイアグラム

図式論の批判的刷新と三批判の再構築というふたつのモーメントにまたがっている。しかし後者は、ドゥルーズ自身が『差異と反復』でカントに向けた、「共通感覚の種類を増やしただけ」だという批判をどこまで振り切ることができているのだろうか。あるいは、〈知〉の二元論において斥けたはずの調和を「美的実存」（F108/188）において復活させているだけではないか。前節の冒頭に投げかけた「襞」と「調和」についての問いはこのように言い換えることができる。

「フーコーのダイアグラム」を見てみよう（**図1**）。そこではあたかも、表皮としての「外の線」、その粘膜状の窪みとしての「襞」（＝主体）、皮下組織としての「戦略的帯域」（＝権力）、そして一方で窪みを挟み込み、他方で皮下組織と間質液を取り交わす筋組織として「地層」（＝知）が調和的な代謝活動に勤しんでいるかのようだ。

知の側から見れば「知の下、知の背後には何もない」のだった。これがフーコー＝ドゥルーズのポジティビスムであり、われわれはその「なさ」を「非‐知」と呼ぶことにした。しかし「フーコーのダイアグラム」においては知と知の外部が同時に視野に収められている。本文で言われることとダイアグラムに描かれることとのあいだのこのねじれはそれ自体、ダイアグラム内の撓《たわ》められた「外の線」が「内」を形成するねじれによって二重化されている。知のポジティビスムとそれを相対化する三重の存在論の反転、襞における外と内の反転は、ふたつのキアスムのあいだのキアスムを形成する。

いやいや、このダイアグラムはたんなる「見取り図」であり、その提示は便宜上のものにすぎず、その意味で「ダイアグラム」というより、テクストに対して補足的な次元にある「フィギュール」あるいは「イラストレーション」なのだと言われるだろうか。しかしそうしてテクストとダイアグラムのあいだに調和的な関係を見込む——その裏側でダイアグラムを「見なかった」ことにしつつ——としても、三重の存在論における全体化（書物の全体性）と襞における主体化（書物の結論）の循環的関係がどれだけ目的論的な企図から抜け出しているか、結局のところ知の二元論はたんなる方法論的なものでしかないのかといった問いには一切寄与しない。

実際のところ、「フーコーのダイアグラム」に結実するようなフーコー哲学の全体性を語る段になって、ドゥルーズは哲学史における二元論をいくつかのタイプに分けている。すなわち、デカルト的な実体の二元論、カント的な能力の二元論、そしてスピノザ‐ベルクソン的な「一元論に向けた暫定的なステップ」としての（属性の、そして物質と記憶の）二元論をタイプ分けしたうえで、ドゥルーズはフーコーにおける知の二元論を「複数主義のまっただなかで行われる準備的な二元論」としている（F89/154–155）。スピノザ、ベルクソンというドゥルーズの師、そしてフーコーという友にとってすら、二元論は「暫定的 provisoire」で「準備的 préparatoire」なものだったと言われている。

ここにも「われわれの誰もが求める〈一元論＝多元論〉という魔術的な等式」に対する「家具」としての二元論とおなじ、目的と手段の分割が看取できる。しかし、二元論がパスワードになるとしたらそれは、〈多元論＝一元論〉であるような内在平面のただなかで、指令語を書き換える二元論が諸々の超越性を払い除けるからであって、〈多元論＝一元論〉ですら、それが二元論の彼方に措定されたとたんに〈n－1で書くこと〉を裏切るだろう。

言い換えれば、ドゥルーズの二元論において重要なのは、プロヴィゾワールであること、プレパラトワールであることを何か向かうべきところへ至るための「準備」としてではなく、むしろ避けるべきものに対する〈用心〉として捉え返すことだ。そして避けるべきものとは〈超然と内在を言うこと〉であり、〈用心〉としての内在的二元論は、『動きすぎてはいけない』が取り組んだドゥルーズ哲学の逆超越化＝否定神学化という問題に別のしかたで応答するだろう。**二元論が〈用心〉として機能してはじめて、〈一元論＝多元論〉の超越化を防ぐことができるのだ。**

第三章でも確認したように、『千のプラトー』においてすでに、ダイアグラムはアレンジメントの二元性を生み出す潜在的な領野として考えられていた。つまり、潜在性／現働性の二元論と、現働的なものにおけるアレンジメントの二元論の交差が考えられており、『差異と反復』におけるようにたんに「質的多様体」としての潜在性と「数的多様体」としての現働性が対置されるのではなく、現働的なものにおける異種的な二元性が想定されている。ひとことで言えば、『差異と反復』において現働化はすなわち個体発生であるのに対して、『千のプラトー』において現働化は二元的なアレンジメントへの割り振りを意味しているのだ。「現働化」の運動を個体発生のモデルではなく、異種的な二元性への割り振りとして考える枠組みは、『フーコー』においてより明確に述べられている。

つまるところ、現働化‐統合は分化 différenciation である。それは現働化の道を辿る原因が至上の〈統一性〉であるからではない。反対に、ダイアグラム的な多様体が現働化されることも、諸力の微分 le différentiel が積分されることも、それが発散の道のうちに踏み込み、二元論のうちに割り振られ、分化の線を辿ることなしには起こらないからだ（…）。現働化されるものは、自身が分有されるところの、発散する諸形式を生み出す二重化ないし分離なしには現働化されない。（F45/75）

前期ドゥルーズの〈現働化＝個体発生〉から『千のプラトー』以降の〈現働化＝二元的な割り振り〉へ。このとき「分化」もまた、調和的な組織化＝器官化から互いにすれ違う二元的なものの発散へと意味を変える。もはや現働化に「川上」と「川下」という階層があるのではなく、現働的なもののうちにある異種的な二元性が問題となるのだ。「二重化ないし分離なしには現働化されない」と述べているように、潜在的＝微分的なものは言表と可視性の双頭制に入ることなく現働化されることはなく、ここで現働化と二元化はイコールである。だからこそ、権力が知の「存在根拠」であれば知は権力の「認識根拠」なのであり、権力は知を「外部」から、あるいは「上」から抑圧するのではなく、知の内的構成のうちに権力は浸透し、権力は知を経由することなしには作動しない。

しかし問題は、〈ふたつのアレンジメントが「発散する」ものである根拠はどこにあるのか、アレンジメントの非並行論はダイアグラムにおいてどのように根拠づけられているのか〉ということだ。『千のプラトー』においてこの問いがそれとして展開されることはなかったが、『フーコー』においてドゥルーズは「ダイアグラム」概念をカントの「図式」のオルタナティブとすることでこの問いに応答しようとしている。しかし結果から言えば、私にはその答えがうまくいっているようには見えない。

さて、〈知＝アレンジメント〉に対して〈権力＝ダイアグラム〉がある。しかしそもそもダイアグラムとは何だろうか。ダイアグラムについての『フーコー』における記述は総じて心許ないものだが、ドゥルーズが規律権力と生権力を対比している箇所では、かろうじてその内実が語られている。

規律権力におけるダイアグラムは〈パノプティコン〉である。それがたんなる〈知＝アレンジメント〉ではないのは、〈パノプティコン〉は監獄という特定の形式に縛られず、病院、学校、兵舎、工場といった様々な場を貫く抽象的な原理だからだ。つまりダイアグラムの第一の特徴は、いわばその「貫-形式性」にある。

そして〈パノプティコン〉は、その貫-形式性により、つねに「任意の」ものとして働く。それは「任意の個人からなる多様体に対して、任意の義務や振る舞いを強いる純粋な機能」(F79/135)であり、その多様体が「膨大すぎず」、彼らを収容する「局限された空間」がありさえすれば〈パノプティコン〉というダイアグラムは機能する。つまり、規律権力のダイアグラムである〈パノプティコン〉は、「任意の個人」という「素材」と「任意の義務」という「機能」の関係によって構成される。

生権力はまた別のしかたで、諸々の形式を貫通する「素材」と「機能」の配分としてのダイアグラムのもとで実現する。ドゥルーズはそれを「統治」あるいは「管理」と呼んでいるが、ここでは彼自身の「管理社会」論に引きつけるかたちでこの新たなダイアグラムを〈管理〉と呼ぶことにしよう。

〈パノプティコン〉が膨大すぎない個人という素材と局限された空間における義務という機能によって定義されたのに対して、〈管理〉は「人口」として把握される膨大な個人を素材とする一方で、その素材を開かれた空間において「確率的にする rendre probable」ことが機能となるダイアグラムである。[38] 規律権力と生権力、〈パノプティコン〉と〈管理〉、個人と人口、閉じた空間に収容することと開かれた空間を泳がせること。「つまり、近代社会における〔義務と確率という〕ふたつの純粋な機能は、「解剖政治学」と「生政治学」となる。そしてふたつの裸の素材とは、任意の身体と、任意の人口となる」（F79/136）。

しかしこれだけでは、知におけるアレンジメントの二元性の問題を権力における機能と素材の二元性に回付しただけであり、このふたつの二元性の関係こそが問われなければならないだろう。

一方で機能／素材には言表／可視性と同様に自発的／受容的というカント的な区分があてがわれている。それは素材がたんに「受動的」なものではなく、機能の拠り所となると同時にそれを制限する特有の「抵抗力」（F78/134）をそなえており、ひとつのダイアグラムに対して構成的なものとして寄与することを示している。[39]

しかし他方で、言表／可視性が「形式」の二元論であったのに対して、機能／素材は「形式化されざる」ひとつの「力」を構成する相互前提的なふたつの側面として考えられている。つまり言表と可視性とはその発散あるいは分離を条件とするのに対して、ダイアグラムの構成において機能と素材は分離不可能であり、「影響を与える力」と「影響をこうむる力」の相互浸透を条件とする。これが権力が「**知られる**ということがな」く、「ほとんど無言で盲目」（F80/138）であると言われるゆえんである。しかしこれは、知において斥けたはずのキアスム的な相互抱握を権力のうちに見出しているだけではないか。

さきほどアレンジメントの二元性の基礎づけがうまくいっていないと言ったのはこの点に関わっている。というのも、フーコーが「ミクロ物理学的」と呼んだ分子状の権力における機能／素材のキアスムを、モル状の知の発散より基礎的なものとして考えることは、結局発散のポジティビティを手放すことになるだろうからだ。言表と可視性のあいだにキアスム的な適合を見るのは拙速であり、両者の発散をこそ捉えるべきであると述べたのはドゥルーズ自身であった。しかし彼は結局のところ、言表と可視性**より前にある**機能／素材の絡み合いにキアスムの場を移設しているのだ。

ドゥルーズはフーコーはカントの「図式論」を刷新したと述べたのであった。それは知における言表＝自発性と可視性＝受容性の二元論は「神秘的」である図式論的な媒介から脱しているからだ。図式論 schématisme からダイアグラム論 diagramatisme へ。この文脈を強く押し出す江川隆男の議論においても、ダイアグラムにおける機能／素材は図式論的な媒介の発生的要素となるものと考えられており、それを彼は「図表論的並行論」として、スピノザ的な並行論と重ね合わせている。[40] **しかしそうすると、機能／素材の最小回路とシニフィアン／シニフィエの最大回路のあいだで、「言表に優先性があるのだが、〔言表と可視性の〕ふたつ**

38 束における「確率的なもの」が実のところ等確率的化の暴力であるとするなら、フーコー－ドゥルーズは「確率的なもの」を統計的な操作として位置づけていると言えるだろう（本章註15参照）。つまり、両者とも近代性を特徴づけるものとして確率的なものを位置づけているが、その意味するところはほとんど反対である。

39 「自発性と受容性は、いまや新しい意味をもち、影響を及ぼすこと、影響をこうむることとなる。影響をこうむる能力は、力の**素材**に似ており、影響を及ぼす能力は、力の**機能**に似ている」（F78/134）。

40 江川隆男『すべてはつねに別のものである』、一九四頁。なお「図表」はこの本で « diagramme » の訳語として用いられている。

のあいだに同形性、画一性はない」という知における非対称性、非並行性はあいかわらずスキップされることになる。

実際のところ、機能／素材による「力」の構成と言表／可視性という「形式」の発散とのあいだをどうブリッジするかという点について、ドゥルーズは後者が前者から「派生する」という以上のことを述べていないが、説明されるべきはその派生のロジックである。

この点についてドゥルーズは、自発性／受容性を知と権力それぞれに見出したのとは異なり、言表の可視性に対する「優先性」は権力の知に対する「優先性」と同形であると述べている。「優先性」というカテゴリーは一度目は知における形式間の関係について、二度目は知に対する権力の関係について用いられているのだ。

つまり、自発性／受容性と優先性というふたつのカテゴリーは、一方で同じ事態を指し、他方で異なる事態を指している。このすれ違いを簡単に図示してみよう **(図2)**。

知と権力のそれぞれで反復される自発性／受容性は、言表と可視性の分散を権力の次元にあるキアスムによって「派生」のロジックに回収するものとして機能している。つまり、発散は結果上のことであり、存在論的には機能と素材の相互浸透が先行するのだ。

知に対する権力の優先性はそのままこの存在論的な先行に相当するだろう。しかしそうすると、言表の可視性に対する優先性は何を意味するのか。少なくともドゥルーズが、言表から可視性が「派生」するなどと言おうとしているのではないことは確かだろう。そうであれば現働化を二元的な割り振りとした意味が消失してしまうからだ。

図2

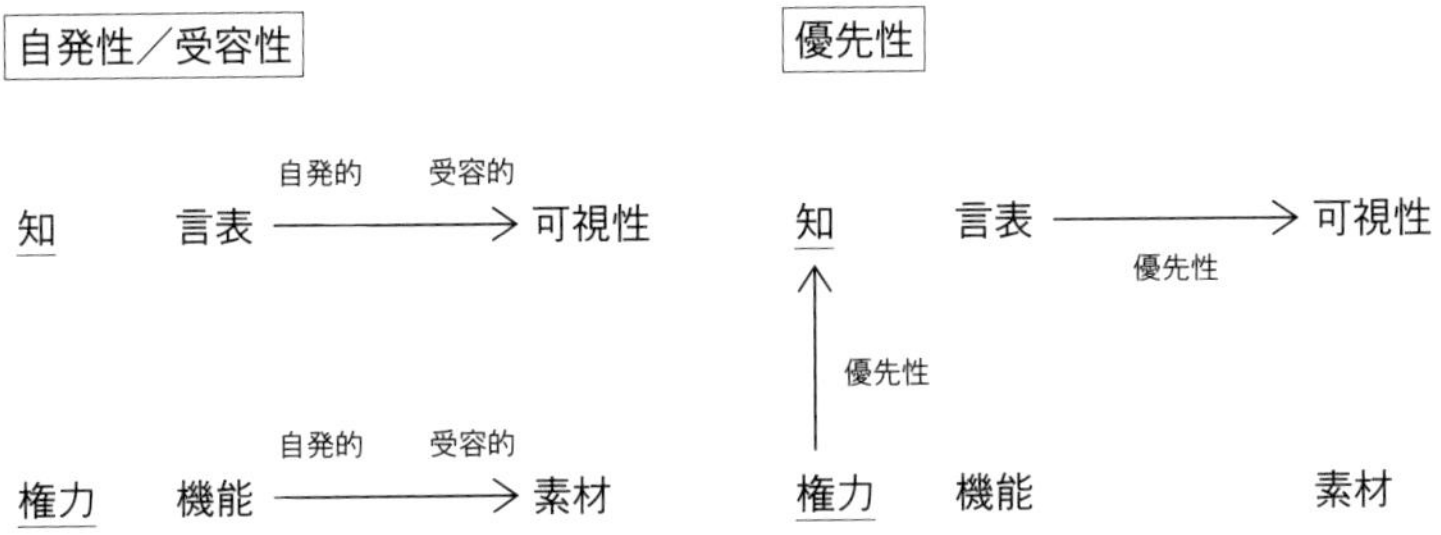

自発性／受容性と優先性というふたつのカテゴリーの交錯は、ふたつの問いに答えることなく、むしろそれらをスキップする口実として機能しており、ドゥルーズは「あまりに性急に」機能と素材のキアスムのもとにすべてを撚り合わせている。そのふたつの問いとは、(i)アレンジメントの発散がダイアグラムにおける力の相互浸透から「派生」したものであることは認めるとして、派生したもののポジティビティをその起源に回付することなくいかにして考えられるか、そして、(ii)言表の可視性に対する優先性がたんなるシニフィアン的体制への回帰ではないとして、にもかかわらずたんなるフラットな並存を言うだけでなく言表の優先性を言う意味はどこにあるのか、ということである。そしてこのふたつの問いは、言表と可視性の〈非並行論〉と言表の可視性に対する〈優先性〉はいかにして両立可能かというひとつの問いに圧縮できる。

しかし実際のところ、われわれはすでにこの問いに答えている。というか、本書の初めからずっとわれわれはその話をしてきたのだ。言表と可視性の〈非並行論〉と言表の〈優先性〉の両立は、ドゥルーズが「書いたこと」のうちにではなく、彼の「見て、書く」実践における読点にこそ宿っている。見たものが書くことへと跳ね返ることと、眼を逸らすことにおいて書くことが見たものから剝がれることとの両立においてこそ、〈非並行論〉と言表の〈優先性〉の両立は実現されているのだ。

ドゥルーズにおける「家具」としての二元論という問題は、二元論が理念的な〈多元論＝一元論〉に向かう実際的な手段にすぎないのであれば、この理念的目的と実際的手段の二元論的分割がすでに〈多元論＝一元論〉を裏切ってしまっているのではないかという問いとして整理できる。

われわれはそれに対して、むしろ〈多元論＝一元論〉は定義上、われわれがすでにそのなかにいるということを含んでおり、われわれがなすべきはそこに「到達」すること、そのための「準備」として二元論を用いることではなく、すでにそこにある内在を損なう〈超然と言うこと〉に対する「用心」として二元論の「家具」性を捉え返すことだ。もし〈内在〉というものに意味があるとしたらそれ以外の意味はないだろう。

『フーコー』で展開されるダイアグラムとアレンジメントの関係においてこの論点はもっとも逼迫したものとしてあらわれている。なぜならそこでは、潜在的なもののうちにさえ二元論（機能／素材）を見出すことでしか、図式論的な媒介を乗り越えることができないということが示されているからだ。しかし私にはそれが問題に対する応答になっているとは思えない。機能／素材の相互浸透としての力は、言表／可視性の発散を説明するものとして持ち出されているが、説明されるべきは形式の非並行的二元論を力のキアスム的二元論で裏打ちすることが、はたして上述の理念的目的と実際的手段の分割を抜け出ているかどうかだからだ。

少なくともわれわれは、この裏打ち＝二重化 doubler のロジックを解答として受け取るのはよそう。それが二元論を「われわれがたえず動かし続ける」家具として用い、その「たえず」を確保するための唯一の方策であるように思われてならない。というのも、ここで停止は即座にキアスム的な「調和」に身を落ちつけることを意味するからだ。

まとめよう。ドゥルーズの二元論には三つの類型がある。ひとつは潜在性／現働性や権力／知、ダイアグラム／アレンジメントがそうであるような〈垂直的二元論〉であり、そこには存在論的‐価値論的な序列が想定されている。ふたつめは現働的なものにおける〈水平的二元論〉であり、『千のプラトー』におけるロ‐言葉と手‐道具の二元論、『フーコー』における知の形式の二元論、あるいは『シネマ2』における視覚的イメージと聴覚的イメージの二元論がここに数え入れられる。そして第三のものは言わば〈自他の二元論〉であり、それは「映画の概念」における映画からの哲学の剝離や、哲学にとっての〈非〉としての芸術との関係にあらわれている。

そしてわれわれが『フーコー』の読解を通して見出した問題は、ドゥルーズは一方で水平的二元論を非並行論的なものとして構想しつつ、他方でそれを裏打ち＝二重化するものとして潜在的なものにおける二元論——それが並行論的な「連続的変奏」であれキアスム的な力の「最小回路」であれ——を導入し、初手の非並行論を行きがかり上のものに格下げしてしまうということだ。モル状の言葉と物の分散は性急にも分子状の〈不一致的一致〉という理念的で逆説的な調和に差し向けられるが、いったいなぜ分散は分散のままで、不一致は不一致のままでいられないのか。

〈水平的二元論〉における非並行論は、それをその存在根拠たる潜在的なものの側で撚り合わせることによってではなく、〈自他の二元論〉にスイッチすることで初めて救われる。つまり言表の〈優先性〉とは、フーコーが、そしてドゥルーズ自身が、「眼、声」の人であり、〈見て、書く〉人であったということ以上でも以下でもないのであり、言表が可視性に優先しているのはたんに**彼らの仕事**が定立的な言表行為によって定義されるものであるからだ。

潜在的なものの現働化が個体発生のモデルから二元的な割り振りのモデルにシフトしたこと、このことの意味は潜在的なものの組成をいくら超然といじくりまわしても捉えることができない。なぜならその意味は、割り振られる二元的なものの一方に〈私、ひとりの哲学者〉が埋め込まれているということの内在性においてしかあらわれないからだ。

6-7 生存の非美学——剝離する表現(2)

非美学とは何だったのか。

私はそれがもう過去のものであるように感じる。しかしそもそも、私は本書において非美学という概念をほとんど使ってすらこなかった。それはときおり、本書の議論の全体的な方向性を確認するときにあらわれるだけで、それももう終わりにさしかかっているいま、なおさらその存在はかそけきものになっている。

フーコーは自身の著作が花火のように、読み終わると同時に消えてなくなることを夢想していたが、私も非美学という概念が本書が終わると同時に消えてなくなってしまえばいいと思っている。そもそもそれは、私が使ったようなしかた以外で使いようのあるものとも思えず、つまり、非美学は文字通り「ワーキング・タイトル」であり、ここまでなしてきたことに与えられた名であるより以上のことがそこに含まれうるのか、よくわからない。だとすればそれは概念ですらないことになる。いいように捉えれば、それが概念であれそうでないのであれ、どちらでもいいといまは考えている。

振り返れば、非美学とは、『哲学とは何か』における哲学、科学、芸術のあいだの都合六つのパターンが挙げられる〈非〉の関係のうち、〈哲学にとっての芸術〉を指すものであった。〈非〉の関係とはつまるところ、〈触発の自由〉と〈仕事の自律性〉が両立するような関係である。他分野の成果に触発を受けるのは端的によいことである。しかし、ある芸術作品に見出される「真理」をそれを語る哲学的言説の価値にすり替えたり、反対に、ある哲学的言説が「理論的背景」にあることが芸術作品の価値にすり替わったり、そうしたすり替えの欺瞞を批判するものとして、ドゥルーズは哲学が概念を作り、科学が関数を作り、芸術が感覚を作るというそれぞれの仕事の領分を画定した。

こうした領域画定の身振りは、明白にカント的な挙措でもある。『哲学と何か』の冒頭でドゥルーズは、自身の老境と老いが作り出す傑作としてカントの『判断力批判』を重ね合わせている。『判断力批判』においてカントは、一方で序論において三つの〈批判〉をひとつのシステムとして全体化しつつ、他方でその崇高論はそれまで堅持されていた「限界」を踏み越える暴力にさらされている。

同様に、『哲学とは何か』は、哲学、科学、芸術という三つの「カオイド chaoïde」[41]を配するシステムを構想する。一方でそれらはカオスから派生する「カオスの娘たち」であると同時に、「カオスに抗する闘い」を構成するものとして考えられている。つまりここでも、老いは批判的区分とそれを脅かす暴力＝カオスが両義的に共存する場となっている。

「哲学とは何か」と素っ気なく問うこと、それにしてもわれわれがやってきたことは何だったのかと、若い陶酔から醒めて素面《しらふ》で問うこと。老いはその「素っ気なさ＝素面であること sobriété」（QP7/7）が可能にする透徹と、そこにやってくるもはや一時たりとも何ひとつ保持させないようなカオスの暴力の両義性として定義される。

加えて、ドゥルーズはこともあろうか、内在平面－概念－概念的人物をカントにおける理性－悟性－構想力のトリアーデになぞらえており、前者の構成は哲学的な「趣味」を必要とするのだと述べている（QP78-79/135-136）。これを真に受けるなら、『哲学とは何か』とは結局のところ、哲学、科学、芸術のそれぞれに平面－創作物－人物が割り当てられる三種の共通感覚について語った書物だということになるだろう。ここではドゥルーズ自身が三〇年前に『カントの批判哲学』を三つの能力の三種のフォーメーションとして〈批判〉を再構成した身振りが反復されている。**三つを統御する「理性の法廷」から三つのあいだの〈非〉の連合による「カオスに抗する闘い」への移行において、実際のところ何が変わったと言えるのか。**それが「共通感覚の種類を増やしただけ」ではないのだと、どのようにして言えばよいのだろうか。そして**哲学の構築主義が「自発的」な三つの能力の交接になぞらえられるとするなら、『差異と反復』においてイメージなき思考を起動するものとして特権的なものであった感性は、もはや哲学的実践に対して構築的な機能をもたないのだろうか。**

本書の締めくくりとして、『哲学とは何か』をドゥルーズなりの「新しいカント主義」の実践として見ると浮かび上がってくるこのような問いに答えることを試みよう。

＊　＊　＊

ところで、ドゥルーズのコーパスを全体として見た場合、フランシス・ベーコンの絵画が

41　カオス chaos と、ギリシア語で「形」を意味する *eidos* から派生した「〜の形態、性質をもつ」という意味の接尾辞 -oïde をくっつけた造語。たとえばアンドロイド androïde は「人の形をしたもの」という意味だ。つまり、カオイドとは「カオスの形をしたもの」を意味する。

論じられた『感覚の論理』と『哲学とは何か』に共通する、芸術を〈感覚〉の創造として定義する議論に、多くの者がドゥルーズの「美学」の極点を見出すのは、納得できることである。『感覚の論理』の英訳者であるダニエル・スミスは『差異と反復』を『純粋理性批判』と、『アンチ・オイディプス』を『実践理性批判』と、そして『感覚の論理』を『判断力批判』と類比し、ドゥルーズ哲学の全体性を言うと同時に、〈芸術＝感覚〉論にドゥルーズ美学の達成を見ている。[42]

あるいは「ドゥルーズの美学は存在するか」という論文において、ジャック・ランシエールはドゥルーズの〈芸術＝感覚〉論は「美学の運命を成就した＝終わらせた」とまで述べている。[43]ランシエールにとって、ドゥルーズの芸術論は究極の＝最後の dernier 美学なのだ（これはラリュエルがドゥルーズを「ザ・哲学者」と皮肉ってそこから距離を取ってみせる身振りに似ている）。なぜならそこでは、ひとつの〈形象〉の自律性とそれが〈サハラ〉へと解体することが圧着している、というか、その圧着によってこそ美学が定義されているからであり、〈作品〉と〈非－作品〉の逆説的な一致にドゥルーズ美学の極点が見出される。ヘーゲルにおける精神的なものと感覚的なものとの弁証法を超える、言わばメタ・ヘーゲル的なものとして、〈芸術＝感覚〉論は感覚それ自体を思考にし、思考をアンチ・ロゴス的なものにする。

たしかに、『差異と反復』におけるエステティックのふたつの意味の統合から後期の〈芸術＝感覚〉論のあいだには、一直線につながるドゥルーズ的な美学の発展が見て取れる。

しかしこうした標準的な美学の枠組みにおいて見逃されているのは、ひとつには『感覚の論理』という書物の**造本上の仕掛け**の問題である。本書はベーコンの絵画を収めた冊子とドゥルーズのテクストを収録した冊子との二分冊になっており、絵画とテクストは、テクストの脇に付された番号を通してのみ冊子をまたいでつながっている。つまり本書において、絵画はたんにテクストに証拠を与える「図版」ではなく、テクストはたんなる絵についての「注釈」ではなく、両者の分離が企図されており、**それぞれ別個に見る／読むことが促されており、見ながら読む、あるいは読みながら見るということが二次的なものとなる**ような造本が施されているのだ。本書は、フーコーの『これはパイプではない』が言うところのテクストとイメージのあいだの〈非‐場所〉をその造本上の構造において抱え込んでいる。

第二に、『哲学とは何か』における〈芸術＝感覚〉論が、たんに芸術**について**語ったものとしてではなく、〈非〉の関係の実演として書かれていることが、「美学的な」パースペクティブにおいてはブラインドされてしまう。『感覚の論理』、『哲学とは何か』における〈芸術＝感覚〉論は、いずれも、われわれが『シネマ2』に見出した〈見て、書くこと〉の剥離と通じる分離が仕込まれているのにもかかわらず、「美学者」たちはそれを見ないことによってしか――それを崇めるのにせよ皮肉るのにせよ――ドゥルーズを超越的な「ザ・哲学者」

42 Daniel Smith, "Deleuze, Kant and the Transcendental Field", p. 26.
43 Jaques Rancière, «Existe-t-il une esthétique deleuzienne?», p. 536.

に留めておくことができない。テクストをもっぱら芸術〈について〉語ったものとし、そこにある〈の〉の関係をスキップすることでドゥルーズを「美学化」するのに、〈芸術＝感覚〉論は非常に都合がいいのだ。

とはいえやはり、とりわけ『哲学とは何か』におけるカントへの接近の両義性と併せて考えるなら、この本において〈感覚〉の創造として定義される芸術とは何なのか、というより、そのような「定義」という哲学的行為において何がなされているのかということを問う必要があるだろう。以下ではまず『哲学とは何か』における芸術論をそこで用いられている〈非〉の格率との関係のなかで概観し、そののちに〈感覚〉と〈概念〉の関係について論じる。

＊　＊　＊

さて、カオイドとしての三つの分野が分散されている「非－場所」は「脳」と呼ばれる。哲学、科学、芸術が他者との接面において「局所化不可能な干渉」(QP218/366)を起こすのはこの水準だ。『フーコー』の枠組みにおいてダイアグラムから見れば知の形式が力の交錯へと溶解するのと同じように、「それら三つの〈非〉は脳の平面からすれば区別されるが、脳が浸っているカオスにおいては区別されない」(QP219/338)。つまり、大ざっぱに言ってダイアグラムとカオス、アレンジメントと脳は対応関係にある。

しかしそうだとすると、『千のプラトー』、『シネマ2』、『フーコー』で提示された、〈現働化＝二元的割り振り〉という枠組みと、カオイドの三元性とのあいだにあるズレはどのように考えればよいのだろうか。

この問題について前節で整理した二元論の三類型との関連で言えば、結局のところドゥルーズにとってつねに問題であったのは〈潜在的なものの現働化＝垂直的二元論〉であり、現働的なものがふたつであろうが三つであろうが、あるいは「数的多様体」としての個体的な多数性の場であろうが大枠は変わらないのだという解釈がまずありえるだろう。それはまさしくドゥルーズの著作群を「大枠」において見る限り正しいだろうが、同時にそれは、後期ドゥルーズにおいて浮かび上がってくる〈水平的二元論〉と〈自他の二元論〉の問題をまるごと捨象することを意味する。

『千のプラトー』や『フーコー』で展開された〈現働化＝二元的割り振り〉という議論と『哲学とは何か』のカオイドの三元性とのあいだにある齟齬は、先に述べたカントへの接近の両義性のもとで解釈するべきであるように思われる。そしてこの両義性は、ネッカーキューブのようにふたつの見方が分裂する事態として整理できるだろう。

まずひとつの見方として、カオスと三つのカオイドの関係は〈垂直的二元論〉の枠内に収まると同時に、カント的な二層構造（理性の関心とそれに対応する諸能力の配置）に対応すると言えるだろう。この限りにおいてわれわれは、〈潜在的なものの現働化〉というストーリーを保持でき、潜在的なものの相変わらずの存在論的－価値論的な優位を主張したり、またその反転として、むしろドゥルーズにおいては「カオスに抗する闘い」こそが急務であったのだと言うことができる。

しかしもうひとつの見方として、カオイドは〈非〉の二者関係を折り込んでおり、哲学、科学、芸術の関係が「哲学とは何か」という名において問われている以上、この本に存在するのは〈哲学自身〉と〈哲学にとっての科学〉と〈哲学にとっての芸術〉だけであり、そこにあるのは**自分の仕事の定義とそれにともなう二種の他者との関係だけ**なのだと言うこともできる。これは哲学の構築主義（概念、内在平面、概念的人物）を論じたあとに科学論、芸術論へと推移する『哲学とは何か』の章立てとも適合する見方である。

つまり、齟齬は〈現働化＝二元的割り振り〉という枠組みとカオイドの三元性とのあいだにあるというより、カオイドの三元性が言われる俯瞰的で「存在論的」なパースペクティブ――それは本書の結論部で初めて語られる――と、あくまで哲学の局所性において科学と芸術が語られる――本書の本論全体に該当する――パースペクティブとのあいだにあるのだ。そしてこのパースペクティブの分裂がそのまま、『哲学とは何か』を貫くカントとの微妙な距離感に対応している。

そしてこの分裂はまた、われわれが「フーコーのダイアグラム」に見て取ったフーコー的存在論の全体化と言表／可視性の非並行論とのあいだの両立不可能性においてすでにあらわれていたものであるだろう。前節の最後に、非並行論を採るということは〈見て、書くこと〉において言表を自分の仕事において引き受けること、つまりたんに客観的に〈水平的二元論〉を言うのではなくそれを〈自他の二元論〉にスイッチして〈私〉をその一方に埋め込むことだろうと述べたが、『哲学とは何か』における〈非〉はまさに、そのような埋め込みのロジックを語っているように思われる。

仕事の自律性と触発の自由を両立させる〈非〉の格率は、**「干渉する側の分野は、それ自身の手段によってことに当たらなければならないということ、これがすべてのケースにおける規則だ」**（QP218/365 強調引用者）と簡潔に形式化される。講演「創造行為とは何か」で語られる哲学、科学、芸術の関係について「私の創造するものの名においてこそ私は誰か〔科学者や芸術家〕に言うべきことがあるのです」（RF293/下 180）という言葉に引きつければ、次のように言えるだろう。『哲学とは何か』における〈非〉の格率をとても強く取るということはすなわち、この本をあくまで哲学の名において芸術や科学について語ったものとして読むということであり、その価値は〈誰か〉の創造から調達することなどできず、〈私〉の創造するものに委ねられているのだ。

＊　＊　＊

『哲学とは何か』が芸術を〈感覚〉の創造として定義するのは、まさしく「それ自身の〔つまり哲学自身の〕手段によってことにあた」るという規則の実演であるだろう。というのも、芸術を論じるにあたってドゥルーズが最初になすのは、それを「権利」と「事実」に分割することであるからである。

芸術の事実とは芸術作品が物質的損耗とともに消えていくということであり、しかし権利上、芸術作品は「それ自体において保存しかつ保存される」。「芸術は保存する。そしてそれはこの世で唯一、自分で自分を保存するものだ」（QP163/274）。

事実における可滅性と権利における「永遠性」（QP166/280）はそのまま、芸術作品のマテリアルとそこに宿る感覚の区別に連結される。事実として演奏は鳴り止み、絵具は剝落し、彫刻はなぎ倒される。あるいは印刷され、フィルムに焼かれ、データ化された作品は複製され相対的に長い持続にたえうるが、こうした事実上の作品の物質的持続と、そのなかで実現される感覚の権利上の永遠性はあくまで区別される。

しかしここから、ジョン・ケージの《4分33秒》は4分33秒間の永遠なのだと言ったところで誰を面白がらせることもできないだろう。権利と事実の分割という哲学的な手段が資するのは、いたずらに権利を事実に適用したり、事実のままならなさから権利に救済を見出したりすることではなく、いつでも新たな事実——物の状態やオピニオンに還元されない生という事実——の解放に対してであるべきだろう。

同時に、権利はヒューリスティックなものであり、事実は新たな権利へとわれわれを焚きつけることにおいて意味をもつのであって、これは内在平面の多元性が問題の多元性に対応することとひとつながりになっている。そしてここで応えられようとしている問題とは、芸術の権利を〈感覚の即自的な保存〉と規定することによって、芸術が〈マテリアルの他律的な可滅性〉との関係において捉えられるとするなら、このフレームに何がやってくるのかということである。

このとき重要なのは、権利上感覚はマテリアルと区別されるにせよ、事実上感覚はマテリアルそのもののうちで実現されるということだ。感覚はそれを作る芸術家や参照されるモデル、あるいは作品を見る鑑賞者のうちにあるのでもなく、作品のマテリアルそのもののうちに自律的に存在する。

ドゥルーズは感覚を、主観的な状態としての「知覚 perception」から引き剝がされた「ペルセプト percept」と、主観的な諸状態の移行としての「情動 affection」から引き剝がされた「アフェクト affect」の「合成態 composé」として定義する(QP163-164/275)。ペルセプトは「風景**が見る**」という純粋知覚的な外在性へともたらされ、アフェクトは模倣や共感や想像的な同一化をはみ出す「非人間的な生成」に人間を巻き込む(QP169, 173/283, 290)。「ペルセプトとアフェクト、風景と顔、ビジョンと生成」(QP178/298)、感覚はこれらを合成し真空パックのように閉じ込めることで保存するが、それはたんに感覚の存在を権利に還元することによってではない。

マテリアル(画布という支持体、筆や刷毛という仲介物、チューブのなかの絵具)は場合ごとにたいへん異なるので、マテリアルがどこで終わって感覚がどこで始まるのかを言うのは、事実上困難だ。画布の地塗り、筆の毛先の跡が、そしてその手前にある多くのものが感覚の一部をなしている。感覚は持続することのできるマテリアルなしにどうして保存されることができるだろうか。(QP166/279)

彩色するのは画家ではなく絵具であり、身をよじるのはモデルではなく石であり、叫ぶのは登場人物ではなく語の連鎖であり、感覚するのはつねにマテリアルだ。芸術家はマテリアルが感覚するようにする。ここで示されているのは、事実はたんにマテリアルの可滅性を示すのではなく――そうだとすればマテリアルは事実において一瞬たりとも持ちこたえることはないだろう――その持続のなかに宿る感覚との圧着、混合を示しているということだ。マテリアルのなかで、感覚はいつ始まるのか。ドゥルーズが権利という次元に訴えかけるのは、事実においてこの問いに答えることができないからであり、それはなおさら**感覚の事実上の存在**を前提している。しかしそれは避けがたくマテリアルと混ざり合っており、そしてたちまち知覚や情動へと溶け出てしまう。そうして気付けば「腐ってるのはお前さん自身と、お前さんの母親と、お前さんのばあさんさ」(5-6)という抽象的なコミュニケーションが幅をきかせ、芸術は作品を口実とした「オピニオン」や「マーケット」の場になるわけだ。

したがって権利と事実の分割という哲学的手段は、感覚を権利へと匿い、その事実上の存在をスキップするものなどではなく、反対に、事実において存在する感覚を、感覚の開始、芸術の開始の問題として考えるために用いられている。ドゥルーズはこの問いにふた通りの解答を与えている。いわく、「芸術は肉とともにではなく、家とともに始まる」(QP187/314)、そして「芸術はおそらく動物とともに始まる」（QP184/309）。結局のところこれらはいずれも同じことを意味しているのだが、順に見ていこう。

感覚の存在、ペルセプトとアフェクトのブロックは、感覚するものと感覚されるものの統一性ないしその可逆性として、すなわち握り合う両手のようなふたつの親密な絡み合いとして現れるだろう。それが肉 chair であり、それは、生きられた身体と知覚された世界と、前者から後者へのいまだあまりに経験に結びついた志向性から同時に解放する。（QP179/300–301）

しかしこの統一性、身体における受容性と自発性の可逆的な一致は「理念的な一致」、宗教的な「受肉の秘儀」を隠しており、ここに感覚の「開始」を見るなら、共通感覚論の変種に留まってしまうだろう。ここでもやはり、メルロ＝ポンティ的なキアスムに感覚の基礎づけを見出すのは「あまりに性急」である。肉に見出されるのは身体の現存であり、その身体の現存は、「いくつかの自律的なフレームのなかで、感覚にそれ自体で持ちこたえる能力を与える」（QP180/302）ものとしての「家」によって初めて可能になる。肉を囲むフレームの接合、これが「領土＝縄張り territoire」を構成する。芸術が肉においてではなく家とともに始まり、また人間を待たず動物とともに始まるのは、「領土」において両者が交差するからだ。

動物は手近なマテリアルを用いて領土を形成する。蜘蛛は糸によって、アズマヤドリは棒きれと青い木の実によって領土を形成し、尿の匂いや体表の模様もまた領土である。あるいは反対に、大陸を横断するバッタの群れ、海底を行進する蟹の列は脱領土化するが、このふたつの運動の二極化自体が家に芸術の開始を見ることによって生み出されている。家があるから感覚は持ちこたえることができ、また、家があるからカオスはフィルタリングされコスモスへと転換される。「感覚の存在は肉ではなく、コスモスの非人間的な諸力〔＝ペルセプト〕、人間の非人間的な生成〔＝アフェクト〕、そしてふたつを交換し調節し、風のように旋回させる両義的な家との合成態だ」（QP184/308）。芸術は肉をフレーミングし、それと同時にフレームをはみ出すコスモスへと開かれる。芸術の開始はこの両義性の開始であり、感覚においてて合成されるのはこの両義性だ。

そして家＝領土は、その機能に先行するものとして考えられている。領土はたんに諸々の行動の場となるものではなく、反対に領土の存在が諸々の機能を可能にする。「感覚可能で純粋な質の発現」としての領土化は「そこから新たな因果性や合目的性が引き出される手前にある質を祝福する動物的なミサ」（QP185/309–310）であると言われるが、この「動物的なミサ」ははたして肉における「受肉の秘儀」に比して神秘化を免れているのかということは不分明である。

＊
＊
＊

肉から家へ。「受肉の秘儀」から「質を祝福する動物的なミサ」へ。この移行の実効性はどのようにして見出されうるのだろうか。

この問いは、すでに動物の領土化に芸術の誕生を見ていた『千のプラトー』の第一一プラトー「リトルネロについて」における、動物行動学における「儀式化 ritualisation」の位置づけに関わっているだろう。

コンラート・ローレンツは、動物界に見られる同種の個体間の攻撃行動を論じた『攻撃』において、さんご礁に生息する熱帯魚の観察から「色彩、攻撃性、定住性のあいだには緊密な結びつきがある」[44]という仮説を立てた。色彩とは質あるいは表現であり、攻撃性とは機能であり、定住性は領土性である。地味な魚が群れで回遊するのに対して、豊かな色彩をまとう魚たちは、単身で狭い区画に閉じこもり、そこに侵入する同種の個体に対して激しい攻撃傾向を示す。同じ属にある種のあいだにあっても観測されるこのような生態の分岐は、いかにして生じるのか。まずローレンツの議論を雑駁に再構成しよう。

まず、「ばく大な量の食物を提供してくれるさんご礁では、一匹の個体が暮らしを立てるのにほんの数平方メートルの広さで足りる」[45]という環境の豊かさがあり、その狭い空間に

44　コンラート・ローレンツ『攻撃』、三五頁。
45　同書、五七頁。

様々な種のニッチが緊密にひしめき合っている。この緊密さこそがその個体に食料を提供するものであり、同時にそれは、他の種との競合が落とし所を見つけた結果である。

しかし、当の個体と同種の別の個体がその「ビオトープ」に踏みこんでくることは、彼がそこで身を落ちつけている平衡を乱し自身の取り分を失いかねない事態である。同種間の攻撃行動がなされるのはこの瞬間であり、熱帯魚がまとう鮮やかな色彩は、直接的な攻撃を事前に避けるための「ポスター」[46]として機能する。

ローレンツにとって動物の色彩や身振りにあらわれる「儀式化」とは進化のすえに間接化し形骸化した攻撃であり、「動物が所有しているかに見える領土は、攻撃欲が場所との関連で変化するところの作用圏にすぎない」[47]と言われるように、領土は攻撃という機能の副産物である。つまり、表現も領土も攻撃という機能から派生するものとして考えられている。彼は「儀式化」を精神分析における「昇華」および人間の「スポーツ」と類比的なものと考えており、ここには人為的なものによるホッブズ的な自然状態の克服という図式が共有されている。[48]ローレンツの議論においては生態学的な機能主義と素朴なヒューマニズムとが奇妙なしかたで結託しているのだ。

ドゥルーズは「**攻撃性を領土の基盤とする**ローレンツの考え方にしたがうことはできない」(MP388/中 328)として、次のように述べる。

危険な政治的響きをもつこの曖昧な主張は、正当な根拠を欠いていると思う。同一種の内部に生まれるとき、攻撃機能が新たな様相を呈するということは明白だ。しかしこのような機能の再組織化は、領土を前提とするのであって、けっして領土を説明するものではない。（MP388/中 328）

このとき重要なのは、ドゥルーズが〈環境－機能〉と〈領土－表現〉を区別しているということであり、各個体にとっての環境が蜘蛛の巣と蠅の軌道、蜂の労働と蘭の生殖のように相互に貫きあっているのに対して、領土はそのような環境の多元的な貫入から「自立的」であると考えていることだ。そして「表現」とはこの自立性の謂である。

したがって批判の力点は機能の**再**組織化、環境の力場の**再**組織化の要因にあるのであり、その限りで機能に対する領土の先行は、実際の時間的先行というより、あくまで説明の順序を指している。つまりローレンツの「曖昧」さは、そもそも攻撃が同種の個体間の空間的割り振りという特定の機能のもとに特殊化されること自体が「攻撃欲」（ローレンツはこれをフロイトの「死の欲動」に引きつけて論じている）の一語によって問われないままに封殺されていることにあると言えるだろう。

一匹のビーバーがビーバー史上初めて一本の樹を齧り倒したときすでにそれが「ダム」に

46　同書、三五頁。
47　同書、六一頁。
48　同書、三六四頁。

なることをそのビーバーあるいは「利己的な遺伝子」[49]は見越していたなどと言えないのと同じく、あるときあらわれた黄色い魚の黄色さは直接的攻撃の回避を見越していたなどとは言えないだろう。樹が棒きれになり、棒きれがダムになるまでのあいだ、幾世代にもわたってその行動は無益なままに保存されなければならず、ビーバーの生活が一部の隙もなく機能に満たされていたならそのような保存は起こりえないだろう。領土とは**保存された偶然**であり、その保存は機能＝必要＝窮乏によってではなく、むしろ表現＝自由＝無関心によって説明される。領土とは環境における「淘汰圧」と「機能」というふたつの忙しない〈密〉の形態のあいだにある〈疎〉の地帯である。

同種間であれ他種間であれ実質的な個体間の距離にかかわらず、様々なコードが絡み合いつねに〈密〉である環境に対して、領土は〈疎〉を穿つ。というか、海のなかで際立った色彩のままで**放っておかれている**ということが、**すでにそこにある**〈疎〉の表現であるだろう。**あらゆる表現は〈すでに疎である〉ことの表現である。**だからこそドゥルーズは「領土は自由を保障されたコードの余白に出現する」（MP396/中 341）と述べるのだ。

環境とはコードの集積であり、異なる環境は相互に貫きあい、その接面においてコードは恒常的な「コード変換」の状態にある。しかし生物学的地層が遺伝的コードの「脱コード化」としての表現の剥離によって特徴づけられたのと同じく、生態学的なレベルにおいても、動物は環境における〈疎〉の出現によって定義される。

ひとつひとつの環境がコードをもち、環境のあいだではたえずコード変換がおこなわれるとしても、領土のほうは、逆になんらかの**脱コード化**のレベルで成立するものと思われる。(MP396/中341)

領土あるいは表現が環境あるいはコードから自立しているのは、「状況そのものが与えられなくても、状況との関係は与えられうるからであり、それは衝動そのものが与えられなくても衝動との関係は与えられうるのと同じである。〔内的〕衝動と〔外的〕状況が与えられた場合でも、関係自体は、関係づけられるものから自立している」(MP391/中332)。危機を感じていないあいだも黄色い魚が黄色く(蛸のように状況 - 衝動に応じて発色するのでなく)、空腹でもないのに犬が狩りの身振りを反復するのは、それらが機能してもしなくてもいいという余裕において、独立した表現という次元を獲得しているからである。本能から昇華へ、自然状態における闘争からスポーツへ、というローレンツの議論の「政

49　リチャード・ドーキンスはビーバーのダムなどの動物の「造作物」を「延長された表現型 extended phenotype」として考えることを提案している(『延長された表現型』、第一一章)。彼は目の色などの直接的な表現型と複雑な造作物のあいだにあるのは、遺伝的な要因を特定するための要因の多寡だけだと主張する。興味深いのは、ビーバーのダムや蟻塚のような多数の個体が関わる造作物の存在によって、個体は「利己的な遺伝子」のヴィークルにすぎないという彼の説が強化されることだ。しかしここにはローレンツと同様の、機能主義を前提にすることによる回顧的な錯覚があるように思われる。

治的響き」に話を差し戻すなら、ドゥルーズにおいて動物的な政治は「立て札」が表示する「距離」としての、表現されるところのものである領土から出発する。

領土とは、まず同一種に属する二個体間の臨界的距離のことであり、その距離を表示することなのである。私のものとは、まず私がもつ距離のことだ。私には距離しかないのだ。私は人に触れてもらいたくないし、他人が私の領土に入ってくるなら、苦情を述べ、立て札を立てる。臨界的距離は表現の素材に由来するひとつの関係なのだ。(MP393/中336)

「そこから新たな因果性や合目的性が引き出される手前にある質を祝福する動物的なミサ」とは、動物においてすでに始まっている〈疎〉の表現である。それは普遍的な闘争から儀式へ、本能から昇華へ向かうのではなく、ある二者の関係にすでに存在するその二者に還元されざる関係の外在性、つまり他/我のスラッシュの自立性であり、表現とはその剝離したスラッシュそのものである。

たとえ戦争や圧制が目的であったとしても、所有とは何よりもまず芸術的なものだ。芸術は何よりもまず**ポスター**、あるいは**立て札**だからである。(…)表現的なものは所有的なものに先行し、表現の質、あるいは表現の素材は、必然的に所有に向かい、〈在ること〉l'être よりも深いところに根ざしたある〈持つこと〉un avoir を形作る。それは質が一個の主体に帰属することを意味するのではなく、質がひとつの領土をかたどり、質をになったり、質を生産したりする主体にこの領土が帰属するということを意味するのだ。このような質はすなわち署名である。署名や固有名とは、すでに出来上がった主体の符号ではなく、それ自体で領土や領域を形作る符号である。署名は一個の人間を標示するものではなく、領土を形成する行き当たりばったりの行為である。(…) 私が特定の色を好むのと、その色を自分の旗印や立て札にするのとは、同時に起こることだ。ある事物に自分の署名をするのと、ある土地に自分の旗を立てるのは同じことなのだ。(MP389/中 327)

所有 propriété と固有名 nom propre は、ある質が帰属する主体を示すのではなく、ある領土を形成する行為であり、主体はそこに帰属する。というか、そこに帰属し、ある質を所有する主体がいると**見なされる**のだ。そこに表現を見出す者、立て札に出くわした他人によって。そしてそれが立て札であることを、立て札を立てた当人が知っている必要すらない。それは、そこに立て札を見る者は**勝手に**そうするのであり、私がある色を自分の立て札にするのではなく、たんに私が好んでいるその色の向こうに私を見る者が、そこに私の所有するもの、私の固有性 propriété を見、立ち止まるからだ。そしてたとえ戦争が目的であっても所有が芸術的であるのは、あらゆる領土がそのような緩衝地帯であるからだ。したがって問題はもはや表現する者である以上に、表現を見出す者であり、『哲学とは何か』がその冒頭においてすでに結びつけていた、表現と他者の関係である。

＊　＊　＊

『哲学とは何か』の本論は、「概念」の定義から出発する。そしてその最初の事例となるのが、ドゥルーズ自身がキャリアの初期から折に触れて鋳なおしてきた「他者」概念であった。その話の途中で、短く、たんなる行きがかり上の喩えのように、本論の終盤になって出てくる動物‐芸術論への合図が送られている。

一羽の鳥の概念は、その属や種のなかではなく、そのいろいろな姿勢の、いくつもの色の、様々なさえずりの合成のなかに、すなわち、共感覚 synesthésie よりむしろ共知 synéidésie であるような、何か識別不可能なもののなかにある。（QP26/39）

「合成」はあとになって芸術を定義するものとして登場する。[50] しかし芸術論の文脈において「合成」は、「共知」ではなく「感覚のブロック」あるいは「感覚の存在」と呼ばれる。ここでもまた話題に上がるのは鳥であり、『千のプラトー』でも印象的なしかたで取り上げられた「スキノピーティス・デンティロストリス *scenopoeetes dentirostris*」である。

オーストラリアの多雨林に棲む鳥、スキノピーティス・デンティロストリスは、毎朝あらかじめ切り取っておいた木の葉を下に落とし、それを裏返すことによって、色の薄い裏側を地面〔の色〕と対照させることで、いわばレディーメイドのような舞台scèneを作り、そしてその真上で蔓や小枝にとまって、くちばしの下に生えている羽毛の黄色い付け根をむき出しにしながら、ある複雑な歌、スキノピーティス自身の音色と、そのあいまに歌う、他の鳥を模倣した音色によって合成された歌を歌う。この鳥は完全に芸術家である。一個の芸術作品の下書きをなすのは、肉のただなかにおける共感覚ではない。それは領土のなかの感覚のブロック、すなわち色、姿勢、そして音である。この音響ブロックはリトルネロであるが、さらに、姿勢リトルネロと色彩リトルネロも存在する。姿勢と色彩はつねにリトルネロに入り込んでくる。かがむ、体を起こす、輪を描き、色の線を引く。リトルネロの全体が感覚の存在なのである。(QP185/310–311)

鳥の表現について、それを「共感覚」と考えることを斥けることは、ふたつの引用に共通している。しかしひとつめの引用で「合成」は「共知」と呼ばれ、ふたつめでは同じものが「感覚の存在」と呼ばれる。本のはじめと終わりで、ひとつの同じ話題が合図を送りあいつつ

50 「合成、コンポジション、それこそが芸術のたったひとつの定義である」(QP192/323)。

つも、すれ違っている。

このすれ違いは、概念が「区別される諸々の変奏の相互不可分性より他に何ももたない形態 forme」（QP27/40）であるのに対して、芸術作品は「形態を崩壊させうる背景の力、もはやどれが人間でどれが動物かわからなくなるゾーンを認めさせる力」（QP174/292）であるという差異に由来するだろう。「共知 synéidésie」とは「共－形態 syn-eidos」でもあり、そこでは区別可能な要素の絶対的な結合がなされ、感覚のブロックは「人間と動物の識別不可能性のゾーン」（QP174/292）にあらわれる力を合成する。一羽の鳥**という概念**における共知と、一羽の鳥**がそうであるような**力を合成する感覚のブロック。一冊の本のなかで、ドゥルーズは鳥をめぐって一八〇度反対側に回り込んだかのようだ。その一方で鳥は概念であり、他方で人間以前の芸術的表現である。そしてここでは「力」と「形態」の垂直的二元論が、芸術と哲学の自他の二元論として変奏されている。しかしこれはあまりに名目的な差異ではないだろうか。

実際ドゥルーズ自身も、哲学と芸術それぞれについて「ほとんど同じ言葉遣いで」語っていることに自覚的である。[51] しかし彼はそこで、ふたつの分野を「識別不可能」なものとして溶け合わせるのではなく、むしろ決定的な差異を言う。

感覚の生成とは、それによって何かもしくは誰かが（それ自身であり être 続けながら）〈他に－生成する〉行為である。［ゴッホの］向日葵や、［『白鯨』の］エイハブ船長のように。それに対して、概念の生成は、共通の出来事それ自体が、現に存在するものから身を躱す行為である。**概念の生成はひとつの絶対的な形態のうちに含まれた異質性** ***hétérogénéité*** **であり、感覚の生成はひとつの表現の素材のうちに入り込んだ他性** ***altérité*** **である。**モニュメント〔としての芸術作品〕は、潜在的な出来事を現働化するのではなく、むしろ出来事を具体化し、あるいは受肉しているのだ。（QP178/299 強調引用者）

概念も感覚も、存在《ある》に還元されざる生成《なる》をおこなう。しかし概念の生成が出来事をその実現されざる持ち分のもとへと反‐実現し「脱受肉 désincarner」（QP159/269）させるのに対して、感覚の生成は出来事に肉を、あるいは身体を与えうるフレームを接合する。哲学は現在から身を躱し、芸術は現在のうちに新たな肉の可能性を穿つ。このほとんど反対の、しかし尖端ですれ違いつむじ風を生むような出来事をめぐる差異は、本書で繰り返し引用してきた次のパッセージを思い出させる。

発話が出来事を創造し、立ち上げるということ、そして沈黙した出来事は大地によって覆われるということを同時につかまえなければならない。出来事とはつねに抵抗であり、

51　「ところで、われわれが哲学的概念を定義するのは、やはり生成によってでないだろうか。それも〔芸術を定義するのと〕ほとんど同じ言葉遣いで」（QP178/298）。

発話行為がもぎ取るものと大地が埋却するものとのあいだにある。（IT334/353-354）

しかしこの場合、「同時につかまえる」のは誰かと問うなら、それは哲学であり、概念の生成／感覚の生成**という概念**による差異化自体が、やはり、「干渉する側の分野は、それ自身の手段によってことに当たらなければならない」という規則に従った異質なものの結合である。言葉と物の二元論から自他の二元論へのスイッチとしての「ましてやわれわれ自身が著者であるとき」は『哲学とは何か』全体を貫く枠組みとして拡張されている。

潜在的なものを現働化し出来事を実現するのではない、出来事の「受肉」とは、マテリアルのうちに事実上つねにそれと識別不可能である感覚を埋め込むことである。それはまた、たとえ外延を等しくしていたとしても、領土を環境から剝離させ、そこに表現を見る者に〈私〉を幻視させる。『哲学とは何か』は、この幻視の距離についての書物である。

「おのれをおのれの断末魔から引き剝がす」動物の断末魔が思考する者の頭にこびりついて離れないのは、ルソー的な「憐れみ pitié」によるのではなく、「人間と動物の交換ゾーン」がそこにあらわれているからであり、それこそが「哲学と非哲学の構成的関係」であると言われていた（4-6）。動物が表現するのは、あるいは芸術作品において表現されているのは、「可能なもの」と呼ばれる。哲学は「潜在的なものの実在性」において出来事を反-実現し、芸術は「可能なものの現存」において出来事を受肉する（QP178/300）。それは肉があまりに「カオスに近すぎる」からだ。「いくばくかの可能なものを、さもなければ窒息してしまう」

(IT221/237, QP178/300)。

ドゥルーズは画家が、ヒステリー者にはなしえない「ちょっとしたコツ＝少しの芸術 un peu d'art」(FB37/74) によって、ヒステリーにおける「過剰な現前」を絵画にもたらすと述べる。この「少し」であること、あるいは可能なものの「いくばくか」であることは、「最後の吐息 dernier souffle」として臨終の論理に属するのではなく、むしろ生のただなかに穿たれる〈疎〉の論理に属しているだろう。だからこそドゥルーズは、画家の絵と狂人の絵を「空気 air と空白 vide のポケット」(QP165/278) の有無によって隔てるのであり、「可能なもの」は「窒息」を避けるためにこそ希求されるのだ。

あるいはまた、「少し」あるいは「いくばくか」であることは、芸術の「マイナー性」として、あるいはウィリアム・モリスの言葉を借りれば民衆的な「レッサー・アート」の「レッサー」であることとしてあらわれるものでもあるだろう。[52] ドゥルーズが動物の巣作りにせよ子供が暗闇で歌う鼻歌にせよ主婦の流すラジオにせよ、つねに「芸術未満」であるような事例から芸術論を始めるのは、大文字の〈芸術〉が表現を生の具体性から切り離してしまうからであると同時に、芸術がつねに言わば生活の片手間で、窮乏＝必要のただなかでそこからいくぶんか剝離する奢侈＝可能性としての「装飾」あるいは「装い parure」[53] にこそ表現が生まれるからであるだろう。

52　ウィリアム・モリス「小さな芸術」、一〇頁。

レッサー・アートとしての装いは、ドゥルーズが『フーコー』でフーコーの体系を撚り合わせた「生存の美学」の反対にある。美的な生存と〈真なることを言うこと＝パレーシア〉の一致は、自身の生から異種形成的に剝がれ落ちるもののポジティビティを共通感覚的な一致において内面化するだけだ。生存が美的なのではない。生存から剝離するものの異種形成的な外在性が美的なのであり、「作品」という語にいまだ意味があるとしたらそこにしかないだろう。しかしそれでもまだ話は半分しか終わっていない。表現はそれに直面する者を要請するからであり、そして、そこから眼を逸らし、書くことで「概念である限りでの可能世界としての出来事」を創造することを要請するからだ。

この他者関係は何と呼ばれるべきだろうか。批評。クリティック。名目的にはそうであるだろう。しかし『哲学とは何か』が老いの書物であると同時に「ひとが純粋思考から排除するつもりでいた死活的な他者関係を、ふたたび思考のうちに導き入れる」ものとしての「友愛」（QP9/11）の書物であることをふまえるなら、この他者関係は友愛によって定義されるだろう。しかしドゥルーズは友愛を、もはやプラトン的なイデアに向かう競合関係ではなく「限りない不信」に貫かれたものとして考えている。「友どうしの、ある背けあい、ある種の疲労、ある種の苦しさなのであって、これらが友愛を限りない不信もしくは忍耐としての〈概念の思考〉へと変換する」（QP10/12–13）。

「哲学者は概念の友である」（QP10/13）。友であるとは、「潜勢態」として概念を把握すること、つまり、指物師が木が何をなしうるか知っているように概念が何をなしうるか知っていることである。しかし老いにおいて、そして『哲学とは何か』の名目上の共著者であるガタリとの「微妙な距離感」としか言いようのない関係において、この「知」こそが不信に晒されている。[54]「つねに新たな概念を創造すること、それこそが哲学の目的である」のは、不信の距離は何かを創造することで初めてポジティブなものとなるからだ。しかしそれでもまだ話は半分しか終わっていない。ドゥルーズが何を創造したかは、われわれがそこから何かを創造するまで誰も知らないからだ。

53　ベルトラン・プレヴォーは「装い parure」の概念のもとに美術史的ないし人類学的な領野と動物行動学的な領野を接続し、ドゥルーズ的な動物‐芸術論を深化させる研究をおこなっている。ここでも表現は肉から剝離する「**非身体的な外在性**」の発現として考えられている（Prévost, «Cosmique cosmétique», p. 29［一六九頁］）。

54　八〇年代末から九二年の死までのガタリの心身の衰弱、ドゥルーズとのぎこちない関係についてはドス『交差的評伝』（二一六、四三三、四六六、五〇二頁）を参照。

外国語文献

Luis Althusser, *Sur la reproduction*, PUF, 1995（ルイ・アルチュセール『再生産について――イデオロギーと国家のイデオロギー諸装置』上・下、西川長夫＋伊吹浩一＋大中一彌＋今野晃＋山家歩訳、平凡社ライブラリー、二〇一〇年）

J. L. Austin, *How to Do Things with Words*, 2nd edition, edited by J. O. Urmson and Marina Sbisà, Harvard University Press, 1975 [1962]（J・L・オースティン『言語と行為――いかにして言語でものごとを行うか』飯野勝己訳、講談社学術文庫、二〇一九年）

Alain Badiou, *Deleuze. La Clameur de l'Être*, Hachette, 1997（アラン・バディウ『ドゥルーズ――存在の喧騒』鈴木創士訳、河出書房新社、一九九八年）

――― *Petit manuel d'inesthétique*, Seuil, 1998（『思考する芸術――非美学への手引き』坂口周輔訳、水声社、二〇二一年）

Émile Benveniste, *Problèmes de linguistique général*, tome. 1, Gallimard, 1966（エミール・バンヴェニスト『一般言語学の諸問題』岸本通夫監訳、河村正夫＋木下光一＋高塚洋太郎＋花輪光＋矢島猷三訳、みすず書房、一九八三年　＊邦訳版には原書の二八篇の論文のうち七篇が収められていない）

――― *Problèmes de linguistique général*, tome. 2, Gallimard, 1974（『言葉と主体――一般言語学の諸問題』阿部宏監訳、前島和也・川島浩一郎訳、岩波書店、二〇一三年）

Noam Chomsky, *Aspects of the Theory of Syntax*, M. I. T. Press, 1965（ノーム・チョムスキー『統辞理論の諸相――方法論序説』福井直樹＋辻子美保子訳、岩波文庫、二〇一七年）

Nicolas Cornibert, *Image et matière. Étude sur la notion d'image dans* Matière et mémoire *de Bergson*, Hermann, 2012

E. E. Cummings, "anyone lived in a pretty how town", in *22 and 50 Poems*, edited by George James Firmage, Liveright, 2001

Paul de Man, *Aesthetic Ideology*, edited by Andrzej Warminski, University of Minnesota Press, 1996（ポール・ド・マン『美学イデオロギー』上野成利訳、平凡社ライブラリー、二〇一三年）

Jacques Derrida, *La carte postal. de Socrate à Freud et au-delà*, Flammarion, 1980（ジャック・デリダ『絵葉書――ソクラテスからフロイトへ、そしてその彼方』第I－II巻、若森栄樹＋大西雅一郎訳、水声社、第I巻：二〇〇七年、第II巻：二〇二二年）

――― *Limited Inc*, presentation et traduction par Elisabeth Weber, Galilée, 1990（『有限責任会社』高橋哲哉＋増田一夫＋宮﨑裕助訳、法政大学出版局、二〇〇二年）

René Descartes, *Méditations métaphysiques. objections et réponses : suivies de quatre lettres*, présentation, bibliographie et chronologie par Jean-Marie Beyssade et Michelle Beyssade, Flammarion, 2011（ルネ・デカルト『省察』山田弘明訳、ちくま学芸文庫、二〇〇六年）

George Didi-Hubermen, *Devant l'image. Question posée aux fins d'une histoire de l'art*, Minuit, 1990（ジョルジュ・ディディ＝ユベルマン『イメージの前で――美術史の目的への問い〈増補改訂版〉』江澤健一郎訳、法政大学出版局、二〇一八年）

Oswald Ducrot, *Dire et ne pas dire. Principes de sémantique linguistique*, 3e édition, augm., Hermann, 1993 [1972]

Elie During, « Prototypes : un nouveau statut de l'œuvre d'art », in *Esthétique et Société*, dirigé par C. Tron, L'Harmattan, 2009, pp. 15–50（エリー・デューリング「プロトタイプ：芸術作品の新たな身分」武田宙也訳、『現代思想』二〇一五年一月号、青土社、一七七－一九九頁）

――― *Faux raccords. La coexistence des image*, Actes Sud, 2010

――― « Vie et mort du cinématographe : de L'Evolution créatrice à Durée et Simultanéité », in *Bergson*, dirigé par Camille Riquier, Cerf, 2012, pp. 139–162

――― "Notes on the Bergsonian Cinematograph", in *Cine-Dispositives: Essays in Epistemology across Media*, translated by Franck Le Gac, edited by François Albera & Maria Tortajada, Amsterdam University Press, 2015, pp. 115–128（＊本論文につ

いてはAcademia.comにアップロードされているバージョンを参照し、参照箇所の指示に際してそちらのページ数を記している。https://www.academia.edu/526878/DURING_Notes_on_the_Bergsonian_Cinematograph_2015_）

Michel Foucault, *Les mots et les choses*, Gallimard, 1990 [1966]（『言葉と物――人文科学の考古学』渡辺一民＋佐々木明訳、新潮社、一九七四年）

――― *L'Archéologie du savoir*, Gallimard, 1969（『知の考古学』慎改康之訳、河出文庫、二〇一二年）

――― *Ceci n'est pas une pipe*, Fata morgana, 1973（『これはパイプではない』豊崎光一＋清水正訳、哲学書房、一九八六年）

――― *Surveiller et punir. Naissance de la prison*, Paris, Gallimard, 1975（『監獄の誕生――監視と処罰』田村俶訳、新潮社、一九七七年）

Gottlob Frege, "Sense and Reference", in *The Philosophical Review*, vol. 57, no. 3, Duke University Press, 1948 [1892], pp. 209–230（ゴットロープ・フレーゲ「意義と意味について」野本和幸訳、『言語哲学重要論文集』松阪陽一編訳、春秋社、二〇一三年、五-五八頁）

Rocco Gangle, *François Laruelle's Philosophies of Difference: A Critical Introduction and Guide*, Edinburgh University Press, 2013

Peter Hallward, *Out of This World: Deleuze and the Philosophy of Creation*, Verso, 2006（ピーター・ホルワード『ドゥルーズと創造の哲学――この世界を抜け出て』松本潤一郎訳、青土社、二〇一〇年）

G. W. F. Hegel, « Qui pense abstrait ? », in *Qui pense abstrait ?*, traduit par Ari Simhon, Hermann, 2007 [1807], pp. 8–19（ヘーゲル「抽象的に考えるのは誰か」加藤尚武訳、『現代思想』一九七八年一二月臨時増刊号、青土社、二六四-二六八頁）

Jaakko Hintikka, "Cogito, Ergo Sum: Inference or Performance?", in *The Philosophical Review*, Volume 71, Issue 1, Duke University Press, 1962, pp. 3–32（ヤーッコ・ヒンティッカ「コギト・エルゴ・スムは推論か行為遂行か」小沢朋也訳、『現代デカルト論集II 英米編』、デカルト研究会編、一九九六年、一一-五四頁）

Luis Hjelmslev, *Prolégomènes à une théorie du langage*, traduit par Una Canger, Minuit, 1968（『言語理論の確立をめぐって』竹内孝次訳、岩波書店、一九八五年）

Immanuel Kant, *Critique de la raison pure*, traduit par André Tremesaygues et Bernard Pacaud, PUF, 2012 [1781]（イマヌエル・カント『純粋理性批判』熊野純彦訳、作品社、二〇一二年）

――― *Critique de la faculté de juger*, traduit par Alain Renaut, Flammarion, 1995 [1790]（『判断力批判』熊野純彦訳、作品社、二〇一五年）

François Laruelle, *Les philosophies de la différence*, PUF, 1986

――― "I, the Philosopher, Am, Lying': A Reply to Deleuze", translated by Taylor Adkins, Ray Brassier, and Sid Littlefield, in *The Non-Philosophy Project: Essays by François Laruelle*, edited by Gabriel Alkon and Boris Gunjevic, Telos Press Publishing, 2012, pp. 39–73

Jean-Jacques Lecercle, *Deleuze and Language*, Palgrave Macmillan, 2002

Quentin Meillassoux, *Après la finitude: essai sur la nécessité de la contingence*, Seuil, 2012 [2006]（カンタン・メイヤスー『有限性の後で――偶然性の必然性についての試論』千葉雅也＋大橋完太郎＋星野太訳、人文書院、二〇一六年）

Maurice Merleau-Ponty, *Le visible et l'invisible. Suivi de notes de travail*, Gallimard, 1964（モーリス・メルロ＝ポンティ『見えるものと見えないもの――付・研究ノート』滝浦静雄＋木田元訳、みすず書房、一九八九年）

Jacques Monod, *Le hasard et la nécessité : Essai sur la philosophie naturelle de la biologie moderne*, Seuil, 1970（ジャック・モノー『偶然と必然』渡辺格＋村上光彦訳、みすず書房、一九七二年）

Bertrand Prévost, « Cosmique cosmétique. Pour une cosmologie de la parure », *Images Re-vues* [En ligne], 10 | 2012, mis en ligne le, consulté le 21 mars 2024. URL : http://journals.openedition.org/imagesrevues/2181（ベルトラン・プレヴォー「コスミック・コスメティック――装いのコスモロジーのために」筧菜奈子＋島村幸忠訳、『現代思想』二〇一五年一月号、青土社、一五二-一七六頁）

Jacques Rancière, « Existe-t-il une esthétique deleuzienne ? », in *Gilles Deleuze : une vie philosophique : rencontres internationales Rio de Janeiro - São Paulo, 10-14 juin 1996*, dirigé par Eric Alliez, Institut Synthélabo, 1998, pp. 525–536

Bertrand Russell, "On Denoting", in *Mind*, vol. 14, no. 56, Oxford University Press, 1905, pp. 479–493（バートランド・ラッセル「表示について」松阪陽一訳、『言語哲学重要論文集』松阪陽一編訳、春秋社、二〇一三年、五九-八八頁）

Jean-François Lyotard, *Discours, Figure*, Klincksieck, 2002 [1971]（ジャン＝フランソワ・リオタール『言説、形象（ディスクール、フィギュール）』合田正人監修、三浦直希訳、法政大学出版局、二〇一一年）

Anne Sauvagnargues, *Deleuze et l'art*, PUF, 2005（アンヌ・ソヴァニャルグ『ドゥルーズと芸術』小倉拓也＋黒木秀房＋福尾匠訳、月曜社、二〇二四年）
Ferdinand de Saussure, *Cours de linguistique générale*, Le Mono, 2014 [1916]（フェルディナン・ド・ソシュール『新訳 ソシュール一般言語学講義』町田健訳、研究社、二〇一六年）
Gilbert Simondon, *L'individuation à la lumière des notions de forme et d'information*, Jérôme Millon, 2013（ジルベール・シモンドン『個体化の哲学――形相と情報の概念を手がかりに』藤井千佳世監訳、近藤和敬＋中村大介＋ローラン・ステリン＋橘真一＋米田翼訳、法政大学出版局、二〇一八年）
Daniel W. Smith, "Deleuze, Kant and the Transcendental Field", in *At the Edges of Thought: Deleuze and Post-Kantian Philosophy*, edited by Craig Lundy & Daniela Voss, Edinburgh University Press, 2015, pp. 25–43
Leo Steinberg, "Other Criteria", in *Other Criteria*, The University of Chicago Press, 1972, pp. 55–91（レオ・スタインバーグ「他の批評基準」1-3、林卓行訳、『美術手帖』一九九七年一月号–三月号、美術出版社、(1)一八四–一九九頁、(2)一八二–一九三頁、(3)一七四–一九二頁）
P. F. Strawson, "On Referring", in *Mind*, vol. 59, no. 235, Oxford University Press, 1950, pp. 320–344（ピーター・F・ストローソン「指示について」藤村龍雄訳、『現代哲学基本論文集II』、坂本百大編、勁草書房、一九八七年、二〇三–二五一頁）
Daniela Voss, "Maimon and Deleuze: the viewpoint of internal genesis and the concept of differentials", *Parrhesia: a journal of critical philosophy*, no. 11, University of Melbourne, 2011, pp. 62–74（ダニエラ・フォス「マイモンとドゥルーズ――内的発生の観点と微分の概念」小嶋恭道訳、『hyphen』、第二号、DG-Lab、二〇一七年、六〇–七四頁）

日本語文献

赤羽研三「デュクロの語用論1――前提」、『防衛大学校紀要 人文科学分冊』、第八〇号、防衛大学校、二〇〇〇年、一三九–一七九頁
東浩紀『存在論的、郵便的――ジャック・デリダについて』、新潮社、一九九八年
――『郵便的不安たち』、朝日新聞社、一九九九年
――『サイバースペースはなぜそう呼ばれるか＋――東浩紀アーカイブス2』、河出文庫、二〇一一年
――「悪の愚かさについて、あるいは収容所と団地の問題」、『ゲンロン10』、ゲンロン、二〇一九年、二七–六九頁
石黒義昭「ハイデガーの大地概念」、『美学』、第五二巻、第四号、美学会、二〇〇二年、一–一四頁
ルートウィッヒ・ウィトゲンシュタイン『哲学探究』鬼界彰夫訳、講談社、二〇二〇年
江川隆男「出来事と自然学――非歴史性のストア主義について」、『初期ストア哲学における非物体的なものの理論』、月曜社、二〇〇六年、一一一–二三〇頁
――『すべてはつねに別のものである――〈身体-戦争機械〉論』、河出書房新社、二〇一九年
岡嶋隆佑「ベルクソンにおける知覚の諸相」、『哲學』、第一三五号、三田哲學会、二〇一五年、五九–八九頁
小倉拓也『カオスに抗する闘い――ドゥルーズ・精神分析・現象学』、人文書院、二〇一八年
黒木秀房『ジル・ドゥルーズの哲学と芸術――ノヴァ・フィグラ』、水声社、二〇二〇年
嶋泰三『親指はなぜ太いのか――直立二足歩行の起源に迫る』、中公新書、二〇〇三年
千葉雅也『動きすぎてはいけない――ジル・ドゥルーズと生成変化の哲学』、河出文庫、二〇一七［二〇一三］年
ジョン・R・テイラー『メンタル・コーパス――母語話者の頭の中には何があるか』西村義樹＋平沢慎也＋長谷川明香＋大堀壽夫編訳、古賀裕章＋小早川暁＋友澤宏隆＋湯本久美子訳、くろしお出版、二〇一七年
エリー・デューリング「共存と時間の流れ」清塚明朗訳、『ベルクソン『物質と記憶』を解剖する：現代知覚論・時間論・心の哲学との接続』、平井靖史＋藤田尚志＋安孫子信編、書肆心水、二〇一六年、二七〇–三〇五頁
エリー・デューリング＋ポール＝アントワーヌ・ミケル「われらベルクソン主

義者——京都宣言」藤田尚志訳、『ベルクソン『物質と記憶』を解剖する——現代知覚理論、時間論、心の哲学との接続』平井靖史＋藤田尚志＋我孫子信編、書肆心水、二〇一六年、三三七‐三六六頁

リチャード・ドーキンス『延長された表現型』日高敏隆＋遠藤彰＋遠藤知二訳、紀伊國屋書店、一九八七年

フランソワ・ドス『ドゥルーズとガタリ——交差的評伝』杉村昌昭訳、河出書房新社、二〇〇八年

マルティン・ハイデッガー（ハイデガー）『カントと形而上学の問題　ハイデッガー全集』第三巻、門脇卓爾訳、創文社、二〇〇三年

——『芸術作品の根源』関口浩訳、平凡社ライブラリー、二〇〇八年

——『存在と時間』高田珠樹訳、作品社、二〇一三年

イアン・ハッキング『言語はなぜ哲学の問題になるのか』伊藤邦武訳、勁草書房、一九八九年

デイヴィッド・ヒューム『人間本性論——知性について』第一巻、木曽好能訳、法政大学出版局、一九九五年

平井靖史「現在の厚みとは何か？——ベルクソンの二重知覚システムと時間存在論」、『ベルクソン『物質と記憶』を解剖する——現代知覚理論、時間論、心の哲学との接続』平井靖史＋藤田尚志＋我孫子信編、書肆心水、二〇一六年、一七五‐二〇三頁

平倉圭『ゴダール的方法』、インスクリプト、二〇一〇年

——『かたちは思考する——芸術制作の分析』、東京大学出版会、二〇一九年

平田公威「『千のプラトー』における抽象機械の理論について——イェルムスレウの言語素論における言語図式に着目した考察」、『共生学ジャーナル』、第三巻、大阪大学大学院人間科学研究科『共生学ジャーナル』編集委員会、二〇一九年、一‐二五頁

——「『千のプラトー』における言語学受容について」、『フランス哲学・思想研究』、第二六号、日仏哲学会、二〇二一年、二六三‐二七四頁

福尾匠『眼がスクリーンになるとき——ゼロから読むドゥルーズ『シネマ』』、フィルムアート社、二〇一八年

プラトン『パイドロス』藤沢令夫訳、岩波文庫、一九六七年

エミール・ブレイエ『初期ストア哲学における非物体的なものの理論』江川隆男訳、月曜社、二〇〇六年

ジグムント・フロイト「無意識について」井村恒郎訳、『フロイト著作集』、第六巻、井村恒郎＋小此木啓吾＋懸田克躬＋高橋義孝＋土井健郎編、人文書院、一九六九年、八七‐一一三頁

——「神経症および精神病における現実の喪失」井村恒郎訳、『フロイト著作集』、第六巻、三一六‐三二九頁

——「科学心理学草稿」小此木啓吾訳、『フロイト著作集』第七巻、井村恒郎＋小此木啓吾＋懸田克躬＋高橋義孝＋土井健郎編、人文書院、一九七四年、二三一‐三一四頁

——『自我論集』竹田青嗣編、中山元訳、ちくま学芸文庫、一九九六年

——『日常生活の精神病理』高田珠樹訳、岩波文庫、二〇二二年

グレゴリー・ベイトソン『精神と自然——生きた世界の認識論』佐藤良明訳、岩波文庫、二〇二二年

堀江郁智「シモンドンにおける「情報」と「内的共鳴」」、『フランス哲学・思想研究』、第二三号、日本フランス哲学会、二〇一八年、二〇七‐二一八頁

三宅岳史「ベルクソン哲学における言語の消極性と積極性」、『哲学論叢』、第二九巻、京都大学哲学論叢刊行会、二〇〇二年、二七‐三九頁

ウィリアム・モリス「小さな芸術」、『小さな芸術——社会・芸術論集Ⅰ』川端康雄編訳、月曜社、二〇二二年

山本浩貴「新たな距離——大江健三郎における制作と思考」、『いぬのせなか座1号』、いぬのせなか座、二〇一五年、三八‐八三頁

クリサート・ユクスキュル『生物から見た世界』日高敏隆＋羽田節子訳、岩波文庫、二〇〇五年

アンドレ・ルロワ＝グーラン『身ぶりと言葉』荒木享訳、ちくま学芸文庫、二〇一二年

コンラート・ローレンツ『攻撃——悪の自然誌』日高敏隆＋久保和彦訳、みすず書房、一九七〇年

本書は二〇二一年三月に横浜国立大学に提出した博士論文「ドゥルーズの非美学――哲学と実践」（主査＝平倉圭、副査＝小泉義之、江川隆男、千葉雅也、榑沼範久、彦江智弘）をもとに、全面的に改稿したものである。

博士論文を提出するまでは、ちょっと書きなおせばすぐ本にできるだろうと思っていたが、結局三年かかってしまった。

提出した論文は読み返せば読み返すほど、書きなおせば書きなおすほど、そのまま世に問えるものではないように感じられ、しかしその疑念に向き合えずにいた。その違和感をひとことで言うのは難しいが、いま思えばそれは、なにか自分が見出したものを、非常に人工的なしかたで取りあつかった文章だった。

そこにはなにかがあるが、自分はそれにふさわしくない。その距離を小手先で埋めるのではない書き方を一から育てないと、取り返しのつかないことになる。書きなおしを進めるなかで、本当に少しずつ、その事実を受け入れ、同時に、いまここにあるこの本へと、論文は再構築された。

もっとも大きな変化は、博論の段階では「ドゥルーズ研究」という制度的な枠に寄りかかって、私自身の考えとして提示することから逃げていたところから抜け出たことだ。それは同時に、抜け出た先で、平倉さんと千葉さんというふたりの師――と、勝手に呼ばせていただく――から受け取ったものを、むしろ彼らとの距離において示すことへと跳ね返った。

平倉さんは博士課程の指導教員だが、私は、彼の研究室の門をくぐるとき、彼の「指導」より、彼を観察することを求めていた。彼ができること、してくれそうなことではなく、彼が取り組んでいる問題、そこにある困難がどのようなものなのか、学んでおく必要があると感じていた。そしてそれは本を読むだけではなく、彼自身を近くで見ないとわからない種類のものだろう、と。

本書で投げかけた、「巻込」に対して「巻込まれないもの」のポジティビティをどう考えるのかという疑問は、最初は彼の『かたちは思考する』が出たときのゼミで問うたものだった。博論では論じていなかったその問いを、私自身の問題として組み立てることから、本書の方向性は立てなおされていった。それは彼が、最初からひとりの書き手として私と向き合ってくださったからできたことであり、研究発表のたびに驚かされた、誰よりも速く私が無理をしているところを察知し、議論の実践的含意を私自身より深く見抜く彼の読解にもとづく、文字通りの指導のおかげだ。

千葉さんとは教師と学生という関係ではないが、あえて平倉さんと対比すれば、彼の書くものは著作から日々のツイッターまで、すべてが私にとっては指導だった。彼はどこかで「優れた教師は生徒を解散させる」と書いていたが、彼の書くものはどれも読む者を解散させつつ指導する、風通しのよい優しさと、他者がどこまでも他者であることの厳しさにあふれている。彼の仕事のジャンルをまたいだ展開や、それに要される勇気とつきまとう恐れを率直に語り、自身の工夫を共有する気っ風のいい言葉は、一〇年以上ものあいだ私の指針であり、励みであり続けている。

平倉さんとの関係同様、自分の仕事を明確にすることを通して初めて、彼の影響をこうして素直に語ることができるようになったと感じている。本書を書き終えてやっと、本書を書く前から彼らに学んでいたものの大きさを知ることができた。

たいへん不遜な言い方になるが、東浩紀氏の『存在論的、郵便的』も含め、本書で問題として対峙した彼らの「博論本」は、放っておけばあっという間に読めないものになるのではないかという危惧を感じるようになった。言うまでもなく三冊はそれぞれの専門分野で、あるいは二一世紀初頭の日本の知的達成として今後も読まれるだろうが、彼らの仕事を通して自身のスタンスを練り上げ、それによって獲得した視座からの批判も含めて論じるのでなければ、そこに込められた動機のようなものにリーチすることはできないだろう。それは彼らのテクストにおける理論と実践の不可分性から理論的に帰結する、実践的な要請である。

ドゥルーズは「真の批判の条件と真の創造の条件とは同じものである」と言ったが、批判と創造がなければ保存されないものもあるだろう。それに応えうるものになっているかは甚だ心許ないが、本書が、ドゥルーズ自身も含め、彼らの仕事を注釈や応用とは別のしかたで保存するものになることを切に願う。

三年間の書きなおしは、自分の弱さに向き合えない弱さに向き合うことを強いられるような、孤独な作業だった。コロナ禍も重なり、焦りを抱えたまま三〇歳をまたいで、まわりの友人たちとの関係性もかつてのような無遠慮な痛痒さのあるものではなくなり、「それぞれの事情」という大人めいたものへの戸惑いと気恥ずかしさもあった。本書がまた、彼らと一晩中話したり、一緒になにか作ったりすることの口実になってくれればいいと思う。もとより、友達がいたから、自分も彼らのようになにか書けるかもしれない、書いてみたいと思うようになったのだ。

編集者の吉住唯さんは、まだ博論を出してもいない段階で出版を打診したのにもかかわらず――やはり明らかに調子に乗っていた――あっさり引き受けてくださり、そのこともさることながら、楽観的な約束を破り続ける私を咎めることもなく、三年間とても親身に見守ってくださった。最終章の原稿をお渡ししたときの彼の言葉を忘れることはないだろう。彼の支えがなければ本書が世に出ることはなかった。

本書は私ひとりで書いたが、本書を書いていないあいだ、私はひとりではなかった。この三年間は妻と一緒に暮らすようになった時期でもあり、出不精の私をときに連れ出し、家では毎日一緒にご飯を食べたりして、つきまとう焦燥を忘れさせてくれた彼女がいなければ、私は決して本書を書ききることはできなかった。

本書は私ひとりで書いた。しかし私ひとりでは決して本書を書くことはできなかった。このふたつのことのかすかな、それ自体書くことの幸福であるようなギャップに、このあとがきを投げ込む。

二〇二四年四月六日

福尾匠（ふくお・たくみ）
一九九二年生まれ。哲学者、批評家。博士（学術）。著書に『眼がスクリーンになるとき――ゼロから読むドゥルーズ『シネマ』』（フィルムアート社）、『日記〈私家版〉』（私家版）、共訳書にアンヌ・ソヴァニャルグ『ドゥルーズと芸術』（月曜社）がある。

非《ひ》美《び》学《がく》

ジル・ドゥルーズの言葉《ことば》と物《もの》

二〇二四年六月二〇日　初版印刷
二〇二四年六月三〇日　初版発行

著　者　福尾《ふくお》匠《たくみ》

発行者　小野寺優
発行所　株式会社河出書房新社
〒一六二-八五四四　東京都新宿区東五軒町二-一三
電話〇三-三四〇四-一二〇一（営業）
〇三-三四〇四-八六一一（編集）
https://www.kawade.co.jp/

印　刷　株式会社亨有堂印刷所
製　本　小泉製本株式会社

ISBN978-4-309-23157-0
Printed in Japan